U0539995

子彈歌謠

黑幫、鑽頭饒舌與網路臭名的威力

Ballad of the Bullet

Gangs, Drill Music, and the Power of Online Infamy

Forrest Stuart

佛瑞斯特・史都華 著

目次

寫實與虛構、犯罪與藝術之間的鑽頭世界

林浩立
國立清華大學人類學研究所副教授

在當下的饒舌世界中最受矚目的事情，莫過於亞特蘭大饒舌歌手「惡棍」（Young Thug）的訴訟官司。整個開庭過程都有實況直播，相關即時報導與評論層出不窮，完全不亞於早先好萊塢怨偶強尼・戴普與安柏・赫德互控誹謗的法庭實境秀。

出道於二〇一〇年的惡棍是近十年來最火紅的饒舌歌手之一，以魔性的呢喃唱腔聞名，作品在YouTube上動輒破百萬、千萬的觀看次數。然而在二〇二二年五月，他與其創立的YSL（少年呼麻人生Young Stoner Life，也有一說是少年黑幫人生Young Slime Life）唱片公司旗下藝人如「鋼納」（Gunna）與員工共二十八人因違反喬治亞州的「勒索及貪污組織犯罪法」（Racketeer Influenced and Corrupt Organizations Act，也就是RICO，又譯「反黑連坐法」）被逮捕入獄，一同以高達五十六項罪名被起訴。在幾位夥伴接受認罪協商開釋、一位在獄中遇刺、再加上陪審團的組成程序、以及惡棍自己多次交保被拒與健康出現狀況等事件的耽擱下，惡棍與剩下五位夥伴的訴訟案終於在二〇二四年一月初重

新開庭審理。

主導起訴的喬治亞州富爾頓郡檢察官威利斯（Fani Willis，因爲同時以相同罪名起訴川普而聲名大噪）認爲YSL是一個犯罪組織，參與了包括謀殺、槍擊、竊盜、販毒在內的許多密謀犯罪活動，而其中一個最爲顯著的證據就是——歌詞。這場官司會引起饒舌世界密切關注的原因，就是因爲檢方提出十七首惡棍作品的歌詞作爲呈堂證據，並得到了法官的同意。例如在〈黑幫勾當〉（Slime Shit）中的副歌：「嘿，這就是黑幫勾當，嘿，YSL勾當，嘿，殺死條子的勾當，嘿/去他的監獄，嘿」，就幾度在法庭上被法官與律師字正腔圓地唸出。另一方面，辯方律師除了強調惡棍是以音樂創作反映並翻轉窮苦的出身、以及YSL只是一製作音樂的團隊外，也同樣以歌詞、意象、手勢等符碼來爲之辯護，例如在開案陳述中指出「惡棍」（Thug）一詞是「在上帝之下誠心謙卑」（Truly Humble Under God）的縮寫，並將著有《當饒舌遭受審判》（*Rap on Trial: Race, Lyrics, and Guilt in America*）一書的作者之一尼爾森（Erik Nielson）教授列爲專家證人。

漫長的法庭攻防因爲饒舌音樂與歌詞的加入而充滿反差的荒謬感，並且在一月二十九日這天來到戲劇性的高峰。檢方傳喚了之前接受認罪協商的YSL共同創辦人「提克」（Tick）接受交叉質詢，並以惡棍的歌〈醍醐灌頂〉（Droppin Jewels）中的歌詞一句句詢問是否反映他「在上帝之下誠心謙卑」。辯方律師則希望在法庭播放這首歌的現場演出版本，其意圖是要呈現這是一個徹底的藝術表演創作，且涉及惡棍私密的心靈世界，不能只憑歌詞脫離脈絡檢視。這個請求遭到檢方的反對，堅持只能播放錄音版本，法官最後也同意，儘管辯方律師慷慨激昂的抗議。如此針對一首音樂與歌詞的辯詰就花了半天的時間，可以想見這場訴訟官司會是如何曠日持久。

在法庭之外，幾個相關的法律行動也在進行中。稍早於二〇二一年，紐約州參議員賀伊曼（Brad Hoylman）已提出防止創意表現成爲刑事證據的法案，並在州參議院通過；隔年在惡棍被捕後，於全國層級上來自喬治亞州的衆議員強森（Hank Johnson）在衆議院提出了「恢復藝術保護法案」（Restoring Artistic Protection Act，簡稱RAP Act）；在此同時，YSL的發行公司三〇〇娛樂事業（300 Entertainment）執行長和大西洋唱片公司（Atlantic Records）營運長則是在推動「保護黑人藝術」的請願連署；隔海在英國，「藝術而非證據」（Art not Evidence）運動也有同樣的倡議。在這些行動中可以看到清楚的種族政治論述，也就是許多歌曲都有犯罪行爲的第一人稱描繪，如強尼．凱許（Johnny Cash）〈佛森監獄藍調〉（Folsom Prison Blues）的經典一句「我在雷諾向一個人開槍，眼睜睜看他死去」，爲何獨獨黑人饒舌歌手的歌詞會被當成犯罪證據。在學術界也有這個議題相應的討論，例如上面提到的《當饒舌遭受審判》專書。流行音樂研究的重要期刊《流行音樂》（*Popular Music*）則是在二〇二二年出版了以「起訴與監控饒舌」（Prosecuting and Policing Rap）爲題的專號。在英國曼徹斯特大學，昆因（Eithne Quinn）教授早在二〇一五年已在進行相關研究，並在近幾年領導「起訴饒舌：刑事正義與英國黑人青年表現文化」（Prosecuting Rap: Criminal Justice and UK Black Youth Expressive Culture）的計畫。

這些都是瞭解社會學家史都華《子彈歌謠》的重要脈絡。

在進入這本關於芝加哥幫派黑人青年的都市民族誌之前，應該要先介紹什麼是鑽頭音樂（Drill）？在聲響上有什麼特色需要從饒舌類型中區分出來？跟惡棍正面臨的官司又有什麼關連？事實上，史都華在書中第二章裡就有一個小節專門在介紹鑽頭的音樂屬性，也明確指出其「陷阱」（Trap）饒舌的淵源。「陷阱」饒舌大約出現於二〇〇〇年代初，主要由美國南方特別是亞特蘭大的饒舌歌手創作出來。「陷阱」一詞是亞特蘭大的俚語，指的是販賣毒品的毒窟。可想而知，其內容多在敘述南方城市的街頭犯罪景況。到了二〇一〇年代，陷阱饒舌已高度商業化並出產了包括惡棍在內的饒舌巨星，同時也誕生了不同的次風格。在芝加哥，它與原本就十分猖獗的幫派結合形成了「鑽頭」饒舌。「鑽頭」一詞是芝加哥的俚語，意指槍擊、謀殺，因此相較於已在音樂產業中普及的陷阱饒舌，鑽頭饒舌的幫派意味更加濃厚，內容與節奏更爲陰暗（或如同書中鑽頭音樂製作專家所說的，「無時無刻的小調」、「帶有軍隊聲響的小鼓」），多在展示幫派成員身分、地盤、犯罪活動以及幫派之間的爭鬥，被認爲是有「芝拉克」（Chiraq）惡名的芝加哥之治安問題的元兇。在英國倫敦南部布里克斯頓（Brixton），一種稱爲「英式鑽頭」（UK Drill）的次風格大約從二〇一二年隨之現身。而在紐約布魯克林區、布朗克斯區、紐澤西，在地的鑽頭類型也一一出現，豐富了鑽頭世界的多樣性，但不變的是與幫派與犯罪的緊密關連。

史都華是長期關注都市犯罪、貧窮與治理的社會學家，上一本專書《全面逮捕》（2016）（*Down, Out, and Under Arrest: Policing and Everyday Life in Skid Row*）處理的是在洛杉磯的一個邊緣社區中警察無止境的巡邏偵察。他問道，爲什麼社區成員已被社會支持系統放棄，卻還是有大量資源投入其監控管制。爲了回答這個問題，他花了五年的時間在社區中進行田野工作，不只與居民密切相處，也與警察往來互動。由此可以看到他做研究的全貌關懷，也就是對多方行動者觀點與事件的留意。在《子彈歌謠》中，他來到了惡名昭彰的芝加哥南區擔任青少年課後計畫的輔導老師，並進而接觸到匿名爲「街角兄弟」（Corner Boys）的鑽頭歌手與幫派青年，與他們廝混，慢慢進入他們的社會生活與心靈世界中。但如同史都華所引用的知名社會學家貝克（Howard Becker）的「藝術世界」框架，這個「鑽頭世界」的構成不是只有鑽頭歌手而已，還包括他們的隊友如像是保鑣的「槍手」、處理各種其他分工的「那些傢伙」、幫忙拍攝音樂影片的「導仔」、協助錄音的「鄰里工程師」。有時候，這個網絡還會溢流出他們的街坊地盤，搭上地方教會組織、各地愛慕他們的女性粉絲、西岸的富裕白人子弟、甚至遠在德國的節奏製作人。當然，最重要的還是我們這些在追蹤點閱他們社群媒體訊息的消費者。也就是說，只將治安問題怪罪於鑽頭歌手，低估了鑽頭世界去中心的複雜性，也忽視了鑽頭音樂作爲一種追求網絡聲量的創意展演形式。事實上，《子彈歌謠》指出根據美國犯罪統計資料，會發現涉及幫派的年輕人增加使用社群媒體的同一段時間當中，暴力事件下降至歷史新低。正是如此，許多評論者認為將惡棍與其YSL夥伴形容為亞特蘭大史上最大犯罪集團的「勒索及貪污組織犯罪法」官司根本是一場鬧劇。

在二〇二四年剛出版的《幫派與社會牛津手冊》（*The Oxford Handbook of Gangs and Society*）中，史都華與摩爾（Caylin Louis Moore）合寫了〈什麼是幫派文化？〉這一章，裡面提到三種理解幫派文化的取徑：一、幫派文化作為引導行為的價值體系；二、幫派文化作為解決日常問題的工具箱；三、幫派文化作為社會行動者創造的物質與象徵產品。史都華將自己的《子彈歌謠》定位於第三種取徑中，關注作為幫派文化商品的鑽頭音樂如何能帶來實際的經濟效益，甚至翻轉歌手的人生、使之脫離幫派環境。例如以二〇一二年一首在家中自製的〈偌爸無佮意〉（I Don't Like）使鑽頭類型響徹雲霄的「酋長基夫」（Chief Keef），不但被唱片公司相中與之簽約，也搬出了芝加哥的鄰里。酋長基夫於是成為了《子彈歌謠》書中鑽頭歌手仿效的對象，不只是為了經濟利益，更是為了尊嚴與認可。

但史都華並沒有天真地只將鑽頭歌手當作藝術創作者。他們畢竟仍是幫派份子、真的有參與犯罪活動、有的甚至還犯過一級謀殺的重罪，只不過這些身分與行動往往和歌詞內容與社群媒體形象並非一致。他們在鑽頭世界中想要「做出的自己」（Keep It Real）是介於寫實與虛構、犯罪與藝術之間，並透過網絡流通，渲染成為商品與意象。這能賺取利益、但也會帶來真切的後果。這就是史都華所謂科技使用的「數位弱勢」，也就是「如何運用科技以及科技所帶來的後果在質量方面的差距」。某種程度而言，鑽頭歌手在做的事情與一些曾在社群媒體上展現叛逆暴力形象的中產青少年沒有不同，但他們大部分時間都能輕易告別這個「階段」然後邁向人生的下一個目標。鑽頭歌手則是很難擺脫他們自己製造出來的「污名」，而弔詭的是這個「污名」是他們能改變人生的唯一手段。他們會因爲在網絡上釋出的內容而被仇家找上門、會常常落入被剝削利用的境地、而就算眞的闖出名堂也會像惡棍一樣成爲刑事訴訟的目標。

史都華最後在結論處講到，「這些數位內容生產活動說穿了其實是對於美國財富、權力與社會地位嚴重分配不均的反應，是對於種族與階級壓迫的回應。」這是結構對上實踐的經典社會學命題，而《子彈歌謠》提醒我們的是在鑽頭世界中有著多重的關係、身分與行動者，不只是讚頌暴力犯罪的鑽頭歌手那麼簡單。這能帶來多重的實踐契機，也有行動介入的可能，例如認眞看待鑽頭音樂反映社區現況的敘事能量，接受社群媒體建立社區青少年關係的重要性，由此提供適當的引導、干預與補助。有人或許會說這是史都華身爲行動社會學家一廂情願的期許，無法眞的撼動不平等的結構，但至少鑽頭音樂確實讓這些邊緣族群的聲音被世界聆聽到了（甚至引來社會學家進行民族誌調查，英式鑽頭的案例可見社會學家懷特Joy White於二〇二〇年出版的《貧民窟地球化》*Terraformed: Young Black Lives in the Inner City*）。畢竟這是一首「子彈歌謠」，而非「輓歌」。

前言

二〇一二年九月某個溫暖的晚上，十八歲的柯爾曼（Joseph Coleman）沿著芝加哥南區一條樹木林立的街道騎腳踏車。一輛毫無特色的福特轎車緩緩地靠近他，車上的人無預警地朝他開了七槍，並且在他試圖逃跑時把他撞倒。柯爾曼被送往鄰近的醫院後仍宣告不治，該城市惡名昭彰的幫派暴力又新添了一名亡魂。

我第一次聽說這起死亡事件，是在事發兩年後與芝加哥青少年聊天的時候。當時，我正在主持一項課後計畫，協助芝加哥南區的年輕人處理社區暴力問題。他們跟我講了很多當地的槍擊事件，柯爾曼的死只不過是其中一樁。然而，我越深入細節，越是發現事情並不單純。我後來得知，柯爾曼早就在YouTube、推特與IG等社群媒體上遭到猛烈攻擊。以「小喬」（Lil JoJo）之名闖蕩江湖的饒舌歌手柯爾曼一心想要成名，好幾個月以來都在網路上與敵對幫派唇槍舌劍，用音樂開戰。他在YouTube上傳了一段自製的音樂影片，因而激起了敵意。在那段畫質模糊不清的影片中，他與一群打赤膊的朋友拿著小型手槍與機關槍，挑釁嘲笑對手。後來，柯爾曼上傳了第二段影片，這次他駕車闖入敵營，還打開車窗大肆嘲諷敵人。即便死亡威脅排山倒海而來，柯爾曼仍明目張膽地在推特上打卡，要敵人有膽就放馬過來，說到做到。四小時後，柯爾曼死了。他的仇家在社群媒體上慶祝這起殺戮事件，自此開啓了更多回合的報復性槍擊，直到今日仍持續著。

比起社群媒體在柯爾曼死亡事件中所扮演的角色，當地青少年對於這件事的反應更令人詫異。他們既害怕又著迷，一下子擔心被困在這種新型態的幫派戰爭交火之中，但下一秒鐘又絕不放過任何相關的網路內容。青少年緊抓著手機不放，爭論哪個幫派「眞的」很暴力。他們製作了「計分表」，計算哪邊死的人更多。我注意到他們討論幫派暴力時的興奮感就跟討論最喜歡的職業籃球選手一樣，這實在令人毛骨悚然，只不過他們比較的內容不是球員在比賽中的表現與三分球命中率，而是槍戰與殺戮事件。

這些青少年的著迷狀態並非特例。隨著柯爾曼被殺害的相關細節公諸於世，橫跨芝加哥、美國與全世界各地的觀眾蜂擁至社群媒體，親眼見證了依舊火爆的幫派較勁。[1]標題帶著柯爾曼名字的一些影片吸引了上千萬的點閱、按讚與留言，很多網站與部落格一夕之間冒出來，紀錄了網路上血海深仇的來龍去脈，並且預測了下一場街頭戰爭。爲數眾多的芝加哥年輕人（尤其是與幫派扯上關係的[2]）希望自己也能得到這樣的關注，於是開始模仿起柯爾曼之前上傳的內容。想想看，在柯爾曼所居住的恩格塢社區（Englewood）周圍六平方英里之內，估計有四十五個幫派組織，其中高達三十一個幫派（大約是百分之六十九）在二〇一六年之前都上傳過這種充滿煽動性的音樂影片到YouTube上。[3]這意味著每兩個街區至少就有一群青少年在創作與幫派有關的暴力內容。吸引點閱率的競賽並不局限於芝加哥，很快地，紐約、洛杉磯、倫敦、巴黎與其他全球大城市的媒體紛紛報導了類似趨勢。[4] 有些城市的回應方法是成立「社群媒體警務單位」，根據（有時甚至是僅根據）年輕人在社群媒體上的行爲就加以逮捕。[5] 包括美國聯邦調查局在內的國家級情報機構正在開發人工智慧技術與數位監控工具，希望能積極調查與羈押這些年輕人。

當我看著這些觀衆以各式各樣的方式消費、讚賞或抨擊這批線上內容時，我不禁想問：這一切究竟是怎麼開始的？這些年輕人是誰？他們爲什麼會願意爲了YouTube影片或ＩＧ照片這種稍縱即逝的東西，冒上死亡與遭到逮捕的風險？爲什麼他們在網路上的行爲讓社會大衆如此著迷？這對於他們周遭社群的社會生活，又產生了什麼樣的影響？

二〇一四年時，我著手找尋答案，我開始與課後計畫中的青少年以及來自南區不同社區的年輕人進行訪談。儘管這些關於青少年消費動態的初步對談頗具啓發性，卻仍然只是瞎子摸象，令人氣餒。在經歷上百次談話後，我對於製作的理由與過程，依舊所知不多，也還不曾跟任何一位創作出如此令人震驚的內容的年輕人談上話。某天下午，就在我偶然訪談萊恩（Ryan）時，事情有了變化。萊恩曾加入我的課後計畫，他告訴我說他那十九歲的哥哥——道上人稱「齊波」（Zebo）——是幫派份子，芝加哥某些點閱率最高的音樂影片就是他們幫派拍攝與上傳的。他們自稱「ＣＢＥ」（「街角兄弟娛樂」（Corner Boys Entertainment）的縮寫）或簡稱「街角兄弟」（Corner Boys）」，[6] 裡頭有三十多名年輕人，控制了離泰勒公園（Taylor Park）社區數英里外大約四個街區的地盤。短短兩年間，「街角兄弟」就已吸引了上百萬的點閱率，擁有來自世界各地成千上萬的社群媒體粉絲。我早就很熟悉「街角兄弟」的線上內容，因爲在我的課後輔導計畫中，他們的影片經常是大家談論的話題。我知道，若我眞的想要搞清楚這件事，就得往源頭找去，也就是說，我得要和「街角兄弟」聊一聊。

我請萊恩幫我安排與他們見面。

三個月後，我坐在阿傑（AJ）家的客廳中。十九歲的阿傑是「街角兄弟」的核心人物，一頭髒辮，講話速度很快。在將近四小時的談話中，我們討論了各種話題——從他一開始決定上傳暴力內容，到這個決定如何改變了他的日常生活。他把我介紹給「街角兄弟」其他主要成員，要他們聊一聊關於社群媒體、幫派生活與暴力的親身經驗。我認識了多明尼克（Dominik），他是個鎭定自若的年輕人，喜歡在自己的ＩＧ帳號上曬最新的街頭穿搭潮流；我與亞當（Adam）聊過，他機智幽默、推特內容充滿爭議，在鄰里間很出名；還有「街角兄弟」中知名度最高的薩維爾（Xavier），這個瘦瘦高高的二十歲年輕人迫不及待地炫耀他在YouTube上最新的音樂影片，觀看次數已超過兩百萬次。在介紹過後，阿傑慫恿我再多待幾個小時，看他們錄最新的音樂影片。晚上結束工作之後，他邀請我隔天再回來一趟。

我與「街角兄弟」的緣份就此展開。接下來兩年的時間，我幾乎每天都跟這群年輕人混在一起，在日常生活中隨行觀察他們。[7]我每天早上從接近市中心的家裡出發，開半小時的車到泰勒公園。我們花上好幾個鐘頭在看音樂影片、討論幫派間的較勁、玩骰子，通常在外頭鬼混到深夜，有時甚至直到天亮。我之前在課後計畫中陪伴「街角兄弟」的弟妹們與家人們所花的時間，為我打開了大門，讓我可以進入他們的世界。然而，若想要像我那樣長時間待在那個世界中，必須要真正的有來有往。這些年輕人提供資訊與管道給我，算是幫我的忙，而他們大概也想要我有所回報。

打從我與他們在阿傑的公寓初次見面之後，有些人拜託我一大清早開車載他們去法院聆訊，其他人則是想搭我的車去上班、見緩刑官與探望家人。在沒有車與駕照、搭乘大眾交通工具又擔心會遭到攻擊的情況下，他們很難安全地在城市中四處活動，直到我的出現。我很快就成為他們必找的人，我自己倒是很樂意扮演這樣的角色。他們邀請我進入他們的世界，將人生故事託付給我，我想要盡可能地報答他們。於是，我開始不分晝夜地接電話，打來的通常是急著要到市區另一端的各個年輕人。我載他們去探望祖母、女朋友及小孩，陪伴他們去參加葬禮、新生兒派對與生日派對。隨著他們在網路上的人氣水漲船高，我們一起擠進我的車，展開橫跨美國的公路旅行，前往印第安納波利斯（Indianapolis）、聖路易斯（St. Louis）與亞特蘭大（Atlanta）之類的城市，與他們在網路上的合作對象、粉絲與情人會面。回到泰勒公園時，我們會在我的車上待好幾個小時，聽音樂與看線上影片，以躲避黏膩難耐的夏日高溫與刺骨的冬日寒風。在我意識到之前，我的車後座早就成為像是告解室一樣的所在，他們在這裡分享不會讓社會大眾看到的希望、恐懼與夢想。我使用手機上的錄音與筆記應用程式，把他們所說的話記錄下來。[8]

我越是融入「街角兄弟」的生活，就越在乎他們；而我越在乎，就越是感到專業責任與個人責任間的相互拉扯。作為研究者，我試著了解「街角兄弟」，而不是改變他們；但我越來越在乎他們過得好不好，且我同時也是暴力防治工作者，當他們身陷險境或做出自我毀滅的行為時，袖手旁觀實在很不負責任。最後我總算找到了中間的平衡點（雖然稱不上完美）：當我聽到或看到很有問題的行為時，我會避免批評與說教。相反地，我會仔細地聽他們說，探究行為背後的情緒與理由，讓他們主宰自己的生活。有時候，我會製造機會讓他們分散注意力或有其他選擇。有一年夏天，每當他們的仇家企圖過來飛車槍擊時，我隨傳隨到，載他們離開社區，並且提供午餐、晚餐與其他消遣娛樂，不管多久，直到社區氣氛冷靜下來，等他們揚言要報復的情緒平息下來才載他們回來。當我看到線上觀眾為「街角兄弟」的暴力人設喝采，甚至慫恿他們做出風險更高的事情時，我努力扮演與之抗衡的角色。我積極地稱讚他們不涉及犯罪的身分與成就，這些事情他們在社群媒體上通常隱瞞不提——像是兒子剛出生、滴酒不沾一個月、在學校拿到好成績。我也運用自己的人際關係幫他們找工作、重新註冊上學、協助他們戒毒、取得醫療資源與履行家庭義務。對於他們藉由上傳更多非暴力內容以努力揚棄自己在網路上的暴力形象，我也給予支援。我利用自己在影音製作與藝術設計方面的背景，支持他們另類的創意展現。

在這些時刻中，我找到了我一直在尋找的答案，但結果完全出乎我意料之外。本書接下來的內容記述了我所知悉的事。好幾個世代以來，我們的社會拒絕讓年輕黑人擁有一席之地，忽視了他們的聲音，同時妖魔化他們的存在，把「都市惡煞」與「對社會具威脅性」的標籤貼到他們身上。但是現在多虧了社群媒體的蓬勃發展，這些年輕人總算找到新的方法，讓自己可以被看見聽見，就算是扭曲這些存在已久的刻板印象，以符合他們自己的需要。在泰勒公園與全球各地，與幫派有所牽連的年輕人正利用數位平台把都市暴力變成商品，利用社會大眾長久以來對於貧民窟窮苦狀態的執迷幻想來賺錢。在這個過程中，他們打造出一條全新、但也常常危機四伏的道路，以取得向上流動、提升自身價值與獲得社會支持的機會。他們在爲了網路上的臭名奮鬥不懈之際，也重新形塑了其所屬社群的日常生活，迫使我們重新思考關於幫派、暴力與都市弱勢階層許多習以爲常的看法。

當我們聽到像是柯爾曼這類青少年的故事、或是看到類似「街角兄弟」這類團體所製作的影片時，很容易就直接跳到結論，可惜這些結論大多數是錯的。的確，這些年輕人明目張膽地擁抱犯罪行爲與暴力，但卻是出於我們通常不會想到的理由。他們在網路上虛張聲勢的背後，是迫切想要爲自己構築更好的未來、想要感覺被愛、想要被當作特別的人。就這點而言，他們蜂擁至社群媒體的理由，就跟其他人一樣。他們只是在截然不同的情境下做出這些事，而讓我們感到驚慌失措的應該是這些情境，而非這群年輕人。他們在網路上的行爲，與飽受巨大的結構暴力所破壞的線下世界密不可分。就跟所有的年輕人一樣，他們只是在我們爲他們所創造出來的世界中各種可能性與限制下，想辦法過日子罷了。

導論

我離開位於芝加哥南環社區（South Loop）的公寓時，大約是清晨五點。我開上丹萊恩快速道路（Dan Ryan Expressway），一路往南。夏日初陽隱約出現在東方的地平線上，所以路況還算暢通。這條高速公路帶我經過我所熟悉的地標：庫克郡（Cook County）刑事法院充滿厄運的氣氛、伊利諾理工學院（Illinois Institute of Technology）的現代建築、芝加哥白襪隊球場的暗影輪廓。我開了一陣子之後下高速公路，進入泰勒公園安靜的街區——這是這座城市狀況最差的黑人社區之一。

一個世代之前，這個社區即便在這個時間仍然喧囂繁忙：穿著工作服裝的當地居民，正前往火車月台與購物區；準備開始運轉的大煙囪所噴發出的刺鼻煙霧，很可能會讓他們皺起鼻子。今日，此等景象與氣味已不復存在，宛若遙遠的記憶。太陽一升起，充斥在空氣中的只有棉白楊樹種子的白絮，這些過度生長的樹木正逐漸重新佔領一度是廢棄地的社區土地。

我開進泰勒公園的某條小街，停在一整排單調的磚造公寓建築前。這個社區中最窮的人很多都落腳於此。我看到一個我所熟識的年輕人隻身坐在路邊，身上穿著破舊的黑色連帽衫與褪色的牛仔褲。我就知道可以在這裡找到小鬼（Junior）。在他的媽媽把他踢出家門之後，他就一直睡在這些公寓的樓梯間。小鬼就算有看到我，也沒有表現出來。他的目光一如既往地黏在螢幕破損的iPhone上。一大清早，手機散發出的單調藍光反射在他的髒辮上，勾勒出他鮮明但依舊孩子氣的形貌。他的下巴有幾縷蜷曲的毛髮——他正打算留鬍子。小鬼十八歲，但看起來更像是十五歲。由於他患有嚴重的先天性心臟病，所以看起來比實際年齡瘦小，體重最多只有一百三十磅。不過，若是因他的身形而低估他的能耐，那可就大錯特錯了。直到最近，小鬼都是社區中最讓人害怕的不良少年，他用搶劫紀錄來彌補身形上的缺陷。他的手臂雖然細瘦，但佈滿了像抓痕的刺青，有些是向他所屬的幫派「街角兄弟」致敬，有些則是為了紀念他那些在槍枝暴力與幫派戰爭中喪命的朋友。

小鬼跟芝加哥南區許多年輕人一樣，最近都全心投入在自己創作音樂影片，並且上傳到YouTube與臉書之類的社群媒體平台。他與「街角兄弟」同夥在這些上傳內容中，大肆誇耀自己的暴力犯罪行為、譏笑對手、吹噓自己靠販毒賺大錢。他們這麼做是有賺頭的。在過去幾個月中，小鬼在網路上的臭名一飛沖天，隨著他所上傳的內容傳播到世界各地，他開始收到關注者與粉絲的訊息，他們希望能追隨他的腳步，建立起自己的網路名聲。有些人邀請他一起合作，甚至提議付錢請他在他們的音樂影片與ＩＧ照片中露臉。事實上，這就是為什麼我倆在今天清晨碰面的原因。幾個星期之前，小鬼收到了崇拜他的洛杉磯粉絲發來的臉書訊息，那名粉絲請小鬼搭飛機過去與他碰面，並且要小鬼幫他增加線上的追蹤人數，以開啓他自己的線上事業。倘若一切按照計畫進行，他們將會一起錄製音樂影片，並且在各大社群媒體上張貼兩人的合照。爲了達成交易，那名粉絲預付了八百塊美金作爲訂金，並且幫小鬼買了洛杉磯的來回機票。

當小鬼邀請我一起去時，我立刻買了機票，甚至自告奮勇說要開車去機場。當我們抵達芝加哥中途（Midway）國際機場時，我看到了小鬼鮮爲人知的另一面。當我們辦理登機手續、通過安檢、登機時，他笑得合不攏嘴，像小孩一樣充滿好奇心。單純的讚嘆取代了他素來沈著冷靜的神態舉止。我也忍不住一直微笑，這是充滿「第一次」的一天：他第一次來機場、第一次搭飛機、第一次踏足芝加哥以外的地方。當我看著他在座位上坐好、笨手笨腳地繫上安全帶，並且上傳自拍照到ＩＧ時，我的內心被深深觸動了，我親眼見證的這一切何其重要——這是一個最弱勢的年輕人，來自於最貧困的社群，但他正享有絕大多數人（無論來自何種背景）不曾經歷過的名氣。大多數人會認爲，像是小鬼這樣的傢伙前途看起來黯淡無光。然而，這個無家可歸、失業、與幫派扯上關係的年輕人從低收入戶的公寓樓梯間出發，成功地建立起全球品牌，讓自己的收入與受歡迎程度達到了全新的層次。

小鬼不是特例。在泰勒公園這樣的地方，正式與非正式經濟中的可行選項已逐漸枯竭，但像是「街角兄弟」這樣的年輕居民在這種空虛失落的狀態中，發展出了嶄新且具有創造力的**線上策略**，勉強維持生計。具體而言，他們學會了運用數位社群媒體所提供的獨特可供性，充分利用都市幫派暴力快速增長的市場（或者更精確地說，**展現**都市幫派暴力的市場）來獲利。他們透過創作與散播所謂的「鑽頭音樂」（drill music）來實現這件事。鑽頭音樂——俚語的意思是「槍擊音樂」——是一種逐漸崛起的幫派饒舌類型，涉及高度暴力、非常具有地區性且充滿ＤＩＹ風格，宣稱紀錄了街頭生活與暴力犯罪行爲。[1]這些「鑽頭饒舌歌手」（drill rappers）——通常簡稱爲「鑽頭歌手」（drillers）——透過音樂影片與上傳到社群媒體的其他內容，在全球舞台上相互較勁，以證明自己比競爭對手更無法無天、更壞、更「正宗」。[2]在扭曲的獎勵體系中，贏家將獲得各式各樣的戰利品，包括金錢、房子、槍、性，甚至是極少數人才能有的脫貧機會。然而，其餘的人最終只能落得坐牢、嚴重受傷或死亡的下場。這些年輕人爲人所知的不外乎是惡名昭彰的刻板印象，但他們找到了很有創意的方法包裝並販售這種形象，而這一切全都是因爲希望能夠藉此逃離絕望處境。

歡迎來到網路注意力經濟

對於鑽頭音樂突然崛起並橫掃全網的現象，世界各地的人多半很驚訝，但若不是脫離脈絡憑空去看，這件事根本不值得大驚小怪。倘若我們從更廣闊的社會、經濟與科技變革的脈絡來看待這個現象，那麼製作且散播極度暴力的內容就會變得非常好理解，甚至是意料中事，因爲這正是數位經濟與都市貧窮碰撞之後所產生的結果。[3]

如今這個時代，說「科技正在改變社會」（尤其是數位社群媒體）根本就是老生常談。二〇一八年時，三分之二的美國成年人擁有臉書帳號，且將近百分之九十五的年輕人有在使用YouTube。[4]估計在二〇二七年以前，每三個美國成年人中就有一個將會轉往線上平台以維持生計。[5]曾經屬於科技幻想的東西，如今已成爲了人們娛樂、社會化及就業的主要來源。社群媒體平台與相關服務如今不意外地主宰了全球經濟。就在不久之前的二〇〇六年，埃克森美孚（Exxon Mobile）與奇異公司（General Electric）仍是全球最大的公司，穩坐傳統製造業、運輸與金融公司的龍頭寶座。十年之後，科技公司完全取而代之，到了二〇一七年時，蘋果、Alphabet（谷歌的母公司）、微軟、亞馬遜與臉書分別成爲全球前五大公司（排名依此順序）。[6]

繼「經濟大衰退」（Great Recession）*之後，許多評論者仍認爲在令人失望且不穩定的經濟環境中，科技產業是唯一的亮點。[7]他們讚揚各式各樣的線上平台，認爲這些平台看起來提供了新的模型，讓所有人都可以在不穩定且競爭的就業市場中致富與實現個人成就，無論貧富與種族。尤有甚者，社群媒體因爲提供了更多創業與「白手起家」的工具給一般社會大眾而備受讚譽。[8]這點在創意產業可能最爲明顯，在這個領域中，社群媒體已大量使得文化生產工具大眾化，人人皆可運用。創作、散播以及從

---

* 譯註：二〇〇七年八月金融海嘯後所引發的經濟衰退。

原創內容中獲利的權力一度由傳統媒體公司及其守門人所壟斷，如今已轉移至一般人手中。今日，自由記者使用推特發佈特稿與政治評論、一心想要成名的時尚設計師在IG上展示自己的最新作品、獨立音樂人使用YouTube首度公開其原創歌曲與影片，業餘的文化生產者與日俱增。

然而，當這麼多人都以這種方式加入社群媒體時，人們要如何讓自己的個人品牌與別人的有所區別？要怎麼做才能讓自己的內容比競爭者的更容易被看到、更有吸引力？我們不妨思考一下在YouTube這類平台上脫穎而出有多困難：YouTube的十三億用戶（大約是全世界三分之一的網路使用者）光是在一年內就上傳了長達兩千一百億小時的影片到平台上，[9]這個數字等同於**每分鐘**就有四百小時的內容被上傳。雖然數位內容幾乎可說是無窮無盡，但消費這些內容所需的時間與精力卻是有限的。這種不對稱的狀態，導致大家常說的「線上注意力經濟」的出現——文化內容生產者在這個充滿競爭的領域當中爭奪觀眾或聽眾的注意力。[10]在今日的社群媒體時代，注意力是很有價值且可被量化的稀缺資源。每個社群媒體平台皆有自己的衡量標準，以掌握誰是贏家、誰是輸家：推特與IG的指標是「追蹤者」、YouTube是「觀看次數」、臉書則是「好友人數」。這些數字越高，表示吸引到的注意力越多；而越多人注意，就表示潛在報酬越大。

翻開最新一期的《浮華世界》（*Vanity Fair*）、《時人》（*People*）或其他流行雜誌，你會看到關於注意力經濟中最新贏家的詳細報導。美國文化中「自力更生」的故事有了最新版本：某些「平凡人」憑著熱情在社群媒體上展露自己的才華，累積了夠多的追蹤人數，足以吸引投資者、引領潮流者與其他產業關鍵人物的注意，從此名利雙收。最著名的例子出現在音樂界，像是小賈斯汀（Justin Bieber）、老菸槍雙人組（the Chainsmokers）、卡莉蕾（Carly Rae Jepsen）與紅髮艾德（Ed Sheeran）——這只是其中幾個在YouTube上爆紅後建立事業、家喻戶曉的排行榜人物。唱片公司跟今日創意產業中的大多數公司一樣，財務狀況不再穩定到可以在不知名與未經過考驗的藝人身上賭一把。利潤率越來越低，因此他們對於聽眾到底想要什麼得要更加謹慎地下注。等藝人累積了足夠的網路名聲後再簽下他們，唱片公司高層可以藉此利用既有的粉絲基礎與品牌知名度，從而獲得更大的利益。[11]

隨著越來越多的產業使用社群媒體「海選」人才、發展事業與進行行銷活動，想要闖出一片天地的創意人才於是爭先恐後地累積網路人氣或想辦法成為「微網紅」（micro-celebrity），拼全力爭取關注。[12]「微網紅」是社群媒體研究者贊芙（Terri Senft）創造出來的詞彙，用以描述「一種新的線上表演風格，人們利用視訊鏡頭、影音內容、部落格與社群媒體網站，在讀者、觀看者以及與他們在網路上有所連結的人當中『加強』自己的人氣。」[13]，進行的方式通常包括「把朋友或追蹤者當作粉絲基礎、視人氣為目標、使用各式各樣的親和力技巧管理粉絲群、建立能被他人輕易接受的自我形象。」[14]儘管一夕成名的故事很受歡迎，但耕耘「微網紅」名聲其實並不容易，需要投注大量的時間、精力與其他資源。雖然文化生產工具現今前所未見的開放，但有些人仍比其他人更能善用這些工具。如同傳播學者達菲（Brooke Erin Duffy）所提出的重要提醒，「在『把個人興趣轉化成有錢可賺的社群媒體事業』這件事上特別成功的那些人，通常來自於相對具有優勢的位置——由於他們具備經濟與／或社會資本。」[15]最成功的微網紅受惠於親朋好友的財務投資、產業人脈、取得最新科技的機會，以及可以放棄有薪工作以專注在內容創作的經濟穩定度。

這種不平等的現象一直存在於這個理應開放且大衆化的空間中，因而引發了重要的問題：較不具備社經資本的人如何建立微網紅名氣？他們如何創造與培養出夠有吸引力的個人品牌，好在注意力經濟中脫穎而出？

關於弱勢族群文化生產最具影響力的研究或許早在社群媒體出現前就已被提出。社會學家布赫迪厄（Pierre Bourdieu）在《藝術的法則》（*The Rules of Art*）一書中，研究了十九世紀巴黎小說家間的競爭關係。雖然他研究的不是微網紅，但其見解仍深具啓發性。[16]他發現出身卑微的小說家被迫得採取另類策略，才能好好地跟處境較爲優渥的中產階級對手競爭，[17]而其中一個最強大的策略就是創作關於他們所屬族群的小說，把已經遭到污名化的刻板印象寫得更充滿奇風異俗——布赫迪厄稱呼這種文類是「自我毀滅性的致敬」（autodestructive homage）。由於缺乏傳統資源以建立可以帶來利益的名聲，於是他們兜售誇張的刻板印象與戲仿作品，藉此激發消費者的偷窺慾望。他們成功地把自身的污名變成商品，將負面的刻板印象（像是落後、野蠻、鄉下人）轉化成新型態的資本，拿來交換財務上的成功。

這種策略在社群媒體時代甚至更具誘惑力。在橫幅廣告、垃圾郵件行銷與狡猾的「點擊誘餌」強烈猛攻之下，消費者愈發想要尋找既有吸引力又具眞實性的文化產品。[18]如同文化社會學家葛拉奇恩（David Grazian）所指出，「流行文化在全球逐漸商品化的現象，使得許多消費者更強烈地想要取得看似**非**商業化且因此不受市場強力操縱所影響的東西。」[19]無論我們講的是音樂、食物還是旅行，追求眞貨讓消費者有機會體驗某些感覺像是未經加工、純粹且「眞實」的東西。[20]今日的文化內容生產者藉由證明自己的網路人設比競爭對手來得更眞實，極力滿足這樣的需求。對於那些資源有限的人來說，這意味著他們必須找到全新且富有創意的方法，以展現出自己**眞的**具體呈現了那些烙印在他們所屬社群身上的負面刻板印象。

鑽頭歌手的行為體現了這個過程。他們用社群媒體創造出自己作為「黑人惡煞」在道德上具有爭議的誇張形象，並且在網路上大肆散播，希望能因此爆紅，建立微網紅名氣，從而創造出在其他情況下不可能達到的金錢成就。[21]姑且不論其他，這包括了表現出對於槍械的專業知識、展現來自幫派同夥的堅定支持、吹噓自己跟知名的被害者很熟、挑釁仇家。鑽頭歌手很清楚「暴力有賣點」這句古老俗諺，因此他們在線上內容中塞滿了證實「自己在音樂中所宣稱的暴力犯罪行為都是眞的」所需的證據。[22]在鑽頭音樂的世界中，大家認為最貨眞價實的年輕人會被貼上「玩眞的」、「有料」、「在場上」的標籤。若說有哪個主要訊息貫穿了每一首鑽頭音樂歌曲、影片與相關內容，那麼肯定是追求超越別人的眞實性——我眞的有犯下那些暴力行爲、使用那些槍械、販賣那些毒品，而我的敵人卻什麼也沒做。

值得注意的是，在網路上展現暴力未必需要在線下時也涉及暴力活動，一切只需要有說服力的表演就可以了。我與「街角兄弟」相處時才曉得，很多被認爲是眞正暴力的傢伙，實際上過的生活完全不是那麼回事。有些世界知名的殺手級毒梟所住的社區，已不再可能出現那樣的人物。與此同時，線上表演與線下行爲間的這種落差，在涉及幫派的年輕人間已成爲最新的戰場。想成爲微網紅最有效的辦法之一，就是公然挑戰知名度更高的鑽頭歌手是否貨眞價實。當這些爭端蔓延到街頭時，藝術就變成了血淋淋的現實。

關於社群媒體時代中的貧窮、不平等與暴力，鑽頭世界可以告訴我們什麼

雖然鑽頭歌手只是社區居民當中的少數人，但他們在線上與線下的行爲逐漸爲當地生活建立了基調。今日，若我們想要了解都市貧窮社群的處境，不可能不考慮數位文化生產所扮演的角色與帶來的影響。然而，一旦這樣做，我們就會開始看到關於都市貧窮、不平等與暴力很多我們視爲理所當然的概念，有多麼過時。

社會學家威爾森（William Julius Wilson）在二十世紀晚期所提出的論點，使社會大衆對於都市貧窮的思考有了革命性突破。他在《眞正的弱勢者》（*The Truly Disadvantaged*）與《當工作消失時》（*When Work Disappears*）這兩本著作中，駁斥「將貧窮歸咎於居民的文化失敗與道德缺失」[23]的保守派意識形態。他劍指芝加哥南區，把關注導向去工業化、失業以及使得黑人居民與「主流社會」當中的組織、人群與機會隔離開來的「社會孤立」（social isolation）。[24]威爾森的研究揭露了都市貧窮與美國製造業衰退、藍領工作移往境外、有組織的勞動力逐漸遭到侵蝕及其他結構性破壞之間的重要關聯性。他還提供了新版本的反貧窮計畫藍圖，呼籲公共領袖在窮人與其孤立社群之外的世界之間，建立更新更強大的連結。

三十年後，曾經把工廠的工作機會從芝加哥南區掃到全球南方的經濟潮流再度回歸，而這次是以數位平台與通訊科技的形式出現，當中充滿了新的獲利模型、市場關係與互動模式，導致都市貧窮居民正抓緊機會，從事打從社群媒體發展的早期階段網頁開發工程師、創業者與精明能幹的商學院畢業生就已經在做的事——利用他們自己的生命故事與特殊技能，成爲未來最夯的網紅。在這個過程中，這群人正在挑戰「貧民窟是沒有生產力且遭受孤立的地方」的過時定義。拜社群媒體擴散所賜，密集的文化生產發生在這些社群之中。最新的芝加哥大學研究報告指出，黑人青少年比其他種族群體創作出更多的線上內容。[25]超過百分之十的黑人青少年每天上傳音樂、影片與其他媒體內容；相比之下，僅有百分之五的白人青少年這樣做。他們在製作並散播這些內容的同時，逐漸嵌入遠超出其所在社區邊界的社交網絡之中。然而，如同鑽頭歌手的經驗所揭示，貧窮黑人很少能獲得威爾森所預期的好處。相反地，這些跨種族與跨階級的互動通常很剝削，且最後常使得都市貧窮的狀況雪上加霜。

這種與預期相反的結果顯示出我們有必要重新檢視科技與不平等之間更廣泛的關係。政策圈中有越來越多的討論聚焦在「使美國人沿著種族、階級與地理界線區隔開來的數位落差（digital divide）」。[26]人們認爲，窮人在無法取得快速且值得信賴的網路科技的情況下，會變得越來越窮，但有錢人卻可以拿到與科技相關的工作。慈善組織、地方政府與其他對科技抱持樂觀態度的人在過去十多年間，嚷嚷著要在教室與社區中心裝配桌上型電腦與平板電腦，彷彿只要有了科技，社經狀況就會自動獲得改善。然而，近來的研究報告卻指出，數位落差可能不如我們曾以爲的那麼大。事實上，新的研究資料顯示，貧窮的年輕黑人比其他較具優勢地位的同齡人**更緊黏著**他們的智慧型手機、平板電腦與社群媒體帳號不放，[27]但社會經濟地位不平等的狀況卻持續居高不下。

與其只從數位落差的角度思考，現在該是時候把重點放在我所謂的「數位弱勢」（digital disadvantage）上了。倘若「數位落差」指的是**接觸科技的機會**在數量方面的差距，那麼「數位弱勢」指的則是**如何運用科技**以及**科技所帶來的後果**在質量方面的差距。當我們研究數位弱勢時，探究的是不同人所擁有的截然不同優勢，如何影響他們在日常生活中運用同樣的科技。我們必須長時間仔細觀察他們如何創作、分享或接觸數位內容，這也意味著我們要更密切關注投入這些活動將如何波及工作、家庭與社群關係等看似無關的社會領域。一旦我們開始從數位弱勢的角度思考，就不會再把科技當作萬靈丹了，且不得不承認，每一個新的小工具、應用程式或線上平台都會在分化程度極高的社會中「成功達陣」，以加深甚至強化長期不平等的方式被運用。

鑽頭歌手提供了獨一無二（雖然坦白說很極端）的機會，讓我們可以看到「數位弱勢」的三個主要面向。[28]首先，這群年輕人讓我們了解到：一個人在更廣泛的社會、經濟與道德層級上所處的位置，必定會構成他對於特定科技的看法與接觸方式。鑽頭歌手的生產活動，到頭來可以說是對於赤貧狀態的創意回應。這群年輕人不像其他出身背景較為優渥、一心想要變成微網紅的人，他們不太可能只把生產數位內容當作是興趣而已。對他們而言，這是少數可以向上流動與建立自我價值的選項。其次且直接相關的是，鑽頭歌手的故事說明了「一個人的社經地位必然會影響到他投入科技活動後的利弊得失」。由於他們身處險境，因此會比條件較優渥的其他對手，更加深刻地感受到創作數位內容所帶來的正面與負面後果。對於在又窮又暴力的社區中長大的年輕人來說，成為微網紅可以為日常生計帶來有價值的資源；經營得當的網路名氣所造成的差別是：餓肚子或保證有熱騰騰的飯可吃、無家可歸或有溫暖的床可睡、被拋棄或被在乎。然而，伴隨這些好處而來的是高昂的代價，包括坐牢以及成為受害者的風險大增。第三，鑽頭歌手的故事展現出「長久以來的不平等如何影響外界對於不同的科技使用者的解讀與反應」。

芝加哥南區的年輕人絕對不是唯一一群上傳充滿槍械與致命武器照片的美國人。隨著槍枝管制的爭論升溫，來自全國各地的白人上傳了一張又一張自己揮舞著手槍、散彈槍與突擊步槍的照片，有些人甚至還威脅要對政治人物與同胞展開極端的暴力行動。然而，這些人在網路上的活動幾乎不會引起什麼恐慌，他們上傳的內容通常會被大家當作「只是爲了表演」而置之不理，甚至還受到稱讚，認爲這是捍衛擁槍權的英勇行爲。與此同時，年輕黑人的照片中出現槍枝、歌詞中涉及暴力，都會被當作鐵證，用來直接證明他們線下的行爲與眞實身分。[29]他們在臉書上的貼文讓他們直接被放進幫派資料庫中，饒舌歌詞則是被法院當作他們具有暴力傾向的證據。簡言之，廣大的社會如何看待一個人在網路上表現暴力（或者進一步來說，是表現任何事情），主要取決於既定的刻板印象與權力關係。

最後，鑽頭歌手提供了我們迫切需要的機會，讓我們得以了解社群媒體時代下的都市幫派暴力。這是我聽聞柯爾曼的死亡事件時最剛開始的研究動機。數位媒體在今日的幫派暴力中扮演什麼樣的角色？更具體地說，數位媒體讓街頭變得更危險了嗎？絕大多數的警察與政府官員認爲，推特、臉書、YouTube之類的平台正在推動新一波的幫派結仇，情況甚至更爲致命。二〇一六年時，殺戮事件出乎意料地頻繁（雖然只是暫時性的），於是芝加哥警局、市長辦公室與犯罪委員會異口同聲地怪罪社群媒體。[30]「社群媒體創造出立即的衝突，」犯罪委員會副主席漢寧（Andrew Henning）如是說，[31]「影片一上傳，死亡與殺人事件立刻發生。」記者與學者一面倒地同意漢寧的說法，把社群媒體當作不過是另一個高風險的幫派戰爭溫床。[32]社會學家烏爾班尼克（Marta-Marika Urbanik）與哈格悌（Kevin Haggery）如此寫道：「社群媒體已**助長**且**加劇**了敵對陣營間的衝突，新一波的仇恨快速浮現，情況更爲嚴峻。」[33]

此等敘事很有吸引力，也很常見，可惜它有兩個主要缺陷。首先，沒有多少經驗證據可以作爲其立論基礎（就算有，也極少），關於社群媒體與暴力犯罪之間的因果關係，根本就不存在系統化且可靠的資料。[34]芝加哥警局作爲負責蒐集整座城市中每樁暴力犯罪細節的機構，在高達百分之九十五的槍擊事件中，竟無法指認出嫌犯是誰。[35]若他們連究竟是**誰**扣下板機都搞不清楚，那麼他們如何能夠宣稱知道犯罪的**理由**是什麼？他們怎麼能夠假設犯罪者是爲了回應網路貼文，而不是出於其他動機而犯下罪行？再者，若依據更大的犯罪脈絡來看，這個頗受歡迎的論述就無法成立，因爲就算只是隨便瀏覽一下美國犯罪統計資料，也會發現在涉及幫派的年輕人**增加**使用社群媒體的同一段時間當中，暴力事件實際上**下降**至歷史新低。[36]事實上，在過去四十年間，美國的犯罪事件大幅降低，創下歷史紀錄，[37]暴力犯罪從一九九〇年代最高峰時的每十萬人中有七百五十八人犯案，降低至二〇一八年時的每十萬人中有三百六十九人犯案，減少了一半之多。[38]

請別誤會我的意思，我並不是要否認社群媒體與幫派暴力間存在著令人擔憂的關係。然而，如同我從「街角兄弟」身上學到的，這兩者間的連結遠比大多數人所想像的更爲複雜、更不那麼理所當然。與二十年前相比，今日與社群媒體有關的幫派暴力事件確實變多了，但這可能只是因爲二十年前社群媒體還不存在罷了。再說，當涉及幫派的年輕人開始拿起智慧型手機張貼充滿敵意的內容時，他們是在特定的歷史時刻這樣做、是爲了回應都市貧窮社群中正在發生的的具體變化。

我們首先要了解的是，據稱因爲社群媒體而變得更加嚴重的幫派衝突，在數量與強度上根本沒有之前來的嚴重。一九八〇與一九九〇年代時，大型且重度武裝的「公司型」幫派在街角展開致命的地盤爭奪戰，搶奪快克市場的控制權。這些市場在一九九〇年代晚期逐漸崩解，使得這些組織分崩離析，同時失去其顧客基礎與核心的經濟目標，並且被新的警察與監獄政策徹底擊敗。[39]「戶外毒品市場曾導致一九八〇年代某些最顯著的暴力事件，現如今已被迫關閉，」社會學家夏奇（Patrick Sharkey）寫道，[40]「全國各地的街角不再是各幫派爲了搶奪或保有毒品生意的黃金地段而展開致命槍戰的地點。」快克經濟與公司型幫派的快速瓦解，意味著今日的年輕人不怎麼具有以往曾導致暴力事件的**理由**與**資源**——比較沒有幫派階層組織可以往上爬、作爲戰鬥目標的毒品市場屈指可數、可供戰鬥的槍械變少了。[41]簡言之，與大多數人普遍所想像的相反，盛行於昔日街頭戰爭中的暴力衝突其實還未轉移到數位平台上。

確切來說，社群媒體的出現改變了幫派暴力的**意義**與**作用**。在過去，暴力主要是作爲確保幫派能從最重要的商品——快克古柯鹼——賺大錢的工具。隨著文化生產的方法數位化，人人皆可使用，幫派暴力本身就已成爲首要商品。今日，涉及幫派的年輕人在網路上**展現**暴力，是爲了吸引觀看次數、點擊率與線上注意力，而不是用暴力來控制街角的毒品交易。然而，要是哪個年輕人在社群媒體上擺出姿態，沒過多久他的對手（有時甚至是陌生人）就會開始逼迫他證明自己貨眞價實。公然羞辱知名鑽頭歌手是建立名聲最有效的策略之一，有時候還包括實際上的攻擊。大多數的攻擊通常僅侷限在社群媒體上的嘲諷與侮辱，但不管是哪一種情況，那個年輕人的公眾形象都備受考驗——他眞的是街頭上最厲害的狠角色嗎？他眞的有使用他照片裡的那些槍嗎？他將面臨抉擇，要嘛想辦法正面回答這些問題，不然就是得承擔被當作冒牌貨的風險。我們在此找到了社群媒體與實體暴力之間的連結機制。未來是否會發生暴力事件，主要取決於需要多少及多強的證據來駁斥某些挑釁。若是這些駁斥行動把結下樑子的雙方陣營帶進了共享的實體空間，或是雙方的爭執傷害了（或威脅要傷害）重要的人際關係，那麼線下的衝突就很可能會爆發。

可惜的是，我們無法精準計算有多少比例的暴力事件來自於網路上的挑釁。如前所述，這些資料還不存在。然而，**我所能說的是**，投入鑽頭音樂及相關的數位活動會讓年輕人遭受暴力的風險大幅升高。他在鑽頭世界的名氣越響亮，就越可能變成遭受攻擊的目標；他與同伴在社群媒體上表現得越是凶狠，大家就越期待他們拿得出證據來證明；他們的微網紅名氣越響亮，在拒絕或無法回應時所需付出的代價就越慘重。[42] 與此同時，我們不應該把暴力看作是自動產生、預先設定好的結果。年輕人在避免實際上一決勝負這件事上，就跟在虛擬世界裡逞凶鬥狠一樣很有創意。在網路世界中，他們透過機智的回應與適時反擊，改變風向，讓衝突降溫；線下時，他們身旁都是忠實的護衛，同時他們也會限制自己的移動，並且重新安排日常活動以降低遭受襲擊的機率。這些努力當然不是萬無一失，而且有些策略本身會帶來負面後果，讓他們無法在職場與學校等其他社會領域中一展長才。對於一個年輕人來說，公車所經過的社區中若是充滿了想要在他最脆弱時逮到他的人，那麼上班或上學都會變得非常困難。

綜合上述，這些關於數位生產、社會階層化與幫派暴力的見解，意味著當我們在討論都市貧窮與暴力時，該開始多注意**文化**了。[43]我所謂的「文化」，指的是藝術、音樂與其他具象徵意義的表現形式。長久以來，我們只狹隘地專注於討論造成都市弱勢狀況的物質因素。無論是去工業化就業市場中的社會孤立、科技市場中的數位落差、或是爭奪快克市場的幫派糾紛，我們都把經濟問題當作思考重點。[44]然而，像是線上影片與社群媒體貼文這類表面上看似「非物質」的東西，其實也很重要，有時甚至更爲重要。鑽頭歌手對於網路臭名的追求，影響了很多事情的結果，範圍遠超出他們自身的生活與同儕社會網絡。他們利用街頭的聳動影像獲利之際，同時也主動地讓刻板印象與污名烙印這種象徵性的界線，變得更加具體，而正是這些界線把他們所屬的社群與所謂正常與正派的社群隔離開來。當他們被迫在街頭捍衛自己的網路名譽時，他們終究還是重演了「開槍、被逮捕、殺人罪」這些客觀條件，而正是這些條件讓他們的社群變得與別人不同，並且爲他們之後拿來販賣獲利的刻板印象增添燃料。[45]

接下來呢？

在接下來的章節中，我將憑藉著與「街角兄弟」相處的經驗，解釋出身底層的年輕人為什麼且如何利用社群媒體把暴力與都市貧窮變成商品，以及這麼做造成了什麼樣的後果。第一章的內容是從我們迫切需要的歷史脈絡來討論鑽頭音樂與歌手的崛起，以及他們的數位生產活動。芝加哥南區在過去數十年間，經歷了明顯的變化。隨著一度蓬勃的快克市場崩解，相關的幫派結構分崩離析，年輕人開始對於之前在經濟上求生存的模式感到陌生。像是「街角兄弟」這樣的年輕人，在看到很多鄰居與同學因為暴力的社群媒體內容而名利雙收後，開始從毒品經濟轉而投向線上注意力經濟的懷抱。

第二章詳細說明了鑽頭歌手如何創作、上傳與散播他們的數位成果。這些年輕人的所作所為恰好與數位落差的相關討論相反，他們展現出無比創意，把社群媒體納為己用。隨著時間過去，他們學會了如何操縱搜尋引擎的演算法，並且利用大數據的分析資料來吸引更多的點讚與觀看次數。然而，由於他們的資源有限，因此時常被迫仰賴「支援人員」的協助。這些「支援人員」通常遍佈在整個城市、國家甚至全世界的各個角落，結果，主要負責製作芝加哥喋血街頭流行影像的那些人，有一部分其實很少待在那裡。藉由探究數位內容的生產實踐，我們開始看到身處遠方、與幫派無關、表面上「正派」的人不只從街頭污名的商品化過程中獲益，同時也與相關的負面後果有所牽連。

第三章更深入地討論了鑽頭歌手的生產活動與他們的日常生活，檢視他們如何利用社群媒體平台來證明自己貨眞價實，建立起自己的微網紅名氣。鑽頭歌手利用IG、推特與臉書的獨特可供性（affordance），*上傳充滿暴力表現的誇張內容，好證明他們在音樂影片中所宣稱的暴力是玩眞的。他們在創作與散播這些內容時，同樣也得仰賴外來者的協助，這些外部協助者通常包括了部落客與公民記者，他們在營利的網頁與YouTube頻道上發佈鑽頭音樂的內容。鑽頭歌手同時亦仰賴朋友與幫派成員的協助，事實上，追求微網紅名氣這件事，已是地方生活的重心，以至於成爲了在涉及幫派的同儕間促進團體凝聚力與紀律最強大的力量。

第四章探討了鑽頭歌手從建立微網紅名氣或「熱度」（clout，芝加哥街頭俚語）當中所獲得的各種報酬與獎勵。雖然大多數的研究報告認爲微網紅名氣所帶來的「眞實世界」報酬根本不值一提，但對於這些在社會、經濟與道德層級上皆屬底層的人而言，這些報酬卻很重要。處境較爲優渥的社群媒體使用者可能會排斥的「希望勞動」（hope labor），鑽頭歌手卻稱讚這是最實際、最穩定、最有尊嚴的選項，他們通常不會輕易放棄這些報酬。

第五章揭露了成爲微網紅所需付出的負面代價，有時甚至會出人命。泰勒公園某個青少年遭槍殺奪命的事件，讓我們有機會看到暴力的線上內容如何以各種方式尾隨年輕人進入線下空間，涉入他們的社交互動。鑽頭歌手面臨了悲哀又諷刺的情況：他們在社群媒體上的內容越是引人注目，他們就越難避開街頭暴力、幫派生活與刑事司法體系。一方面，他們面對的是希望能「盜取」熱度的競爭對手；另一方面，他們面對的是單靠線上內容就將他們逮捕、定罪與判刑的警察、檢察官與法官。

第六章則是將焦點轉移至鑽頭歌手的受眾。我報導了「街角兄弟」與住在泰勒公園以外的地方且與犯罪無涉的有錢白人之間持續發展的幾段關係，包括：住在比佛利山莊的有錢人想要尋找街頭信譽、白人法學院學生想要來一段越界的豔遇、黑人牧師希望能吸引更多年輕人加入逐漸老化的會衆。拜社群媒體所賜，像是這樣的人現在只要按一下滑鼠就能體驗貧民窟。就跟其他形式的數位消費一樣，他們甚至可以讓貧民窟（或者更精確地說，是充滿刻板印象的貧民窟居民）直接送上門來，在舒適的家中享受量身定做的快感。他們這樣做，促使了這些年輕人繼續從事與微網紅相關的活動，卻也削弱了這群年輕人與主流社會的人來往所帶來的正面影響。

第七章將整個故事帶回原點，檢視芝加哥南區在地青少年的消費活動。對於這群青少年而言，鑽頭歌手與他們上傳的內容扮演了非常矛盾的角色。一方面，鑽頭音樂讓生活變得更危險，光是觀看音樂影片或是點進去看社群媒體上的內容，就會讓他們置身於新的危險之中；另一方面，鑽頭音樂提供了全新且出乎意料的資源，讓他們可以與同儕進行社交活動、避開街頭暴力、甚至制定出積極的行動方針。

---

* 譯註：意指社群媒體所提供的用途與潛在功能，與使用者的意圖、需求及行動產生交互作用。

結論部分則反映了我與「街角兄弟」相處時所學到的事。我提供了一些介入方式（大小皆有），希望能處理被邊緣化的群體在生活中所面臨的數位弱勢問題。透過具有同理心的計畫與政策，數位科技提供了新的機會，讓我們可以好好地利用創造力，並將之導向正途。

在開始之前，我得先聲明以下幾點，請讀者耐心聽我說。首先，這本書的章節是依主題而非時間順序排列。我選擇把重點放在數位內容生產與消費活動的各個連續階段，而非我自己偶然的探索路徑。在時間軸上來回移動，意味著我會對於正在討論的內容提供足夠的背景知識，並且在不同時間點上返回補充必要的細節。我在這些時刻中，穿插提及我自己的立場與角色，讀者若對於這些主題的系統性討論有興趣，在繼續閱讀之前或可參閱作者筆記。

其次，當我對於我所主張的論點提出證據時，我看重人際互動與事件的豐富度，勝過於簡化過後的精簡摘要。我們若真的想要了解這群年輕人，就必須承認他們在日常生活中面臨了諸多困境與抉擇，這意味著必須把他們描寫成複雜的個體，身上同時存在著各種相互競爭的社會角色。有時候，這些敘述看似偏離了推特貼文與動態消息的世界，把我們帶到客廳或學校走廊，但在這些看似無關的時刻與身分當中，關於他們如何在線上與線下進行社交生活，我們心中會浮現更精確的圖像。

第三，如同鑽頭音樂本身就具有高度性別化的特色，這本書亦主要聚焦在年輕男性的生活與觀點。我待在南區的那段時間，沒有碰到任何一名女性投入這種形式的數位內容生產。雖然泰勒公園那裡有幾名年輕女性跟「街角兄弟」交情匪淺，但都沒有被當作正式成員。我在閱讀這本書的早期版本時，意識到我所討論到的年輕男女間互動，很多都充滿敵意且具有利用性質，尤其當這些互動涉及鑽頭音樂與性相關的獎勵時。這肯定無法反映出我所看到的關係的全貌。因此，在可能的情況下，我使用了額外的篇幅試圖捕捉此復雜性，在簡約原則與詳盡充實之間勉力求取平衡。

第一章

從毒品經濟到注意力經濟

薩維爾跟其他許多在都市貧窮社區長大的青少年一樣，高中時都夢想著在大學一級男子籃球錦標賽中發光發熱，進而參加NBA選秀。他天生就發育得早，在球場上又很有天份，所以他每晚都在附近的公園裡練習罰球。他總是告訴自己，如果他夠努力，籃球將可以帶他離開泰勒公園。他計畫用賺到的第一筆薪水，讓媽媽與弟弟永遠搬離這個社區。他們喜歡三個人窩在一起，想像未來座落於芝加哥郊區的家有多麼豪華。

然而，隨著薩維爾的高中生活逐漸接近尾聲，他的大學獎學金卻遲遲沒有著落。他心已碎，但終究還是畢業了。他畢生的夢想粉碎，於是他拼命想找另一個可以快速賺大錢的方法。他跟其他同學與鄰居一樣，決定試試看販毒，所以他立刻去找社區中的「大哥」（big homies）尋求幫助——「大哥」通常是三四十歲的人，作爲泰勒公園「黑爵幫」（Black Counts）的成員，在整個一九八〇年代與一九九〇年代主宰了當地的毒品生意。然而，薩維爾繼續大失所望，這些大哥不想要跟他有任何瓜葛，拒絕帶他做生意。

「老哥，情況爛透了，」當我們面對面地坐在南區我們最喜歡的廉價小餐館時，薩維爾如此抱怨著，「眞他媽的全都爛透了！」

薩維爾說話的時候，眼睛看著地上，一頭及肩的髒辮遮住了他默默含淚的雙眼。他很沮喪，超級沮喪，而這並不是第一次。在過去一年中，我跟這個說話溫和的二十歲年輕人變得很熟，看過他反覆陷入沮喪，在幾小時內就可以從情緒最高昂的頂點滑落到最深的谷底。當他覺得特別低落時，會習慣消失個一兩天，躲在自己的房間裡，注射苯環利定（ＰＣＰ，俗稱「天使塵」）與大麻混合物當作自我藥療。我很擔心他，所以每當我注意到他的情緒開始往下掉時，就會盡可能地插手介入。

那天，我想要把薩維爾從他慣常的應對機制中拉出來，所以請他吃午餐。他那個禮拜過得很不好，沒錢且又餓又挫折。他關掉手機，因為他媽媽不停地煩他，要他開始負擔家計。

「你知道最爛的是什麼嗎？」在幾分鐘充滿壓力的靜默之後，薩維爾這樣問我。他講話有點結巴，這是他最近狂用「天使塵」所導致的副作用。「以前才不是這樣，以前要是我法大了（fucked up，意指沒錢），大哥們會幫我牽線，給我個街角與幾包（毒品去賣）。如果我幹得不錯，他們會讓我管整個街區，幹一大票。但現在不一樣了，他們看到我在那邊想賺點銀兩（paper，意指錢），他們明明看到了卻啥洨都不幫。」薩維爾嚼著滿嘴的薯條，「他們不想跟我們好、不再幫我們了。我們得自己來，老哥，真的要靠自己了。」

薩維爾用懷念舊日時光與失落沮喪來發洩情緒，刻畫出在都市貧窮地區長大的年輕人所面臨的新一波困境，同時亦有助於解釋他們近來為何紛紛轉往線上注意力經濟。當然，對於教育程度低下且不具備特殊技能的年輕人來說，勉強維持生計從來就不是件容易的事，更別提為了擺脫貧窮所必須達到的向上流動了。在整個二十世紀晚期，為數眾多的年輕人投入毒品交易的競賽當中，加入壟斷地下經濟的幫派行列。[1]當快克古柯鹼在一九八〇年代變得很容易取得時，街頭幫派走向「公司化」，改變路線把力氣與組織架構放在毒品銷售上。[2]這對於年輕人來說是最具吸引力且最可靠的選項，他們可以指望被找來當「步兵」，在地方幫派所掌控的街角以寄售的方式兜售小份量的快克。歷史學家戴維斯（Mike Davis）把當時的情況生動地形容成「加密的凱因斯青年就業計畫」，這些販毒的幫派變成了社區機構，爲年輕黑人提供有用的技術，協助他們取得日常生活用品以及由於其種族與階級背景而被他人所否定的自尊。[3]

然而，此一時，彼一時。

從一九九〇年代開始，快克經濟與公司化的幫派組織同時崩解。由於美國毒品市場多元化，市面上開始出現海洛因、處方鴉片類止痛藥物、苯環利定（PCP）與其他合成毒品像是亞甲二氧甲基苯丙胺（MDMA，俗稱「搖頭丸」、「快樂丸」）、K他命（ketamine）與伽瑪羥基丁酸（GHB，俗稱「神仙水」或「液態搖頭丸」）之類的物質，[4]使得快克對於都市街角的控制力鬆綁。幫派之前爲了快克生意的特殊性而發展出來的階層化分支架構，突然之間變得無利可圖。與此同時，聯邦與地方執法單位利用《反勒索及受賄組織法》（Rocketeer Influenced and Corrupt Organizations Act，RICO），逮捕高階的幫派領袖，破壞他們的階層組織。[5]像是薩維爾與「街角兄弟」這樣的社區年輕人，發現自己被排除在父執輩曾經可以進入的地下經濟就業市場之外。雖然他們最終轉往注意力經濟，表面上看起來是新的行動，但他們仍依循著長期存在於美國都市貧窮社群歷史當中的模式。面對一個接著一個的經濟錯置（economic dislocation），年輕人總是找得到充滿創意（但可能頗富爭議）的方法追求自己的夢想。對於當地成年人看似「跟不上時代」，不了解年輕一輩所面臨的現實，他們感到很失望，因此決定去找新的榜樣。這個過程在二十世紀中晚期展開時最爲人所熟知，在去工業化的廢墟之中，在毒品街角取代了工廠之際。

美好的舊日時光

某個露水很重的早晨，早上九點，瑞克（Rick）跟我站在他家後院的台階上閒聊。他嘴裡叼根菸，腳上穿著室內拖鞋與白色中筒襪，漫無目的地走來走去。他有兩個女兒，較年幼的那個正忙著嚇唬家裡的小獵犬，她把小狗抱到地上游泳池畔，小狗一直動來動去。瑞克的另一個女兒從屋裡走出來，她笑得很開心，懷裡小心翼翼地抱著一個大的塑膠碗，裡頭裝著快要滿出來的早餐麥片。在瑞克將滿四十歲的前夕，他頭上有點鬆脫的玉米辮、身上的鮪魚肚與令人驚訝的居家感，掩蓋了僅僅在十五年前他與他的「黑爵幫」同夥曾緊緊掌控泰勒公園日常生活的事實。在快克大爲流行的時期，瑞克穩定地在組織裡往上爬，最後終於賺夠了錢離開泰勒公園，搬到現在這個家——位於安靜的中產階級社區、有三個房間的雙層獨棟房屋。每天早上，瑞克會揮手送老婆上班，載女兒去上學，然後回到他的老地方。他在那裡跟孩提時代的老朋友路易斯（Lewis）與小馬克（Lil Mark）碰面——兩個同樣有點禿且有鮪魚肚的「黑爵幫」前成員。他們作爲獨立於昔日的公司型幫派組織之外的藥頭（或稱「自由藥頭」），依然很活躍，常在社區街上晃來晃去，兜售大麻與裝在奶瓶裡的「嗨嗨水」（lean）——這是一種處方止咳藥，混合了會讓人亢奮的可待因（codeine）與鹽酸異丙嗪（promethazine）。

瑞克說自己二十多年來在「賣藥」這行的經驗，一開始某種程度上是意料之外的事，甚至可說是不太情願。

「長大以後，我本來要跟老爸一樣去工廠工作。」瑞克指的是超過一個世紀以來遍佈於芝加哥南區的一大群軋鋼工廠。威斯康辛鋼鐵工廠（Wisconsin Steel mill）、美國鋼鐵工廠（U.S. Steel mill）、共和鋼鐵工廠（Republic Steel mill）以及一群較小型的工廠曾是這個區域最大的雇主，供應鋼材給全國的鐵路與市中心的高樓大廈。這些如高塔般的工業化廠區，提供了工資優渥且有工會組織的工作給像是瑞克父親一樣的芝加哥黑人居民。到了一九七〇年時，美國鋼鐵工人聯合會（United Steelworkers of America，USWA）光是在芝加哥地區就擁有十三萬名會員，其中大多數爲黑人或墨西哥人。[6]但這個數字就跟鋼鐵廠一樣，並沒有持續下去。從一九八〇年代開始，這些工廠遭受強大壓力，被迫與外國公司競爭，於是開始資遣工人。到了一九九〇年代結束之際，最後一間鋼鐵工廠「美國鋼鐵南方工廠」

（U.S. Steel's South Works）也關門大吉。昔日礦石牆的殘骸今日仍保留了下來，在整座城市中最大的一塊空地上投射下長長的陰影。工廠關門的影響立刻浮現，就連幾英里外像是泰勒公園那樣的社區都感受到了。

「那時我大概十六歲，」瑞克告訴我，「一切都停擺了。那是一切終結的開始，所有事情都走下坡，我爸失業了。媽的，**每個人**都失業了。那些鋼鐵廠一關閉，其他東西也都跟著關了。男的女的，能夠搬走的人全都他媽的搬走了。」

「南方工廠」的停業只是縮影，反映了經濟結構重整的大趨勢，而這股趨勢摧殘了整個芝加哥地區、「鐵鏽地帶」（rustbelt）甚至是全美國的黑人社群。一九五〇年時，芝加哥南區「黑人帶」（black belt）的就業率與整個城市的平均值不相上下，[7]但後來因為一些政治與經濟因素，包括放寬貿易限制、停滯性通膨與全球市場的劇烈震動，導致美國製造業開始前往開發中國家取得低廉的勞動力。[8]光是在一九七九年到一九八五年間，由於工廠關閉或生產需求量下降，全美各地就有超過一千萬個工作機會消失。[9]到了一九八〇年時，芝加哥的製造業規模縮小了一半。[10]由於製造業中清一色以黑人居民為多，因此他們流離失所的狀況也不成比例地高。到了一九八〇年時，「黑人帶」中尚有工作的居民人數下降了百分之七十七，數字高得嚇人，幾乎是每四個十六歲以上的人當中，就有三個人失業。[11]大型工廠撤離觸發了骨牌效應，導致小商店、銀行與其他仰賴大型雇主支付薪資的生意接連跟著倒閉。[12]社區缺錢，就業機會越來越少，使得「黑人帶」的人口在二十世紀下半葉大幅減少了將近一半。[13]

在去工業化的過程中，美國經濟同時也藉由在服務業及金融、保險與房地產業相關工作的穩定擴張，進行「再工業化」。[14]一九八〇年代時，美國史上首次出現了服務業超越製造業成爲國內經濟最大的單一部門的狀況。一九七二年到一九八八年間，百分之四十的新就業機會落在服務業中。[15]新的工作機會逐漸呈現出兩極化的分佈，光譜其中一端是高所得、高技能的職位，需要具備高程度的教育水準。到了一九八〇年代晚期，需要具備某種程度大學訓練的職缺數量增加了百分之四十四，而必須具備四年大學畢業學位的職缺則增加了百分之五十六。[16]很多黑人居民缺乏足夠的教育水準與白領階級所需的技能，因而發現自己被導向了光譜的另一端——這裡只有像是洗碗工、收銀員、餐廳雜工之類低薪、低技能、「死路一條」的工作，沒什麼機會可以好好發展。

大規模的經濟變遷戲劇化地改變了人際關係與社區文化。社會學家安德森（Elijah Anderson）在一九九〇年代早期紀錄了社區年輕人與「老頭」（old heads）——經濟狀況與工作穩定的中年人，負責培養年輕人對於工作、家庭與法律方面的責任感——長久以來的連結開始出現摩擦。[17]隨著有意義的工作機會越來越少，年輕人也認知到自己在新興的服務業經濟中很難佔有一席之地（就算有，地位也很低下），「老頭」因而失去了往日的威望。安德森觀察到，「年輕人嘲笑且看不起這些『老頭』……認爲他們『不知民間疾苦』。」[18]他們轉而走向閃亮且充滿誘惑的道路，跟隨安德森所謂的「新老頭」——

二三十歲、在蓬勃發展的販毒幫派中全職工作的人。「在當地的街角，」安德森寫道，新老頭「藉由展示他們在物質上的成功，像是昂貴的衣服與酷炫的車，想要讓人印象深刻。迫切等待這些訊息的是那些失業的黑人，他們對毫無指望的財務狀況感到心灰意冷，因此有意模仿這些人的風格與價值觀。」[19]

瑞克彷彿直接讀到安德森的文字似的，他帶著嚮往的笑容回憶往事。「我們看到叔叔伯伯與表兄弟在那邊賺鈔票，他們有女人，有很貴的車，什麼都有。我們之前從來沒有看過**我們這個**社區有誰發大財，所以我們都想變得跟他們一樣。」瑞克追隨哥哥們的腳步，十六歲時正式加入「黑爵幫」。「那時候他們掌控一**切**，」他繼續說，「所以把我們收編進來，安排我們做搞錢的事（hustle）」。這裡的「搞錢」指的是與幾個朋友一起充當「街角小隊」的成員，沿著泰勒公園比較熱鬧的大街販賣快克古柯鹼。雖然薪水不是特別高——「步兵」的薪水據說是每小時六到十一塊美金之間，現金，不用繳稅——但肯定比瑞克與他的死黨在正規經濟部門做粗活所能拿到的最低薪資好多了。[20]街頭販毒也提供了較佳的員工支援與「福利」，包括特殊節日的獎金、緊急情況下的保釋金與律師費用。[21]有幸逃過逮捕與死亡的少數人，還能在組織層級中快速升遷，進入當地的領導階層，每年賺個十萬美金這麼多。[22]據瑞克所言，他在二十歲出頭就已晉升為中階主管，負責管理好幾個「黑爵幫」的街角小隊。[23]

瑞克很珍惜自己的主管職位，不只是因為薪水好，更因為這個職位提升了他在周遭社區當中的社會地位。雖然，公司型幫派組織得為毒品與暴力進入當地社區負責，但他們同時也提供了重要的金錢資源與實質服務（包括交通運輸、體力勞動、安全保障、籃球比賽或野餐之類的娛樂活動）給當地居民，作爲安撫。主管作爲幫派組織的門面，扮演了守護者、協調者與導師的角色。[24]每當我與泰勒公園的大哥聊他們的生命故事時，他們就會開始講起行俠仗義的傳奇故事，說自己如何利用販毒賺來的錢改善整個社區的狀況與提拔社區中單純天眞的年輕人，插手政府與整體經濟都辦不到的事。

瑞克回想起一九九〇年代中期的那段時光，臉上的笑意變得更深了。「我們之前只是小鬼，但現在整個街區歸**我們**管。我們就站在世界頂峰。我們一出現，所有人都知道我們是誰。需要錢買尿布？沒問題！給點零錢？沒問題！小鬼們〔shorties，意指小孩〕需要吃的？交給我們。」

昔日美好時光的傳奇故事仍然在泰勒公園當地廣爲流傳。像薩維爾這樣的當今青少年，在「黑爵幫」的聲勢如日中天時只不過是幼稚園的年紀，但他們這一輩仍堅稱自己記得當年泰勒公園的景況。「當時情況像是這樣，」我與薩維爾在小餐館吃午餐時，他解釋給我聽，「他〔意指大哥〕會把車停下，要是那邊有二十個小孩，他會把他們全都帶到冰淇淋車前，請他們吃冰淇淋；要是他在吃披薩的時候旁邊有二十個小孩，他就會另外再點一個披薩，這樣每個小孩都可以分到一片，他完全不在乎那是誰家的小孩。」薩維爾在吃雙層起司漢堡與薯條的時候，情緒鎮定了下來，「這是爲什麼大家都愛他，他就像是整個社區的市長，跟國王沒兩樣。如果你碰到什麼問題，就去找他；如果你跟鄰居吵架，他就是法官。所有妹子都愛他，所有尼哥都想**跟他一樣**！」

由於金錢加上受人敬重，使得昔日的大哥們更加充滿自信，因此我們不難理解爲什麼泰勒公園各個世代的人都下定決心想要走上這條路。然而，薩維爾、瑞克與其他人很快就會明白，這種在社群中向上提升的社會經濟地位很快就沒有用了。由於《反勒索及受賄組織法》（RICO）的施行，加上公司型幫派遭到殲滅，使得擔任領袖所帶來的機會與相關報酬從令人垂涎的資產變成了危險的負債。新的起訴策略透過與低階幫派份子及其他社區居民達成協議，提供認罪協商的機會與較輕的刑責以換取他們指證上級，藉此沿著幫派階層一步步往上抓。[25]雖然城市中大多數人大肆慶祝這個新的執法成效，但這樣的執法行動卻引發了意想不到的後果，在留下來的大哥與他們曾雇用的年輕人之間製造出嚴重的緊張關係，使得之前的社會秩序因而變得不穩定。像瑞克這樣的人雖然曾嚮往擔任領導者的角色，如今卻積極避免將年輕人納入麾下。[26]據瑞克與他的夥伴所言，當「抓耙子」（turn snitch）的誘因使得社區年輕人被逮捕時流行一句新的口頭禪：「十年牢獄災，不如把朋友出賣。」

瑞克經歷過慘痛的教訓。就在我們那天早上在他家聊天的五年前，他一時沒想清楚做了一個決定。他想要拓展自己的毒品生意。儘管他從二〇〇〇年初就脫離了公司組織，跟好友組成小型且機動性高的銷售小隊做生意，但他還是決定從社區中雇用三名青少年當「跑腿小弟」。當時，他意外收到了一大批打折出售的古柯鹼，需要額外的人力幫忙脫手，而這三個年輕人可以在他回家陪家人時，通宵幫他賣貨。然而，有一天晚上，警察逮捕了其中一個跑腿小弟，他手上持有瑞克的貨。爲了換取較輕的刑責，那個年輕人在臥底行動中協助警方逮捕瑞克，瑞克因此在牢裡蹲了三年半。

對於泰勒公園的大哥們而言，一再出現的背叛故事不只讓他們不再與年輕一輩的幫派份子合作，由於感受到忠誠度與榮譽感急速敗壞，老一輩的成員開始採取行動，無論在實際上還是人際關係上，都主動與年輕一輩**保持距離**。

「說實話，我很怕他們，」當我與瑞克還有小馬克斜靠在車子上，看「街角兄弟」當中的幾個人在附近的巷子裡玩骰子時，小馬克這麼說，「他們現在都太難搞了，」他抱怨道，「以前我還是小鬼的時候，年紀比我大的人帶我入行，帶我去他們家裡，安排生意給我做，塡飽我的肚子，讓我看電視，教我『黑爵幫』的幫規：去上學、去投票、照顧家人、注意衛生習慣。我現在也是老一輩的人了，但我才不要幹那種鳥事，我甚至不想讓他們靠近我。」小馬克的語氣充滿憎恨，「這就是爲什麼小鬼們〔shorties，意指社區裡的年輕人〕、眞的跟我們鬧翻了，」他繼續說，「因爲我們不會提供金援，但那是因爲這樣做就得幫他們負責。我沒辦法幫他們負責，因爲我很怕他們。天曉得電仔〔twelve，意指警察〕路過時他們會幹出什麼好事。」

我待在泰勒公園的這段時間裡，好幾次親眼看到大哥們的恐懼。當瑞克邀請我早上到他家坐坐時，他要我保證不能讓「街角兄弟」的年輕人知道他家在哪。他怕他們被警察逮到時會把他交出去，或特別缺錢時可能會來搶劫他。

「這個世代的問題是，」瑞克如此抱怨，「他們不再知道什麼是忠誠了。你看，以前他們甚至連想都沒想過要闖進我家，但現在這個世代自己訂規則，但連他們自己都不會遵守。」

僅僅十年之前，公司型幫派還能夠透過明確的最後通牒，讓青少年的叛逆行爲受到控制——遵守紀律、服從前輩、尊重更大的組織裡的規定，不然就別想拿到幫派分配的賺錢機會。這讓人很難拒絕，因而導致一連串由上往下的影響。今日，相比之下，大哥們既不願意也無法用經濟上的甜頭利誘年輕一代，老一輩的人覺得自己好像受年輕一輩的表親、姪甥與鄰居所擺佈。

拒於門外

在今日的年輕人眼中，大哥們比較不像是害怕權力翻轉，反而更像是存心放棄他們。薩維爾與其餘的「街角兄弟」成員越來越不滿，覺得自己被放生了。全美各地居住在「集中貧困區」（有百分之四十以上的居民生活水準低於貧窮線的社區）的人數大幅增加，從二〇〇〇年的七百三十萬人增長到二〇一三年的一千三百八十萬人，翻了將近一倍。[27] 到了二〇一〇年時，接近一半的泰勒公園居民生活在貧窮線之下，大約每五人之中就有一人失業。[28] 若我們考慮到這個數字橫跨數個世代皆是如此，就更令人震驚了。據估計，百分之七十的黑人家庭若是一開始就住在集中貧困區，那麼他們終其一生都將繼續留在那裡。[29]

雖然「街角兄弟」沒有看過這些統計數字，但他們清楚知道自己擺脫貧窮的機會微乎其微。我們不妨來看一下「街角兄弟」其中一個鑽頭歌手多明尼克的故事：他記得他小時候眼巴巴地等著正式加入「黑爵幫」以取得相關的賺錢機會。多明尼克很缺錢，他最近跟長期交往的女友有了孩子，他很喜歡講在像他所住的那些社區當中大家覺得爸爸應該怎麼育兒。他記得很小的時候，哥哥、表哥、叔叔會在家庭聚會中開玩笑地教他「黑爵幫」複雜的握手方式，並且考他正式幫規中的命令。多明尼克解釋說他「反正就是按部就班」，有種必然會發生的感覺，成爲「黑爵」是他家族裡所有的男人「都會做的事」。如同「街角兄弟」其他成員，多明尼克家族裡的「黑爵幫」成員在他十三歲時驕傲地正式引他入幫。他跟幾個同伴一樣，立刻在身上刺了「受洗入幫」（BLESSED）字樣的刺青，作爲紀念。

在正式入幫後的幾個禮拜，作爲新成員的他們感受到幫派中這些沒有血緣關係的叔伯們所給予的讚美與關心，但他們的財務狀況卻沒有因此獲得改善。幾個「街角兄弟」成員記得他們在入幫幾週還是幾個月之後去找「黑爵幫」的大哥們，希望能正式在生意上參一腳，結果令他們大失所望，因爲大哥們從來就沒有完全把他們當自己人。

就像多明尼克所抱怨的，「那個黑爵幫沒帶來啥㨂改變，眞的，他們偶爾會丟一包〔pack，意指毒品〕給我啦，但說眞的，在道上我們還是得靠自己」。老一輩的「黑爵」想要傳遞給當地青少年的訊息很清楚：他們偶爾會提供小份量的毒品讓這些年輕人去賣，有時候免費或便宜點，但考慮到新的起訴政策，他們不會把這些年輕人帶進自己的毒品生意中。

我從「街角兄弟」的另一個鑽頭歌手、十八歲的小鬼那裡，聽到不少這樣的事。他說就在他入幫後不久，其中一個大哥給了他一包據他所述大約「拳頭大小」的快克古柯鹼，讓他自己拿去賣，當作見面禮之類的。[30]老一輩的成員不會協助他在街頭上販毒，但是同意讓他把賺到的錢放進自己口袋。雖然小鬼剛開始時對於有機會賺快錢感到興奮，但他很快就明白要是沒有穩定的組織架構的協助，在街頭做生意有多難。

「獨立工作」的困難

對於不熟悉毒品經濟如何運作的人來說，販毒看起來是快速又簡單的賺錢方法。不過，我與「街角兄弟」相處的經驗讓我不再抱持這種錯誤想法。過沒多久我就注意到這些年輕人是很差勁的毒販，事實上，他們根本很難賺到錢。

有一天下午，我把車停在某棟公寓建築後面，跟小鬼一起懶洋洋地坐在車裡時，他這樣跟我解釋：「如「快克這種東西，你得要小心管好，」他搖搖頭，好像對於自己的年輕缺乏經驗感到很不好意思。「如果大家不知道你賣的貨怎樣，那你就得提供試用包，但你得要記錄下來誰拿了試用包、誰該付錢。你必須像個會計師之類的，記錄錢啊客戶啊貨啊這些事。這些我都沒有，所以最後我所有的錢跟貨都沒了。所以我說，去他媽的！」

令人驚訝的是，小鬼的經驗在泰勒公園實屬常見。年輕人很快就明白，以前的幫派架構扮演了重要的功能性角色，提供了那些在組織之外做生意的人所拿不到的實際優勢。根據社會學家帕迪亞（Felix Padilla）所言，販毒的幫派強制掌控了社區地盤，爲組織裡的青少年毒販帶來重大好處。[31]比方說，瑞克剛開始販毒時，接收了一群對於幫派所供應的產品已經非常熟悉的忠實客戶，幫派的組織架構也培養他學會如何賺錢的銷售技巧與客戶管理。如同帕迪亞所指出，「販毒這項行動所包括的不光只是站在街角或街區中間，處理掉手上的毒品……年輕人透過與這行裡的老手互動，觀察他們，藉此學會怎麼做生意。想要成爲藥頭的人只需要出去鬼混，觀察資深毒販所使用的各種技巧就可以了。」[32]公司型幫派還有最後一項優勢，那就是可以取得創業資本。由於其組織規模以及他們與更大的毒品銷售網絡之間時有往來，使得他們能以批發價格買下更大量的貨，在零售時增加獲利率。

看到「街角兄弟」作爲獨立藥頭卻不停地砸鍋，我因而見識到這些優勢的重要性。事實上，他們在一天結束時口袋裡的錢往往比開始時還少。舉例來說，小鬼涉足快克市場失利之後，改賣起大麻。他跟前女友借了一百五十塊美金去買半盎司名爲「大聲」（loud）的強效大麻。他把事情想得非常簡單：把半盎司大麻「分裝」成四十個「每包五塊錢」（nickels）的小包裝，只要全部賣掉，他就能收到兩百塊錢，淨賺五十塊。小鬼預計在兩三天之內賣掉手上所有的存貨。若他能抗拒持續不斷的誘惑，不把大麻從袋子裡拿出來自己用，那麼他每天大概能賺二十五塊錢。他知道這筆錢不大，僅夠勉強生活，但倘若他能連續賺上幾個月，就可以開始用更具競爭力的價格買更大量的貨，增加最後的零售獲利。若他存下的錢夠多、也或許跟朋友一起湊錢，用兩百五十塊錢的價格去買一整盎司的「大聲」品種，那麼貨一旦賣光，他就能淨賺大約一百五十塊錢。

然而，當小鬼口袋裡裝滿玻璃紙小袋開始上街做生意時，缺乏創業資金卻只是他所遇到的種種麻煩的開端。他正進入一個高度競爭且絕大部分不受規範的市場。沒有當地幫派組織出來分配社區當中的專屬銷售地點，以抑制年輕人的創業活動，小鬼被迫降價求售，只為了能吸引客戶——原本五塊錢一袋的貨，有時候得降到三塊錢。就算他能說服買家以原價購買，總是會有另一個積極的藥頭殺進來，出更優惠的價錢。我曾花一個下午看小鬼與阿傑在社區裡互相比賽，試著在對方削價競爭前招攬潛在的客戶。

由於在公共空間面臨如此激烈的競爭，小鬼決定改變策略賣給自家人。他新擬定的計畫是主要賣給朋友、家族成員與「街角兄弟」的夥伴。他認為，他們彼此之間的關係與潛在的忠誠度有助於讓他維持銷售。然而，雖然這群新客戶同意只跟小鬼買，但他們希望小鬼能打折。於是，他還是回到以低於五塊錢的價格，賣出原本五塊錢一袋的貨。要是他拒絕，這群人就會提醒他他們過去幫了他多少忙——像是讓他在自家沙發上過夜、安排親戚載他去法院、或是在他缺錢時以折扣價格賣大麻給他——好逼迫他妥協。

對小鬼來說，情況只是每況愈下。有一天他的生意突然就結束了，因爲有人偷了他的存貨。由於害怕自己帶著這些小包裝的貨到處跑時可能會被警察攔下，於是他說服一個朋友讓他把存貨藏匿並鎖在信箱裡頭，可是當他回去「補貨」時，卻發現信箱大開，裡頭空空如也。很明顯，社區中有人（也有可能是他自己的朋友）得知他的藏貨地點，用鐵撬撬開了信箱。到頭來，小鬼只有拿回最初成本的一半，賠了大約七十五塊錢。在我與「街角兄弟」往來的那兩年裡，我看到他們大多重複經歷同樣的事，結果也都同樣很不如意。

「獨立工作」的替代選項

小鬼、薩維爾與他們那一夥朋友缺乏昔日公司型幫派所提供的組織架構以及在毒品市場上的優勢，並且發現今日做毒品生意實在太過困難，因此他們決定改行去幹「髒活」（staining）——搶劫與竊盜的在地說法。[33]每天放學後，他們換下公立學校的制服，出發去尋找容易下手的目標——芝加哥黑幫俚語稱爲「髒東西」（stains）。就是在這樣的午後，獨立於「黑爵幫」之外的集體認同感首次出現在這個團體中。這群年輕人開始戲稱自己是「空心磚幫」（the Cinder Block），指的是泰勒公園的廢棄空地與房屋中隨處可見、拿來砸車窗的煤渣空心磚。事實證明，「髒活」的確更有錢賺，但也因此引發了警方的嚴密監控。[34]「空心磚幫」越來越常跟刑事司法系統打交道，直到某天晚上整件事情達到頂點。當時，小鬼與他的死黨從哥哥那邊借了一把手槍，他們用槍指著一名正在自動提款機提領現金的老人，進行搶劫。警察的巡邏車在小鬼還沒回到公寓之前就把他攔下。小鬼有先見之明，在警察追逐他時就把槍隨手扔了，避掉了非法持有槍械的罪名。那名老人指證小鬼就是歹徒，使得他因此被判處短期監禁與緩刑。

膽子沒那麼大的成員擔心自己會步上小鬼的後塵，因此只好認命接受低薪服務業裡的工作，他們全都認爲這是萬不得已的選擇。我跟這群年輕人相處的那段時間當中，偶爾會陪他們一起塡寫表格，申請速食店、雜貨店或其他與旅館相關的初階職位。有幾個全國性與地方連鎖企業以雇用缺乏就業經驗或就業經驗不多的黑人青少年聞名，但就算這些年輕人成功通過申請流程、面試時沒被刷掉、剛開始輪班時上下班都找得到可靠的交通工具，他們所面對的工作環境與人際互動，還是沒有街角那麼具有包容性，且肯定沒那麼有吸引力。過不了多久，他們就會開始找理由逃避起床與穿上制服去上班。

「我沒辦法那樣工作」

雖然這些年輕人公然蔑視低薪服務業裡的工作，但阿傑仍記得他第一天早上去上班時很興奮。在家族友人的協助下，他找到了在芝加哥中途國際機場的工作，負責幫航廈走廊兩側的各個店家補充汽水、零食與雜誌的存貨。通勤是很大的挑戰——搭乘超過一小時的公共交通工具，然後再花上半小時通過安檢與金屬偵測器。不過，這些過程雖然麻煩，但看起來都有助於讓阿傑產生成就感與長大成人的責任感。然而還不到一個月，阿傑就開始蹺班，最後乾脆連去都不去了。我們兩個坐在一起討論他在機場的短暫工作，我請他解釋一下為什麼一開始的樂觀進取最後卻以痛苦收場。

「我沒辦法那樣工作，」他的語氣充滿反感。

「拜託，」我試著說服他，「沒**那麼**糟吧？」

阿傑一臉失望地看著我，「你會在那裡工作嗎？靠，你才不會咧！那為什麼我就得要？」

「因為你缺錢？」

「沒**那麼**缺。」阿傑回答道。他開始鉅細彌遺地解釋他為什麼不滿，告訴我他通常在怎樣的環境下工作，以及他跟上司之間日漸升溫的衝突。「老哥，那工作是這樣的：你整天都在後面把貨裝到推車上，然後推去那些小店，接著把所有的東西卸下，然後回到原來的地方，再把推車裝滿，然後卸貨，然後又再裝上。**就只做這個！**一遍一遍又一遍，每天都一樣。他們甚至不讓你在工作的時候聽音樂，你如果跟誰講話，麻煩就來了，甚至連看個手機都不行。」阿傑越講越火大，他把手機拿出來放在面前說：「我老闆還死命地想從我手裡拿走手機，我應該要把那尼哥打昏的，他以為他可以把我當作小孬孬那樣講話。要是在街頭，那尼哥就準備吃慶記吧〔smoked，意指被開槍〕！」

阿傑的經驗除了點出這個就業選項有多麼枯燥無聊、要求服從之外，也讓我們看到更深層的文化衝突。[35]依人類學家布古瓦（Philippe Bourgois）所言，像阿傑這樣的年輕人所面臨的工作環境，「中產階級白人的互動模式全面佔上風。」[36]泰勒公園街頭所磨練出來的強悍作風與冷酷姿態，與客戶服務及支援角色所需的謙遜順從完全矛盾。[37]在工作場合中，通常沒什麼時間或機會讓不同的工作者彼此找到共同點。來自弱勢社區的年輕人在與同事、老闆及顧客互動、甚至光是看著他們時，很難不在無意間流露出威脅感，[38]而這些對象要不是被街頭文化嚇到，不然就是嘲諷街頭文化，對著垮褲、髒辮與發音含糊不清的俚語搖頭。

阿傑的話強化了這個論點，「我不會讓尼哥那樣跟我說話，」他繃著臉說，「在我忍不住對那尼哥下手然後背了案〔caught a case，意指被抓〕之前，我得要趕快離開那裡。」

對於這些年輕人來說，他們在非工作時間的不穩定性，使得這種「文化不相容」的狀況變得更加嚴重。住在泰勒公園且是「街角兄弟」邊緣份子的尚恩（Shawn）就是最好的例子。尚恩愛交際的個性、機智與高亢響亮的笑聲讓他在高中班上贏得了開心果的名聲。畢業之後，他的個人魅力讓他在市中心洛普區（Loop）生意興隆的潘娜拉（Panera）餐廳找到了一份最低薪資的工作。他輪班時負責擦地板、補充展示櫃裡的商品，以及推銷糕點與咖啡給來自附近大樓的專業人士。他的情況跟阿傑不一樣，他跟上司及客戶間的互動幾乎沒有敵意。事實上，他們彼此間的互動通常很友善，甚至可說是非常愉快。

「他們非常喜歡我，」當我們聊到他正式的工作經歷時，尚恩驕傲地說，「我總是逗他們開心，做一些很蠢的事，跟他們開玩笑，讓所有的白人女士早上去上班時都面帶微笑。」

但是，尚恩在工作場合中的良好互動，並不足以讓他保住飯碗。他跟我說他老闆四個月後開除了他，因爲他開始遲到早退，有時候甚至沒去上班。

「那不是我的錯，」尚恩一邊抱怨，一邊述說他所面臨的考驗：有一次，他弟弟在學校時身體不舒服，他得趕快下班去接他；另一次，他得在家等工人來修理破掉的窗戶——他們家可不敢讓公寓放著沒人管，因爲害怕被偷；在那之後不久，他睡過頭，因爲前一天深夜街上發生槍擊事件，他幾乎整個晚上都在熬夜哄最小的弟弟。尚恩媽媽的工作也是工時長、薪資低，她非常依賴尚恩這個長子（他是四個兒子中最大的）幫忙照顧弟妹。看起來，總是會有一些無法預測的緊急小狀況讓尚恩沒辦法去上班。對於在資源枯竭的社區中長大的年輕人來說，這種與家庭有關的義務是日常生活的一部分。[39]不幸的是，低薪的服務業工作不太能接受都市窮人不穩定且無法預測的家庭生活。聽到尚恩如何一次又一次地解決各種小危機，我很驚訝他居然有辦法保住飯碗那麼久。

我待在社區的那段時間當中，住在那裡的年輕人不斷與我分享他們在合法經濟與非法經濟中戰鬥的故事。他們回顧了拜託大哥們讓他們加入毒品生意但最後卻很失望的故事、跟我講坐牢有多無聊、告訴我說他們的老闆是如何用充滿權威的口吻教訓他們的守時觀念與工作倫理。在每個轉折點，他們都覺得這個世界就像是在跟他們對著幹，然而大約從二〇一一年開始，他們覺得自己開始走運了。在智慧型手機小小的長方形螢幕上，他們看到了新的榜樣——跟他們一樣住在類似社區的年輕人找到辦法，利用自己充滿波折的生命經歷爬出了社區，進入主流的鎂光燈下。

注意力經濟的誘惑

阿傑與我坐在停好的車裡，把冷氣開到最大，這是我們在大多數的夏天午後會做的事。跟大多數的下午一樣，我們聊到他想透過自己的鑽頭音樂影片成爲明星的夢想。我的車用音響上插了細細的黑色音源輔助線，阿傑舉起手機給我看YouTube上的短片。

「老哥，就是這個，」阿傑的語氣很嚴肅。他指著螢幕，按下播放鍵。「這個影片是一切的開端，我覺得鑽頭就是從**這**開始的，就是這東西讓這裡的尼哥們試著**眞的**去搞饒舌勾當。」

我立刻認出這是科扎特（Keith Cozart）〈恁爸無佮意〉（I Don't Like）那首歌的音樂影片，他是芝加哥最惡名昭彰的鑽頭歌手，人稱「酋長基夫」（Chief Keef）。我們若看一下這支影片的YouTube頁面，很容易就能明白阿傑在說什麼。這是有史以來最常被觀看的鑽頭音樂影片，光是在YouTube上就累積了大約九千萬個觀看次數，[40]這個數字大概等同於加州、德州與佛羅里達州三地**加起來**的總人口數。這樣的成績著實令人印象深刻，尤其要是想到這是由一個住在芝加哥狀況最糟的社區、十六歲的少年所達成的成就。不過，爲了完全掌握這支影片的重要性，了解它何以備受尊崇，我們必須超越這些數字去看。科扎特的音樂影片畫面晃動、充滿自製感、人聲部分拍子也不太準，但已然代表了充滿希望的脫貧新途徑。考量到南區年輕人所能擁有的其他選項，這個方法看似可以被實現，而且很務實。他們與科扎特年齡相仿、在同樣的地區長大、上類似的學校。像是阿傑這樣的年輕人，在科扎特身上看到了自己的影子。

「酋長基夫」的崛起

二〇一二年時，〈恁爸無佮意〉在網路上爆紅，科扎特因而異軍突起，以非常不傳統的方式躋身國際名人的行列——這條成功之路是從他祖母家的客廳出發的。[41]一年前，年僅十五歲的他，跟住在恩格塢、大十字區（Grand Crossing）、華盛頓公園（Washington Park）社區的一群朋友開始製作鑽頭音樂歌曲與音樂影片，然後放到YouTube上。他們在成長的過程中，同樣也夢想著能在當地公司型幫派組織中往上爬，而他們也被迫在沒有大哥們的幫助下做事，因此分裂出來組成自己的派系，自稱為「光榮兄弟」（GBE，Glory Boyz Entertainment的簡稱）或「拉姆隆三〇〇」（Lamron 300，這是他們所居住的街道名字倒過來拼，再加上賣座電影《斯巴達三百壯士》的梗）。作為幫派分支與音樂團體的綜合體，「光榮兄弟」在當地社區與附近校園吸引了一小群追隨者，不過也僅止於此。他們開始吸引到更多粉絲是在科扎特一連串傳得沸沸揚揚的違法行為之後。二〇一一年時，科扎特被捕，遭控販賣毒品的重罪。不到幾個月後，他又因為持槍襲警而遭到逮捕。當時他拿槍瞄準他家外面的兩個警察，而那兩個警察在他穿越廢棄空地逃逸時，朝他開火。法官判他在家監禁，使得「光榮兄弟」跟他不得不在家錄製歌曲與影片，用牆上滿是塗鴉的臥室與光線昏暗的廚房當作背景。[42]

〈恁爸無佮意〉就是在這段時間錄的。在當今世界著迷於犯罪行為的娛樂文化中，〈恁爸無佮意〉看起來可以讓美國的社會大眾瞧一瞧讓他們既害怕又著迷的社會世界，機會難得且不受拘束。[43]影片一開始，科扎特與七名左右的「光榮兄弟」坐在簡陋客廳裡的摺疊椅上，鏡頭接著切向某個在數一大疊鈔票的人，然後是特寫，慢動作拍攝一個嘴裡吐出一團濃厚大麻煙霧的年輕人。科扎特打赤膊，在大夥兒前面走來走去，有些人刻意在鏡頭前凸顯自己臉上帶有監獄風格的刺青。節奏的感覺慢慢建立起來，鈸與小鼓的聲音像是一陣快速的「機關槍」掃射，刺穿了史詩般的樂團弦樂聲與帶有不祥預感的鐘聲。歌曲開始三十秒後，畫面開始搖晃，伴隨著震到骨子裡去的大鼓聲，使得科扎特這一夥人感覺勢不可擋，讓人無法忽視。整群人現在站了起來，上下彈跳，頭上的髒辮也跟著晃來晃去。科扎特的手臂隨意搭在另一個削瘦、打赤膊的少年身上，開始唱起饒舌。不斷重複的歌詞吹噓著一直沒停過的犯罪行為、科扎特與其幫派宣稱自己所信奉的道德準則，以及要是有人不遵守街頭上的不成文規定，會有怎樣的下場。

合唱部分開始列舉「光榮兄弟」所無法容忍的行為與人物：

臭尼哥，恁爸無佮意這款人。

抓耙子，恁爸無佮意這款人。

……

恁爸予人起訴，因為咧賣白粉仔。

無過恁爸一世人，絕對袂做背骨仔。

……

恁爸欲共這陣尼哥刣予死，他無佮意。

阮兄弟有鐵仔，伊無膽佮我釘孤枝。*

這支影片上傳後不到幾個月，科扎特在網路上爆紅。〈恁爸無佮意〉登上了告示牌百大單曲排行版的第七十三名，科扎特因而聲名大噪，備受讚譽，還受邀與希望能衝高網路追蹤人數的流行唱片藝人一起巡迴演出。幾個主流音樂界的天王級人物——包括多項葛萊美獎得主肯伊・威斯特（Kayne West）在內——甚至製作了科扎特作品的重新混音版本，並且在接下來的專輯中邀他客串。二〇一二年六月，彷彿美夢還可以更超現實一點，科扎特與新視鏡唱片（Interscope Records）簽下價值六百萬的錄音合約。這家唱片公司曾與許多傳奇藝人合作，像是吐派克（Tupac Shakur）、瑪丹娜（Madonna）、艾爾頓・強（Elton John）。據傳，科扎特也與長期擔任製作人的音樂界大佬德瑞博士（Dr. Dre）達成音樂版權協議，成立「光榮兄弟」唱片品牌與電影版權，以及一款名爲「基夫節奏」（Beats by Keef）的豪華耳機。[44]

社會大眾對於科扎特的成功故事嘖嘖稱奇，他打破了長久以來藝人成名的規則，同時也證明了以社群媒體推動個人品牌定位與內容生產的全新形式真的有效。「決定性地紀錄了嘻哈音樂目前進化狀態的不是一首歌、一段音樂影片或一場演唱會，」《紐約時報》（*New York Times*）撰稿人卡拉曼尼卡（Jon Caramanica）於二〇一二年時這樣寫道，「幾年之後，文化考古學家將更能好好地回顧十七歲饒舌歌手

『酋長基夫』的推特帳號……這傢伙一時之間炸出很多訊息。」[45]

卡拉曼尼卡與其他人紛紛指出科扎特「生猛有力地炸出改變」的兩個主要面向。首先，他在很大程度上繞過了曾經壟斷進入娛樂產業之路的傳統把關者。[46]過去，若要吸引到唱片公司高層與粉絲的注意，所需要的不只是才華，還需要透過多半為**實體**發送的混音帶與CD樣本，鍥而不捨地自我宣傳。饒舌歌手每次都得在市中心繁忙的街角站上好幾個小時，試著吸引路人注意——「嘿，你喜歡嘻哈嗎？」——然後把寫有他們聯絡方式的CD塞到路人手裡。他們這麼做無非是希望這個陌生人會花時間聽聽看、喜歡他們所聽到的東西，甚至可能把CD轉交給他們認識的經紀人或唱片公司經理，然後這些人再分享給唱片公司主管。這些藝人可能會收到一紙小型（通常很剝削）的唱片合約，以某種試看看的方式製作幾首歌、甚至一整張專輯。如果他能獲得廣播電台青睞，吸引到一群粉絲，那麼唱片公司便可能延展他的合約。[47]

科扎特藉由採用**線上**管道，跳過了絕大部分的步驟，擺脫掉中間人。[48]他不需要去求經理與品味製造者給他機會試試看。真要說的話，他翻轉了這個關係，讓唱片公司來追**他**。在科札特的名字出現在主流媒體之前，他早就牢牢抓住了千禧世代無數人的眼睛與耳朵，因此可以提供廣大且還在成長中的客戶

---

* 本段歌詞感謝魚仔林支援翻譯。

群，讓唱片公司得以輕易地從中獲利。他成爲新模式的典型代表——要是你有夠多的YouTube觀看次數、推特追蹤人數以及其他相關的人氣指標，那麼像是新視鏡唱片公司或德瑞博士這樣的音樂界大佬就會來敲你的門，把你從貧民窟裡拉拔出來。[49]

重要的是，科扎特直接了當地以涉及幫派且暴力的公衆形象建立自己的品牌。看起來，他的名字越是與犯罪扯上關係，他就越紅，賺錢的潛力就越大。舉例來說，當科扎特因爲涉嫌參與殺害柯爾曼（參見前言所述）而現身法庭時，他在圈內的名聲只有更爲轟動。柯爾曼死後，科扎特在推特上嘲笑他，上傳了一連串慶祝推文：

> 眞可悲那個尼哥小喬想要變得跟我們一樣#笑死我了（#LMAO）
> 哈哈哈哈哈哈哈哈哈哈哈哈哈哈#土豪尼哥（#RichNiggaShit）
> 他死掉了我猜他沒帶槍上街

科扎特的人氣，隨著他一連串的違法行爲而水漲船高，包括：因持有毒品而遭逮捕與坐牢、非法持有槍械、違反緩刑規定、沒付小孩的扶養費。[50]他的ＩＧ帳戶遭到關閉，因爲他上傳了自己的性愛照片；芝加哥公立學校的學生家長間流傳請願書，要求禁止在舞會及學校認可的其他活動中播放他的音樂；芝加哥市政府禁止他在市內表演。他越壞，受到的關注就越多。到頭來，科扎特在公開場合的言行不檢點幫他克服了都市音樂工作者（尤其是嘻哈歌手與幫派饒舌歌手）一直以來所面對的難題，也就是，證明自己的眞實性。[51]每一則新聞報導、嫌犯大頭照、政府官員發出的關切聲明，都向觀衆保證了科扎特眞的具有「對立身分」（oppositional identity）與幫派成員背景，而且他眞的有犯下他在歌詞中所吹噓的不法行爲，看來他那些引人注目的形象並非只是爲了鏡頭而做出的表演。

然而，科扎特用來建立眞實性的方程式不單只是具有創意，同時也是可以被複製的。在接下來的幾個月當中，其他幾個青少年鑽頭歌手同樣也從南區躍升進入主流世界。他們當中有些人與「酋長基夫」同樣來自聲名狼藉的帕克威花園（Parkway Gardens）公宅區，這裡曾被《芝加哥太陽報》（*Chicago Sun-Times*）稱作是「全芝加哥最危險的街區」。[52]以下事蹟都提醒著聽衆這個「殊榮」：在「酋長基夫」〈恁爸無佮意〉那支音樂影片中擔任重要客串演出的「小利斯」泰勒（Tavares "Lil Reese" Taylor）與人稱「小德克」（Lil Durk）的另一個年輕人跟Def Jam唱片公司簽約；他們的一個朋友與鄰居，以「微風六〇〇」（600 Breezy）之名製作影片，並且與帝國唱片（Empire Records）簽下合約；即便是那些還沒簽下重要唱片合約的人，也都成功地成爲了國際鎂光燈的焦點。在帕克威花園社區東邊四英里、屬於南岸（South Shore）區一個名喚「恐怖城」（Terror Town）的社區，有一群受到「酋長基夫」啓發的青少年組成了一個幫派暨鑽頭音樂團體叫做「NLMB」——這個名字是「馬斯基根兄弟沒有極限」（No

Limit Muskegon Boyz）的縮寫，同時亦是「永不離開我兄弟」（Never Leave My Brother）的縮寫——其中一名綽號爲「小畢比」（Lil Bibby）的成員，在他的歌登上告示牌排行榜第四十六名之後，《氣氛》（*Vibe*）、《超大號》（*XXL*）與《告示牌》（*Billboard*）雜誌紛紛爲他做了專題報導。「NLMB」另一名綽號爲「G Herbo」的成員，與許多主流的嘻哈及節奏藍調歌手一起出現在音樂影片當中。與此同時，另一名鑽頭歌手「蒙大拿三〇〇」（Montana of 300）利用他在YouTube上的人氣，在福克斯（Fox）電視台黃金時段的電視節目《嘻哈帝國》（*Empire*）中擔綱演出。看起來，娛樂產業對於這群年輕人與他們貨眞價實的街頭感，根本就是百看不厭。

「如果基夫辦得到，我們有何不可？」

對於「街角兄弟」這樣的年輕人來說，像是「酋長基夫」與「小德克」這樣的鑽頭歌手並非遙不可及地「供在那裡好看」、只會出現在八卦雜誌或音樂部落格上的名人，反而更像是他們的表兄弟、同學與鄰居。鑽頭界的先鋒在成名之前，過的生活與社區裡大多數年輕人沒有兩樣。當「街角兄弟」看到這些鑽頭歌手越來越受矚目時，他們開始剖析建立自我品牌的策略，並且模仿這些歌手的行爲。他們自問：「如果『酋長基夫』與『小德克』辦得到，那我們有何不可？」

當阿傑與我坐在我的車裡再次觀看手機上的YouTube 影片時，這種混雜了受到啓發與充滿抱負的情緒展露無遺。阿傑再度回想起自己見證了某個早期的鑽頭歌手成名的過程，他們倆是高中同學，而且早在彼此夢想著成爲音樂明星之前就已熟識。

「在這之前，」阿傑指著螢幕上的影片說，「他就是個普通人，跟大家一樣每天來上學，不是什麼大人物。後來他上傳了影片，情況開始變得很扯。」阿傑說，他同學在學校餐廳裡突然變成風雲人物，在女生之間特別受歡迎。「每個人都很哈他的老二啦，」他繼續說，越講越粗魯，聲音因爲興奮而高八度。「他跟**瘋狂正的**妹子上床，全校當中**最騷的**那種！她們對他投懷送抱欸！老哥，我從沒看過這樣的事！」

「你對女人也很有一套，」我提醒他，「這點我很確定。」

「那時候？才沒有！」阿傑抗議，「老哥，我跟你說，那傢伙可以弄到學校裡**任何一個**女生。他只需要去找她，就這樣，這樣就可以弄到手！那些影片讓他看起來帥爆〔glow，意指好看〕，我看著他心想，靠，我就是要變成**那樣**！」

「**這**就是你爲什麼開始唱饒舌？」我不敢置信地問他，「爲了把到更多**妹**？」

「當然！老哥，你也會做一**樣的事**啦，你心知肚明。」我回想起自己可怕又缺乏安全感的高中歲月，忍不住暗自發笑。「對吧？老哥，」阿傑跟著我一起笑了出來，「你也上過高中，知道是怎麼一回事。」

「大概啦！」我快速回答，然後把話題重新轉回他身上。「所以你開始做的時候，發生了什麼事？」我問他。

「他們後來也很愛我，」阿傑笑著回答，「雖然不像那傢伙，不過他那時已經很有名了，而我只是剛開始，不過我做的還算不錯，有得到我想要的東西。」

當阿傑講到這種動機來源時，我嚇了一大跳，他的理由竟是如此平凡無奇——為了讓女生對他刮目相看。於是，談話結束之後，我特意跑去問「街角兄弟」其他成員，看看他們一開始的動機是什麼。有些人說當他們看到那些剛嶄露頭角的鑽頭歌手在學校當中的地位一飛沖天，因此贏得最搶手的女生的芳心，心裡不知有多麼羨慕。從這個角度來看，鑽頭歌手跟全國各地拿起吉他、在自家車庫玩樂團，希望能把到妹、讓同學刮目相看的好幾代年輕人，也沒那麼不同。數十年來針對青少年的研究皆顯示，最具有重大影響的許多行為——從吸毒、性行為到自殺——都可以追溯到他們在學校裡所面臨的社會壓力與地位競爭。[53]無論種族、階級或所在地點，我們很難想到在年輕人生活中有什麼動機比這個更一致且更有威力的了。

在嫉妒同學之際，「街角兄弟」對於自己成名的機會倒是發展出相當樂觀的態度。對於像阿傑這樣的年輕人來說，開啓鑽頭音樂事業看起來既直接又容易上手。「街角兄弟」並不覺得科扎特與其他成功的鑽頭歌手是老天賞飯吃的大師級人物，而是很有創意、很懂得如何聰明地自我行銷、找到方法來滿足這個世界對於街頭惡棍故事的需求。

「最扯的是，」講到學校裡那個出名的鑽頭歌手時，阿傑這樣說，「他甚至說不上是那裡〔意指學校〕最厲害的饒舌歌手，完全不是。有些尼哥眞的能饒〔real bars，意指唱饒舌的技巧〕，[54] 但我覺得他只是知道要講些**什麼**。其他尼哥在押韻之類的東西反應很快，但沒有講出大家想要的東西。這傢伙不一樣。」

「你說『不一樣』是什麼意思？」我問。

「就像他在上面〔指YouTube〕講芝拉克（Chiraq）搞幫派那些鬼東西，」阿傑說，「大家看著芝加哥時心裡都在想：『靠，這群尼哥眞的是瘋了』。他們看到一級謀殺率有多高，聽說過芝拉克、鑽頭音樂這些事。基夫講芝拉克那些鳥事，結果拿到唱片合約。所以我們就在想，那我們有何不可？所以我們就**眞的**開始做音樂。我們想說如果給大家他們想要的東西，我們就可以靠鑽頭音樂這些東西賺大錢。」

我認識阿傑的時候，他與同伴就已經有了大量的數位足跡——觀看次數、追蹤人數、按讚數與留言數達上百萬的音樂影片與ＩＧ上傳內容，但情況並非一直如此。在一次又一次的談話中，他們從最不起眼的源頭開始回溯起自己的成名過程。當「街角兄弟」剛開始模仿他們的偶像「酋長基夫」時，光是能不能找到辦法錄製與上傳內容就讓他們很頭大。他們沒有固定可用的影音錄製設備，只能使用有限、不穩定且費時的工具來創作影片。在最初期階段，大約是二〇一二年的時候，他們用手機的錄影功能及便宜的傻瓜相機互相幫對方錄製「即興饒舌」（freestyle）的短影片。他們會輪流站在附近公寓建築的磚造大門旁邊，把聲音開到超大的立體音響放在幾英尺遠的地上，開始即興押韻。[55]身材矮壯、一頭髒辮的吉歐（Gio）是「街角兄弟」中的科技達人，他在全家共用的筆記型電腦上，下載了免費的影片製作程式，用來剪輯影片。雖然他的技術日益進步，但整個過程仍然耗時又艱鉅。他通常得花上兩到三個星期，才能剪出一支三分鐘的低解析度影片，然後上傳到他個人的YouTube頻道。很多影片因爲電腦當機、資料檔案損毀與其他技術上的困難，根本沒完成。

當阿傑的鄰居米茲（Meezy）透過自己在電子用品量販店的上架補貨工作拿到一台頂級的索尼數位單眼相機時，製作狀況才有所改善。二十歲的米茲說話溫和，他戴著鏡片很厚的眼鏡，稍微有點社交恐懼，因此在青春期時，他大半時間只是泰勒公園青少年文化圈的邊緣人。他沒在工作的時候，會花時間練習自己的影片剪輯技巧，希望有朝一日能進入藝術學院，然後成爲專業的電影攝影師。他脖子上掛著相機在社區裡閒逛時，吸引了「街角兄弟」的注意，他們纏著他開始錄製與剪輯他們的音樂影片。米茲深深投入這個新角色，擔任起社區的駐地錄影師，甚至還設立了他自己的YouTube頻道「米茲視覺」（Meezy Visuals），上傳自己所有的錄影作品，當中也包括了「街角兄弟」的內容。在這個過程中，米茲收吉歐為徒，讓吉歐擔任製作助理，並且教他如何使用更進階的程式與器材。

「街角兄弟」沒在錄影錄音的時候，都在看音樂影片；要是沒在看影片，就是在滑手機，看最成功的鑽頭歌手的推文、ＩＧ照片與其他內容。我認識他們的時候，他們想要模仿「酋長基夫」與其他前輩的動力並未減弱，眞要說的話反倒是變得更加強烈了。當我們仔細研究最受歡迎的線上內容時，他們很快就指出數位生產活動與隨之而來的明星地位都帶有集體性與團隊特質。這種向上流動的新途徑有個普遍的公式：當「酋長基夫」那樣的人名利雙收時，會跟拜把兄弟與幫派同夥（就是那些在影片背景中跟著節奏上下彈跳的年輕人）共享戰利品。「街角兄弟」對於「小德克」的成功故事所展現出來的強烈興趣，正是最佳例子：二〇一五年秋天，「小德克」在全國巡迴演出之際，上傳了一支由四個部分所組成的紀錄片，名為〈生命中的一天〉。[56]這些影片以「小德克」的音樂當作背景，刻畫出他身旁有一小群「黑色門徒幫」（Black Disciples）派系「六〇〇ＯＴＦ」成員的陪伴。他們在接二連三的場景中與充滿魅力的女粉絲調情，炫耀滿手的鈔票。這些影片放上YouTube後的五個月內，每個月大概平均有一萬次的觀看次數，當中至少有數十次來自泰勒公園，因為「街角兄弟」與我一看再看。

有一天下午，我們一群人在阿傑的公寓外頭，彎著腰圍著一台iPhone，仔細研究「小德克」俗氣炫耀的表演。「街角兄弟」超級想要這種微網紅地位。小鬼差不多把影片裡的對話都背下來了，他朝圍在我們身邊的幾個年輕人發話。

「看看這尼哥，」小鬼對我們一群人說，「德克很行，他超有錢的，兄弟，他幹他媽超夯！你們看，他們在超讚的旅館裡爽歪歪，喝嗨嗨水，沒人去找他們麻煩，沒有人試著過去炸一把〔blowin，意指飛車槍擊〕，他們**擺脫**這些鳥事了。」

小鬼從小到大的好朋友史提夫（Stevie）繼續解說，但把注意力特別放在與德克一起待在旅館房間裡的四個年輕人。「看到沒？他把兄弟都帶在身邊。這幾個是他兄弟。」史提夫一個一個數，「一個、兩個、三個……」他在IG上追蹤這群人之後，甚至知道其中幾個的名字。

「我們以後也會那樣，」小鬼回應史提夫所說的話，「等著看，我會帶你一起，你也要一起來。我眞正的好尼哥們全都要跟我一起。」

「看，」史提夫繼續說，他指著螢幕上的德克，「小鬼會在那，」他指向德克周遭的其中一個人，「我就在那裡。」他抬起頭，面帶微笑地對小鬼說，「我們以後也會這麼紅，對吧，兄弟？」

「就像這樣，」小鬼一邊回應，一邊把我們的注意力帶回到iPhone上，沒有直接回答史提夫的問題。影片當中，「小德克」與一群朋友在沃爾瑪超市裡走來走去，採買盥洗用品，爲他們的巡迴巴士做最後的補貨。畫面之外有個女人的聲音，她朝德克這群人走來，問哪一個人是「明星」。德克沒有放慢腳步，他簡短地回答道：「我們全都是。」小鬼輕輕推了史提夫一下，然後用緩慢強調的語氣重複德克的話。「兄弟，你聽到了吧？我們全都是。」

對於鑽頭歌手與他們的夥伴而言，這種影片不只具有啓發性，同時也扮演了教育的角色。如同小鬼在最後所說的話，邁向微網紅之路承載著某個大家心照不宣的社會契約：如果在地的鑽頭歌手能夠成功實現遠大的目標，擺脫貧窮，他們就會帶著「眞正的尼哥們」一起。[57]

「走向合法」

年輕人之所以深受注意力經濟所吸引，同時也是因爲他們認爲與販毒、搶劫與其他非法活動相比，從事注意力經濟的活動而遭到逮捕、坐牢與死亡的風險相對較低。事實上，好幾個「街角兄弟」成員一開始在網路上展示與表現出暴力犯罪行爲，是爲了努力減少他們在線下時涉入這類活動。他們把數位生產當作是**逃離**街頭生活的方法。

若非我在小鬼迫切地打算「走向合法」（用他自己的話說）時與他往來密切，我可能不會注意到這個看似不合常理的動機。我們之間的友誼開始於我最初被引見給「街角兄弟」的幾個月之後，當時小鬼剛被釋放出來，他之前因爲持械搶劫而去坐牢。雖然其他的「街角兄弟」越來越習慣我出現在他們的社區裡，而且在小鬼回到社區時向他保證我值得信任，但他還是以懷疑的眼光打量我，跟我保持距離。有天晚上，情況整個改變，我們兩個毫無預期地深入交談。當時，「街角兄弟」一夥人聚集在南區的倉庫，那裡被他們的一個朋友改建成臨時的音樂工作室，我們正試著打發時間。小鬼跟我坐在破破爛爛的皮沙發上，而阿傑、薩維爾、多明尼克與其他幾個人則是輪流待在自製的錄音間中。小鬼不得不開口跟我說話，而我跟他分享汽水與家庭號包裝的墨西哥玉米片口味多力多滋，那是我在過來的路上買的，看看能不能試著降低他的戒心。

慢慢地，小鬼打開了話匣子，開始告訴我他長期以來在法律與金錢方面的麻煩。他跟絕大多數的同儕一樣，一進入青春期就被捲入刑事司法體系當中。作爲未成年人，他因爲各種刑事罪名與違反緩刑規定，在青少年管教所進進出出。每回遭到逮捕都導致他在學校的課業嚴重被中斷，進度落後——他已經落後了兩個年級。這些糾葛也導致他與他媽媽塔莎（Tasha）之間的關係緊張，塔莎盡全力獨自一人扶養小鬼與他的三個兄弟姐妹。現在，在他最近一次遭到逮捕之後，他比以往更加感到茫然無措。正如他之前每次從看守所被釋放出來時一樣，他回到泰勒公園，迫切需要錢與人生方向。

小鬼沒有錢買新手機，所以整晚都纏著大家借他手機，好讓他發簡訊、上傳ＩＧ照片、更新臉書上的動態消息。我把我的手機拿給他，但一看到他舔掉手上的墨西哥玉米片起司粉後直接用溼答答的手指觸碰螢幕，我立刻把手機搶了回來。我把手機擦乾淨，自告奮勇幫他傳簡訊、更新狀態。當我快速地在手機鍵盤上打字的時候，我更加了解小鬼最近所面對的困難。他從看守所被釋放出來之後，塔莎不准他進家門或接觸他的弟弟妹妹。塔莎在市政府的停車管理處工作，工時很長，她擔心小鬼會影響到家裡，也擔心警察甚至他最近搶劫的對象可能會跑來找他。小鬼沒什麼選擇，他在社區公寓建築的樓梯間睡過幾晚，也在朋友的龐帝克（Pontiac）轎車後座打瞌睡，或是「二十四小時睜著眼睛」，這意味著他得整晚熬夜在泰勒公園的街道上遊蕩。我注意到小鬼過去整個禮拜都穿著同一件牛仔褲與T恤，他的衣服上沾滿了食物污漬，身上散發出青少年濃烈的體味。

再過不到幾個小時，小鬼就得去法院參加早上的緩刑聽證會。他透過我跟我的手機，苦苦哀求他媽媽上班時順道載他去法院，但她拒絕了。她傳訊息過來時，我大聲唸出來，「她說『你這些鳥事讓她煩死了』，」我壓低聲音轉告他，盡可能讓我們的對話保持私密，「她說『她受夠你了』，說『你可以自己照顧自己』。」

我意識到我正看著小鬼的媽媽透過手機簡訊，與他斷絕關係。當我把他媽媽的簡訊大聲讀出來時，可以感覺到他整個人在沙發裡陷得更深。我假裝沒看到淚水在他眼眶裡打轉，我們就這樣沈默地坐了幾分鐘。

「我不能再去坐牢了，」他終於開口說，堅韌的語氣讓我措手不及，「我只是需要合法的管道賺點錢，不能再到處混了，我現在搞砸尼哥的生活了。」他的語氣充滿了罪惡感，「老哥，我媽沒有要再忍受我了。你也看到她說的了，她不要我了，我現在得靠自己了。」

「那你打算怎麼辦？」我問他。

小鬼想都沒想就回答，「我要開始唱饒舌。」他指向房間另一端的幾個「街角兄弟」，他們正渾然忘我地在手機上快速打下歌詞，然後輪流站到麥克風前。「我很尊敬他們，」小鬼繼續說，「他們就像我的大哥，如果我接下來做音樂這些東西，他們會讓我加入。不要再幹那些『髒活』，你也聽到我媽說的了。」

小鬼重新振作起來，起身離開沙發，朝其他人走去。他回頭看了我一眼，眼神充滿決心。

「你等著瞧，」他跟我說，「我會證明給我媽看，她看錯我了。」

接下來那個小時，小鬼一直纏著「街角兄弟」其他人，求他們讓他試看看唱饒舌。我覺得他們有點同情他，所以最後他們還是妥協了，讓小鬼錄製自己的歌——短短的兩段主歌，吹噓他最近被捕與坐牢的事。他總共花了五分鐘在我的手機上打下歌詞。那天深夜，小鬼在倉庫裡振作起來，想辦法在接下來的那個月錄了四首新歌，並且準備拍攝音樂影片。他把空閒時間都拿來做音樂，並且告訴我說他打算金盆洗手。我相信他，因爲他沒有跟朋友一起上街找尋獵物下手搶劫，而是躲在公寓樓梯間或是我車上的副駕駛座，花大把時間寫關於搶劫的歌。

＊＊＊

讓我們把場景拉回一開始的小餐館，薩維爾的心情慢慢好轉。他塡飽了肚子，啜飲著第三杯免費加滿的甜滋滋檸檬水，靜靜地看著窗外。一開始吃飯時，他回憶起舊日時光，而現在他思考未來。

「我打算來做新的影片，」他信心滿滿地說，同時計畫著下一步要怎麼走，「重點是要怎麼榨出觀看次數〔rack views，意指在YouTube上吸引注意力〕，如果我能丟〔drop，意指上傳〕上去任何一個影片，我就安啦。這些粉絲很飢渴，他們需要我的影片，老哥。」他顯然很堅定，並且總結了我們稍早之前關於大哥們的話題，「幹他媽的，老子準備自己來。」

聽到薩維爾積極正面的語氣時，我鬆了一口氣。對比於他之前的沮喪，他一想到不需要靠社區裡「黑爵幫」前輩們的幫助，就有機會把自己從困境中拉出來，頓時感到精力充沛。他藉由創作與上傳音樂影片到社群媒體上，下定決心照**自己**的意思，走**自己**的路。

薩維爾不是唯一。每年有越來越多的青少年投入數位文化生產，以此作爲向上流動的策略。我跟他們相處的時間越長，就越意識到學術圈、媒體界與社會大眾徹底低估、甚至完全忽視了這些年輕人有多麼迫切地想要抓住注意力經濟所提供的機會。[58]這個盲點恰好證明了「數位落差」的概念多麼具有壓倒性的支配力量。即使到了今日，有些研究都市貧窮的「專家」聽到窮苦的南區青少年竟有手機而且還使用社群媒體時，非常訝異，而當他們得知這群年輕人利用這些工具作爲脫貧的新途徑時，更是整個嚇傻。

當我與更廣大的聽衆群分享這個研究發現時，常常聽到一個比其他問題更頻繁出現的提問——關於「這個『姑且一試』的目標是否行得通」的問題。有一次，我對著一屋子的大學捐款人報告這些故事，結束之後，有位中年白人紳士——他是芝加哥大學的學生家長——立刻舉手發問，他語帶嘲諷，指出阿傑、薩維爾與其他「街角兄弟」的行爲「很不理性」（用他的話來說）。

「拜託，」他用高人一等的態度說，「這些小鬼不會**眞的**打從心底以爲可以靠這些東西名利雙收吧？不會吧？」

「這些事眞的有**那麼**奇怪嗎？」我反問他。

我繼續把他們的數位夢想放在脈絡中來看。這些年輕人並不天眞，差得可遠了，他們其實非常清楚，只有少數幾個鑽頭歌手能夠成功達到眞正有用的向上流動所必備的那種微網紅地位，但是對他們而言，這個渺茫的成功機率還是比其他選項所能提供的機會來得好。他們看到最有毅力的鄰居想要透過傳統途徑出人頭地卻失敗的故事；親眼見證他們的叔伯與表兄弟在低技術的最低薪資工作中，長年辛苦勞動卻得不到升遷；看到兄姐們耗費力氣在學校課業上，但那些課業卻是設計用來提高標準化測驗的分數，而非讓他們爲高等教育作好準備。我們不應該忽略，在芝加哥惡名昭彰資源不足的教育系統中，僅有百分之八的學生繼續取得四年制大學的學位，而這是任何希望進入白領世界的人所必備的證書。[59]

就這些統計數字來看，轉而投入注意力經濟眞的有那麼不理性嗎？

對於這些年輕人來說，若說誰很天真，那麼應該是他們那些對於傳統迷思仍深信不疑的鄰居。而且，在他們所擁有的全部選項當中，唯有注意力經濟把他們的出身背景當作資產，而非負債。當社群媒體上有一大群粉絲不只接受他們的生命故事，甚至還**大肆讚揚**，那麼他們爲什麼要繼續試著滿足老師與老闆瞧不起人的要求？

每當我跟「街角兄弟」聊到他們的備案時，都會想到這件事。

「萬一鑽頭音樂沒有成功，你要怎麼辦？」我有一次問薩維爾。

「我沒有退路了，老哥，」他回答，「我一**定**要成功，我甚至不會試著去想『萬一』。」

當然，一**心想要**創作出具有影響力的上傳內容，跟實際上做到是兩碼子事。爲了了解鑽頭歌手如何創造出足以吸引數百萬個觀看次數的內容，我們得要深入探究他們在製作數位內容時的具體細節。

第二章

演算法、數據分析法與AK－47

音樂產業正在改變。過去，音樂傳遞給顧客的管道就跟其他商品的供應鏈一樣——唱片公司把歌曲的「母帶」交付壓片廠、工廠的組裝線用塑膠製作卡帶與CD、全國各地的貨運網在每週二早上把新專輯送到實體商店——但這樣的時代已不復存在。拜串流媒體服務與社群媒體平台所賜，今日的文化生產者可以直接把內容交到聽眾手上。從發想到全球消費這條路，現在只是幾分鐘內的事，而不再是幾個月的時間，使得今日的消費者可以立刻取得幾乎是無窮無盡的線上內容。想看最新的鑽頭音樂影片？只需在YouTube搜尋引擎中鍵入標題。想要存檔下來，好在上學途中重看？只需要按個鍵，加入個人播放清單即可。想要傳給朋友？按「分享」就可以把連結附在簡訊或電子郵件中。

一心想要成名的鑽頭歌手希望能捕捉到這種新的消費習慣，於是源源不絕地上傳音樂影片到YouTube上，但結果卻讓他們很沮喪，因爲他們上傳的大多數內容從來不會出現在消費者的手機螢幕上。事實上，絕大多數的影片不會持續受到關注。這些影片或許會吸引幾百個觀看次數，多半來自朋友與家人，但很快就會被淹沒在每日大量新增的內容中。有些影片的際遇相對比較好，在累積了上千個觀看次數後，才慢慢消失在人們的記憶深處。只有極少數影片能在網路上爆紅，累積好幾百萬的觀看次數，因爲消費者一整天都在播放與分享。這些影片催生了新的俚語詞彙，甚至可能會引發一兩波熱門舞蹈風潮，且會讓觀衆去搜尋其他相關內容，最後把觀衆導引到鑽頭歌手的推特、IG與臉書帳號。觀衆可以從這些社群媒體上得知歌手的生平資訊、追蹤他們的日常活動、甚至交個朋友或來一段浪漫情事。

對於創作內容涉及鑽頭音樂的年輕人來說，這就是終極目標——最大的曝光率與人脈，而這也是「酋長基夫」之所以拿到成爲明星的門票、一路往上爬且擺脫貧窮的方法。

他們是怎麼做的呢？這群年輕人如何提高機會，讓自己的歌曲與影片在嘈雜的網路世界中殺出一條血路？他們如何在線上注意力經濟中確保自己的內容比競爭對手的內容存在的更久？

答案就在鑽頭歌手怎麼進行數位內容生產，以及他們如何讓自己上傳的內容不會落入沒沒無聞的地步。他們直接拿自己處於劣勢的起跑點，發展出相關策略；他們進入注意力經濟時，身上沒多少資源。就拿耐吉與星巴克這類家喻戶曉的品牌來說好了，這些公司付得起上百萬美金給社群媒體平台，以確保使用者會優先看到他們的內容。鑽頭歌手沒有如此奢侈的條件，因此他們發展出替代方案並加以改進，把線上觀眾導引到他們這邊。首先，他們藉由操縱社群媒體平台上控制內容流通的篩選演算法，吸引大家注意。其次，他們上傳充滿煽動性（通常過於誇張）的內容，裡頭全是街頭暴力與幫派生活的影像，藉此讓大家繼續保持注意。

我花了很多時間看這些年輕人如何與演算法搏鬥及誇大那些暴力犯罪行爲。然而，過沒多久我的視線焦點就從畫面正中央轉移開來。雖然「酋長基夫」與「街角兄弟」之流是鑽頭音樂（更廣泛來說是都市幫派暴力）的代表性人物，但他們並非單打獨鬥。無論是大衆對他們的著迷或媒體對他們的恐慌，都很容易忽略以下這件事：鑽頭歌手在過度誇張地展示幫派文化時，實際上必須仰賴由幕後合作者所組成的龐大網絡。用社會學詞彙來說，每一首鑽頭音樂歌曲與影片，都是社會學家貝克（Howard Becker）稱作爲「藝術世界」（art world）的集體產物。[1]「藝術世界」由文化商品之誕生所需要的所有貢獻者（或說是「支援人員」）所組成，包括了構思作品、提供設備與材料、參與演出、以及消費最終成品的每一個人。從「鑽頭世界」這個更廣泛的角度來思考，有助於讓我們看到：雖然鑽頭歌手是生產過程中最容易被看見的角色，但他們並非唯一的重心。[2]事實上，隨著社會大眾越來越著迷於鑽頭世界，有越來越多的人（除了鑽頭歌手之外）正投入時間與精力去描繪美國都市暴力的狀況，並且從中得到好處。

第一步：吸引關注

跟世界各地的年輕人一樣，媒體消費在南區青少年之間也帶有某種競爭特質。他們每天都跟朋友與同學比賽，看誰能找到最新且最厲害的鑽頭音樂影片。他們跟同儕分享最新的發現，藉此贏得吹牛的本錢及地位。我在主持課後輔導計畫時，看過不少這樣的內容。我記得有一天下午「街角兄弟」的某支音樂影片首播，徹底蓋過了我們每週固定的創意寫作課程。在一開始創意發想的練習結束之後，我們把這群青少年分成幾個小組，繼續創作短篇故事。一如往常，有幾個人拿出耳機，打開智慧型手機上的YouTube應用程式。雖然我擔心他們可能會因此分心，但我忍住沒說話。讓我又驚又喜的是他們每個人都開始認眞地做起事來，一邊在筆記本上寫字或在電腦鍵盤上打字，一邊安靜地隨音樂搖擺。可惜，他們的專注力並沒有持續太久。

「靠！」聲音從我背後的桌子傳來，於是我轉過頭去，看到三個青少年擠在一起圍著看一台手機螢幕。「這貨猛爆了！」其中一人這樣說。

手機的主人馬修（Matthew）坐在整群人中央，享受著備受注目的感覺。我走過去時，他內疚地對我笑了一下。他是課後輔導計畫中比較機靈的學生，所以搶先我一步斥責大家，叫大家回去做事。「佛瑞斯特（Forrest），看一下，」他對我說，臉上掛著狡黠的笑容，「『街角兄弟』剛剛發佈了新的影片，超酷。」對於他所使出的伎倆，我忍不住偷笑。過去幾個禮拜，我一直在問他們對於「街角兄弟」的看法，所以馬修知道我會很想跟他們討論這個新發佈的影片。我上鉤了。我俯身越過他的肩膀，看那段標題是〈殺爆謀殺鎮〉（Murdering Murderville）的影片。那首歌在侮辱「街角兄弟」的仇家「謀殺鎮萬能騎士」（Murderville Almighty Knights），他們是位在泰勒公園幾個街區之外的黑幫派系。

「這個是兩天前才放上去的，」另一個青少年這樣說，得意地指著影片資訊欄位的上傳日期。

「你是怎麼找到的？」我問。

「反正它就直接彈出來囉，」馬修無辜地聳聳肩，解釋說剛才這支影片就出現在他的YouTube個人首頁上。

沒過多久，這個影片的消息就傳到了房間裡其他青少年耳中。那星期結束之際，社區中心的大廳裡隨處可以聽到這首歌的旋律。青少年們把歌詞背了下來，並且爭相討論「街角兄弟」在好幾個場景中大膽展示出來的那把大型手槍。影片就此傳開，短短幾個月之內就吸引了好幾萬個觀看次數。當時，我以爲〈殺爆謀殺鎮〉之所以爆紅，大概只是因爲運氣好，「街角兄弟」新的影片只是在對的時間，出現在對的消費者面前。

直到我開始花時間跟這個影片的創作者相處，才明白運氣根本不是重點。「街角兄弟」的影片之所以在馬修的YouTube應用程式上「彈出來」，並非偶然。相反地，這是「街角兄弟」透過辛苦學習與帶有目的性的策略所得到的結果，他們發現了如何利用遠在兩千多英里外的谷歌總部所設計出來的演算法。

學著操縱演算法

數位科技讓普通人得以創作並散播自己的內容，因而導致文化生產的領域徹底大衆化。然而，這並不是說這個領域現在很扁平、開放或沒有守門人。今日的內容生產者面臨新的障礙，當中影響最鉅的莫過於幾乎所有社群媒體平台都在使用的人工智慧程式。[3]臉書、谷歌與推特皆使用複雜的過濾演算法，篩選如洪水般氾濫的線上資訊，然後把個人化的內容傳送給個別使用者。藉由蒐集與分析使用者之前在網路上的活動資料——看什麼、聽什麼、與誰互動——這些程式很快就知道我們的口味與興趣，然後依樣畫葫蘆製作出傳送的內容。這些演算法的設計目的在於確保使用者得到心理上的滿足，藉此帶來更多的點擊數與螢幕使用時間，讓使用者更有機會看到付費廣告並與之產生互動。[4]

YouTube作爲鑽頭世界中最具主導地位的平台，值得讓我們來檢視一下它被稱爲「推薦影片演算法」的演算過濾系統。[5]首先，演算法會把使用者正在看的影片標題、內容與「標籤」記錄下來，[6]，這些叫做「種子影片」（seed video）；其次，演算法會整理出標題、內容與標籤當中包含類似字眼的「相關影片」清單，比方說，如果種子影片的標題中包含了「街角兄弟」或「街角兄弟阿傑」這些字眼，那麼演算法會從YouTube數十億的影片中，找出標題包含相同字眼的影片；接下來，演算法會根據個別使用者之前在YouTube上的活動，按順序排列相關影片——他們最近看過哪些其他的影片？哪些影片被他們按了讚？——這讓YouTube更能預測特定的使用者接下來最想看什麼內容；[7]最後，在彙整與排序過相關影片之後，演算法會在YouTube介面右側的「接下來」側邊欄位，呈現推薦影片列表。種子影片一旦播完，YouTube就會自動播放最推薦的影片。

這個自動篩選與推薦的流程對於觀看者會在螢幕上看到什麼內容，握有巨大的控制權。事實上，使用者在YouTube上所花的時間，演算法所呈現的「推薦影片」據稱就佔了百分之七十。[8]我幾乎每天都在課後輔導計畫中，見識到它是如何形塑南區青少年的消費行爲。當一群年輕人聚在一起寫作業、參加社交活動或打籃球時，他們會打開YouTube應用程式，播放他們最喜歡的音樂影片。播放完畢時，他們會再找另一段影片來放。但是，就像青少年身上常發生的狀況，他們的注意力幾乎總會轉移到其他事情上，此時，YouTube的篩選演算法就開始發揮作用，自動播放相關影片，一個接著一個。不到幾分鐘之後，YouTube就掌控了一切。跟我談話的很多青少年都說，自動播放功能正是他們爲什麼這麼喜歡這個應用程式。正如我們在馬修身上所見，這個平台不斷地介紹新的音樂影片給他們，而這些影片非常符合他們既有的口味與觀看習慣，就像有個年輕人跟我說，「看起來它總是知道我想要什麼東西。」

雖然像馬修這樣的青少年很喜歡這個過程，但是像YouTube上這類的演算法近年來飽受嚴密監督，且理由很充分。[9]藉由自動整理、分類與排序內容好讓使用者更滿意，這些程式可以快速地將使用者歸類到特定的位置上。[10]演算法所彙整出來的內容串流變得越來越狹隘、充滿偏見，而且偏向使用者既定的品味與意見，就像是同溫層一樣。演算法一旦充分「學會」了使用者的偏好，就不大可能提供不同、不相關或相互牴觸的內容。[11]因此，爲了回應這種困境，一整個新的產業開始出現也就不足爲奇了。專業公司提供程式與專業知識，以滲透到串流內容與提高客戶能見度的方式試著操縱演算法，這種作法有時候被稱爲「搜尋引擎最佳化」（Search Engine Optimization，SEO）或「動態消息最佳化」。[12]臉書、推特與其他平台也會提供機會，讓公司在使用者的內容串流中安插「贊助」內容，藉此收取高額費用。

對於所有買不起「搜尋引擎最佳化」服務與「贊助搜尋結果」的人來說，演算法所篩選出來的串流內容阻礙了他們能夠被看到與被聽到的機會。[13]鑽頭歌手面臨這種被忽視的威脅，於是學會了用「更適合演算法」的方式來創作內容。明確來說，他們之中很少有人能夠侃侃而談YouTube篩選演算法的具體細節，我從來不曾從哪個「街角兄弟」口中聽到「演算法」這個字眼。然而，他們不需要在技術上深度了解這個平台所使用的人工智慧，就可以成功地操縱它。[14]他們所需具備的就只是大致上知道哪些特定動作看起來可以提高觀看次數。「街角兄弟」在初次嘗試創作數位內容的過程中，慢慢地（雖然出於偶然）學會了怎麼克服這項障礙。

一直到上傳了十幾支影片之後，「街角兄弟」才開始注意到線上流量的模式。有些影片的觀看次數比其他影片多上好幾倍，於是他們開始執著於這些統計數字。[15]他們每天早上聚集在門階與人行道上時，第一個討論的話題往往就是觀看次數。誰的影片「數字很漂亮」？誰的影片在一夜之間「暴衝」？過沒多久，這些問題就把他們帶進了數據分析的世界中。

米茲一直有在密切關注自己的YouTube頻道，所以是第一個發現YouTube觀看模式背後有一套演算法邏輯的人。有天下午，我們坐在他公寓外頭閒聊，他談到他是怎麼發現這整件事的。

「重點在於你有多少**其他**的影片。」這位「街角兄弟」的御用錄影師重新操作一次給我看，他在我的平板電腦上滾動瀏覽自己的YouTube頻道，給我看他每一支音樂影片不同的觀看次數。

米茲說明了每支新的影片上傳時如何產生某種加乘效果。他注意到他每次幫鑽頭歌手上傳新的音樂影片時，這名歌手之前所有影片的觀看次數會突然增加。他登入YouTube頻道的「後台」管理功能，詳細解釋整個流程給我聽。他點擊了「數據分析」的按鈕後，出現了YouTube提供給所有的頻道擁有者的各類圖表（用不同顏色區分）、地圖與統計數字。米茲指著螢幕上的各項數據，不假思索地說出了每支影片的總觀看次數、觀看者在每支影片上所花的時間、觀看者所在的地理位置，以及這些趨勢如何隨著時間而改變。米茲明顯很興奮，給我看他最想要的統計數字組合。他點擊了「流量來源」的按鈕，裡頭詳細說明了觀看者究竟是如何找到每支影片的。

「這就是訣竅，」米茲淡淡地笑了一下，彷彿向我透露了天大的秘密似的，「我記得我第一次是怎麼發現這個的，那時候我碰巧按了一下，就開始看到他們（意指觀看者）是從哪來的。」他指著資訊表格上的幾個欄位說：「你看，這裡寫得很清楚，他們是從我**其他**的影片找來這的。這些粉絲看了我其中一支影片，然後一支接著一支。這就是為什麼你需要很多影片，因為它們會互相幫忙。」

就拿小鬼的音樂影片〈黑特〉（Haters）的「流量分析」報告來說吧，這是他最新上傳的作品，短短不到幾週就吸引了大約三萬八千個觀看次數。根據YouTube的數據分析，大部分的觀看者（幾乎達半數）之所以找到小鬼的影片，是因為人工智慧程式把它列為「建議影片」。[16]換言之，觀看者先看過了某個相關的影片，然後根據YouTube的演算法，平台便建議使用者可能也會有興趣看〈黑特〉。[17]

「你的每一支影片就像是銀行裡的錢，」當我問小鬼對於這種模式有什麼看法時，他這樣告訴我，「就像大家常說的，錢會滾錢，這些影片也是一樣。」他舉了個例子，要我注意看他最受歡迎的音樂影片，「每次只要我其他的影片開始受歡迎，之後我不管丟什麼上去都會炸〔smackin，意指觀看次數增加〕。粉絲在那裡〔意指YouTube〕想說：『他還有什麼其他東西？』『新貨啥時會丟上來？』這讓他們做好了準備。他們現在很飢渴，不管我做啥，他們都會看。你看，這就是為什麼我想辦法每隔幾週就丟新的東西出來！」

「街角兄弟」一了解到現有的影片會造成加乘效果，就重新改造了他們的製作活動。速度與效率成爲當務之急，因此他們趕著上傳新的內容，越快越好。他們預料，要是YouTube上帶有他們個人與團體名字的影片夠多，YouTube篩選演算法推薦他們的影片給現有粉絲與追蹤者的機會就會提高。換句話說，他們積極主動地創造出一個內容串流，裡頭只有「街角兄弟」的東西。根據米茲YouTube頻道上的數據分析頁面所顯示，他們的努力頗有成效。不過，演算法彙整出來的內容串流是雙面刃，因爲「街角兄弟」的「推薦影片」串流鎖定了多少觀看者，就有多少潛在的觀看者被**鎖在外面**。倘若鑽頭歌手眞的想要拓展觀衆群，就得想辦法把自己安插進**其他人**的「推薦影片」串流中，因此他們需要外來的協助，而這正是呼叫支援人員的時刻。

「跨刀」、「導仔」與「Diss曲」

滲透進其他鑽頭歌手的內容串流最常見的方法，就是邀請他們在歌曲或音樂影片中擔任客座嘉賓，或稱作「跨刀」（features）。藉由把雙方的名字放在同一支音樂影片的標題、內容說明與標籤上，這些合作活動便能有效地讓YouTube的篩選演算法「重新導向」。舉例來說，我與小鬼在錄音工作室深夜暢談後沒多久，他從遠南區請來了一個更有名、綽號「小嗨」（Lil Hype）的鑽頭歌手共同演出。藉由製作包含他倆名字的影片，小鬼接觸到「小嗨」既有觀眾群的機會因此增加。每當有人去看「小嗨」的任何一支影片時，就可能會看到「小嗨」與小鬼跨刀的影片。如果他們點進去看，演算法接下來可能就會推薦小鬼獨自演出的影片，接著也可能會推薦「街角兄弟」的其他影片。短短幾個步驟，與「小嗨」之間的合作連結了兩個原本孤立的串流內容。[18]當然，反過來的情況也是如此，「小嗨」可以期待YouTube把「街角兄弟」的觀眾群重新導引到**他自己**的內容上。

若雙方的人氣旗鼓相當，他們會認爲跨刀對彼此都有好處；倘若不是，那麼事情就會變得有點複雜。在注意力經濟的點擊競賽中，鑽頭歌手很小心不要在自己的觀看次數沒增加的情況下幫對方衝高人氣。因此，知名度相對沒那麼高的年輕人眞的很吃虧，他們被迫提供通常稱爲「跨刀金」（feature money）的金錢獎勵，好讓交易看起來更有甜頭。薩維爾作爲「街角兄弟」創始團員與人氣最高的鑽頭歌手，創作與錄製「八個八」的詞（eight-bar verse）——唱起來大概三十秒——的價碼通常是六百塊美金。我與「街角兄弟」待在一起的那段時間裡，薩維爾每一到三個月就會完成一次跨刀；小鬼人氣直衝頂峰的時候，有志成為饒舌歌手的人若想找他合作，得付八百塊美金。想要合作的人要是手邊沒有足夠的現金，便會提供非金錢形式的補償，包括：禮物卡、手機、槍、還有像是家電甚至食物之類更普通的東西。

當然，這一切都以知名的鑽頭歌手願意且有空接受合作邀約為前提。要是他們不願意或沒空，新手就會使出最後絕招，想辦法滲透到串流內容當中。如果他們手上有錢，就可以聘請知名度高的錄影師（或稱「導仔」（video man））到他們的社區裡來錄製音樂影片，並且上傳到錄影師自己的YouTube頻道上。「街角兄弟」剛開始成名的時候，對於蓋恩斯（Duan Gaines）所主持的頻道相當著迷。三十幾歲的蓋恩斯是芝加哥當地人，以「迪・蓋恩斯」（D. Gaines）之名聞名於鑽頭世界，像是「酋長基夫」與「小德克」這類本地英雄人物的影片都是由他所錄製與上傳的，而這些內容使得他們成功成為網路明星，並且拿到價值數百萬的唱片合約。阿傑常常堅稱，要是他有辦法說服「迪・蓋恩斯」幫他錄製與上傳影片，他的影片觀看次數就能翻倍成長，如此一來他就能夠往前邁進一大步，成為下一個「酋長基夫」。

阿傑之所以信心滿滿地這樣說，不是沒有理由的。首先，藉由製作同時包含了阿傑與「迪・蓋恩斯」名字的影片，阿傑將更有機會進入與「迪・蓋恩斯」製作過的每一支影片相關的建議影片串流，當中包括了「酋長基夫」的很多影片，每年都還繼續吸引了上百萬的觀看者；其次，聘請知名的錄影師讓鑽頭歌手得以接近該錄影師的YouTube訂閱者。每當「迪・蓋恩斯」上傳新的影片到自己的頻道時，YouTube就會透過系統自動通知將近五十萬的訂閱者，並且提供該音樂影片的直接連結。就抓住新觀眾的注意力而言，這是很強大的工具。

由於錄影師有本事讓鑽頭歌手的內容成為萬眾矚目的鎂光燈焦點，因此他們的收費非常高昂。米茲在他狹小的臥房中工作，幫客戶錄製、剪輯與上傳音樂影片到他自己的YouTube頻道所收取的費用大約是一百到三百美元之間。處理音樂影片通常需要大約五到十小時的工作時間，意味著即便像是米茲這種在這個城市中相對不怎麼有名的錄影師，每小時都能賺進六十美元這麼多。米茲本來很想辭去負責將貨品上架的正職工作，但有薪的錄影工作實在太零星且靠不住，無法取代穩定的最低薪資收入，而且「街角兄弟」與社區裡的其他客戶會不斷地糾纏他，要他免費或以「友情價」提供服務，讓情況變得更加棘手。要是他有辦法拓展客戶名單，那他或許會更有實力拒絕他們的請託。但是，他既沒有車或其他安全可靠的交通工具，在學校、工作與家庭責任外也沒有太多閒暇時間，因此很難找到泰勒公園以外的其他鑽頭歌手一起合作。隨著「街角兄弟」的人氣攀升，情況變得更糟，米茲之前的議價能力逐漸下滑。以前是「街角兄弟」纏著他、要他幫忙錄製與上傳影片，但他漸漸發現現在是自己懇求他們給他機會。對於米茲而言，要跟「迪・蓋恩斯」那樣的人競爭很困難，因爲他們通常更年長、經濟狀況更穩定、地理位置上的流動性更高、有能力把內容散播給更廣泛的客戶群。

我就認識一個這樣的錄影師，當時他正好來泰勒公園替薩維爾拍攝音樂影片。泰倫斯（Terrence），鑽頭世界中大家叫他「大砲T」（Canon-T），年約三十五歲，人很低調，住在芝加哥中產階級社區布隆斯維爾（Bronzeveille）。他之前離開過芝加哥，在其他地方短暫住了一陣子，包括在霍華德大學（Howard University）唸了幾個學期的書，現在則是搬回來跟女友與剛出生的兒子住在一起。除了家裡給他少許的財務支持以及他自己偶爾的兼差工作之外，錄影服務與YouTube頻道是他主要的收入來源。他希望能存夠錢去上芝加哥市中心的藝術學校，這樣他就能更接近他的畢生目標，成爲拍攝電視廣告的攝影師。我剛認識泰倫斯時。他的YouTube頻道訂閱人數已達五萬（比米茲多上五倍），觀看次數總計超過兩千萬，頻道內容包括了美國中西部各地鑽頭歌手各式各樣的內容。由於他的錄影服務很搶手，所以他開價通常高達五百塊美金。米茲的工作範圍仍侷限在他所居住的地方附近，但泰倫斯會開車到客戶家裡，在他們所住的社區錄製影片。此外，泰倫斯也會載客戶在芝加哥四處繞繞，以拍下刻畫出不同背景的其他場景。與鑽頭歌手彼此之間的合作活動類似，錄影師也會幫芝加哥較有人氣的歌手打折，希望他們能爲自己的頻道帶來流量。

對於那些特別缺錢以至於請不起頂級錄影師的鑽頭歌手來說，還有最後一個辦法可以滲透進其他人經由演算法所篩選出來的串流內容當中。這方法沒那麼花錢，但風險比較高，也就是創作一般所謂的「diss 曲」（diss tracks）。這些歌曲與音樂影片赤裸裸地侮辱（或「diss」）更受歡迎的鑽頭歌手。Diss曲跟跨刀一樣，讓鑽頭歌手可以操縱影片的篩選演算法，藉由把自己的名字與知名人物的名字同時放在標題上，他們立刻可以在兩個原本不相關的內容串流間建立起橋樑。Diss曲也可以讓剛起步的鑽頭歌手挑起陌生觀眾一窺究竟的好奇心，這群年輕人很清楚觀眾在YouTube上看到diss曲時，會忍不住去查看看雙方結下樑子的背後有什麼故事，進而去看該創作者其他的內容與社群媒體活動。

小鬼是第一個讓我了解到這個邏輯的人。有一天，我們倆斜靠在我的車的引擎蓋上，用我的平板電腦看YouTube上的影片。他正在思考他那支新的影片，雖然剛上線後的頭幾個月吸引了好幾千個觀看次數，但每日觀看次數卻一直不上不下，然後就往下掉了。小鬼一整個下午的時間都在煩惱這些分析數據。

「這些粉絲完全不理我！」他抱怨。

「呃，」我開始說話，希望能把他從惡劣的情緒中拉出來，「你才剛起步，知道你的人還不多。」

「是沒錯啦，」他同意，「大家還不知道我是誰，」他沉思了幾秒，然後我看到他眼睛瞪得老大，「我想到了！」他大叫，一副靈光乍現的樣子，「我知道我要幹嘛了，我打算真的不把別人放在眼裡。其他傢伙就是靠這樣上位的〔got on，意指變得受歡迎〕，我要diss所有人，這樣粉絲肯定會曉得我是誰！」

小鬼立刻開始構思這個新方法。由於他在青少年時期多半都在看鑽頭音樂的音樂影片，因此非常清楚diss曲會對觀看者造成什麼樣的影響。現在，他的角色轉換成了鑽頭歌手，而他打算好好利用這點。

「你看看這個，」他抓著我的平板電腦叫我看。他快速地在YouTube搜尋引擎上打了一個名字，找出由南區知名鑽頭歌手「小傑」（Lil Jay）所創作的一系列影片。

小鬼轉頭看著我說，「連你也聽過這尼哥吧？」

「對啊，我看過一些他的影片。」

「但你知道他上位是因爲他在那邊『diss』嗎？」小鬼繼續說。

「眞假？」

「靠，眞的啦，他就是因爲那樣所以才紅的！因爲他diss基夫。」小鬼指著螢幕說：「你看。」

當小鬼滑動瀏覽「小傑」一系列的音樂影片時，我把平板電腦拿近一點看。有些影片的標題直接就有「diss」，小鬼一一點擊每支影片，堅持要我大聲唸出每一個標題與內容敘述，我們就這樣按照「小傑」上傳的時間順序一直看下去。最剛開始是二〇一二年「酋長基夫」在全國聲名大噪的時候，「小傑」開始發佈diss曲，直衝著「酋長基夫」而來。「小傑」早期上傳的影片當中，有一個標題是〈酋長基夫Diss重要必看（小傑與〈FBG鴨子〉）〉（Chief Keef Diss CRITICAL（LIL Jay & FBG Duck）），他跟合作對象「FBG鴨子」在這支影片當中公然侮辱一年前遭到槍殺的基夫摯友歐迪（Odee Perry）。在這首歌中，「小傑」充滿攻擊性地唱道：

這是小傑，你知道的。
餵你兄弟吃慶記，大喊「去你媽歐迪」
沒錯我先說，向三號致意
去你媽酋長基夫，你根本沒貢獻力氣

在得到全新且密切的關注之後，「小傑」繼續上傳diss曲。二〇一二年十月，「酋長基夫」——他有時會用暱稱「索沙」（Sosa）行走江湖——發佈了〈愛索沙〉（Love Sosa）這首歌。一個月後，「小傑」上傳了一段音樂影片，標題是〈小傑#〇〇去你媽索沙〉（Lil Jay #00 Fuck Sosa），接下來又上傳了〈王者小傑拿走你的光榮酋長基夫Diss〉（KING Lil Jay Take You Out Your Glory Chief Keef Diss），這個標題有雙重的不敬之意：在芝加哥街頭，「拿走你的光榮」是黑話，意思是謀殺；另一層不敬則是因為「酋長基夫」的團體自稱為「光榮兄弟」。在接下來的三年當中，「小傑」還繼續錄製與上傳了四首diss曲，直接衝著「酋長基夫」與他的朋友而來，當中有三支影片的觀看次數突破了兩百萬次。

小鬼繼續解釋給我聽，他說這種策略讓「小傑」一躍成名，跟「酋長基夫」平起平坐。事實上，小鬼第一次聽說「小傑」這個人，正是因為這些影片。

「我記得我第一次看到〈去你媽索沙〉的時候，」小鬼回想，「我一直有在追基夫的影片，你知道我愛索沙，但是當我看到小傑一直在那裡〈意指在推薦影片列表上〉diss，我心想：『這個diss基夫的尼哥是誰？』，所以我就去查看看，結果我那天整個都在看小傑的影片！其他人跟我都想知道他是誰，甚至連基夫的粉絲都在看，他就那樣開始偷走了基夫的粉絲，他們現在很瘋小傑。」

我不禁注意到小鬼在講「小傑」那一系列的diss曲目時，語氣很不滿。「聽起來你不是他的粉絲。」我說。

「靠，當然不是！」小鬼回答道，「去你媽小傑。」

一開始，我以爲令小鬼不滿的大概是「小傑」想要吸引大家注意所使出的伎倆。「你覺得他作弊嗎？」我問小鬼，「就是用很賤的方法吸引觀看次數？」

「錯，」小鬼回答，快速推翻我的理論，「不是因爲作弊，老哥。該做就做，反正就是想盡辦法，你瞭我在說什麼嗎？」

「那你爲什麼不喜歡小傑？」我問他。

小鬼的回答又快又簡短，「因爲他是假貨（lame）。」

「什麼意思？」

「看看他的影片，老哥！」小鬼再次打開YouTube應用程式，「你自己看，這傢伙沒有眞的上場〈in the field，意指眞的參與非法暴力活動〉。」小鬼滑著「小傑」的影片，指出可疑的片段。「他手上從來沒有鐵仔〔pole，意指槍〕，」小鬼指出，「他那些兄弟看起來蠢的要命。」他批評「小傑」周遭圍繞著幾個青少年的場景，並且轉過頭來，看我是不是同意他的看法，「就連你也看得出來吧？」

「大概吧，我不知道。」

「但我看得出來，」小鬼說，「這就是爲什麼你從來沒看過我瘋他的音樂，我對鍵盤混混沒興趣。」

我跟「街角兄弟」在一塊兒的時候，不斷聽到這個詞。「鍵盤混混」（computer gangster）指的是透過音樂影片與相關的社群媒體活動，假裝宣稱自己涉及街頭暴力與幫派生活。小鬼不滿的態度，恰恰反映了鑽頭歌手努力掌握注意力經濟時將會面臨的下一個困境。雖然在操縱篩選演算法與一開始吸引觀眾注意的時候，跨刀、導仔與diss曲很有效，但終非長久之計。因此，這群年輕人設計出一些技巧來保證自己貨眞價實，避免別人臆測他們可能是鍵盤混混。

第二步：維持關注

在YouTube累積上百萬的觀看次數並非一朝一夕之事。鑽頭歌手必須誘使觀眾重複觀看影片、把影片加進個人播放列表並且分享給同樣會這麼做的親朋好友。想要讓影片歷久不衰有個萬年不敗的方法，那就是過份誇大地展現暴力、幫派與犯罪行爲。早在我認識「街角兄弟」之前，就已看過最挑釁刺激的內容是如何像磁鐵一樣吸引了南區社區中心的青少年受衆。影片越極端，這群不諳世事的孩子就越愛；槍越大隻、毒品袋看起來越厚、氣氛越黑暗，影片在架上的時間就越長。我肯定不是第一個觀察到這件事的人，社會科學學者數十年來一直在討論大衆對於極度暴力的音樂內容爲什麼那麼著迷。[19]社會學家帕提尤（Mary Pattillo）針對在一九九〇年代長大的芝加哥中產階級黑人青少年所做的民族誌研究中顯示，即使是最優秀、會上教堂的青少年在消費幫派饒舌歌曲、影片與相關媒體內容時，都會產生踰越常軌的快感。[20]這種顫慄感在當今數位時代更是唾手可得，因爲消費者可以蜂擁至YouTube之類的平台，享受看似永無止盡的串流內容，裡頭全是貧民窟壞蛋的故事。[21]

在某次課後輔導計畫中，有一支鑽頭音樂影片比其他影片受到大家更持續的關注，那支影片的標題是〈電腦混音〉（Computers Remix），由暱稱爲「泰伊六〇〇」（Tay 600）的南區知名鑽頭歌手所創作。我早在看到這支影片之前，就已經聽說過了，因爲至少有整整一個月的時間，青少年們都在討論「泰伊六〇〇」與兄弟們在整支影片中大膽展示的半自動衝鋒槍（或稱「衝仔」（choppas）），他們爭相討論槍的種類（「是MAC-10還是烏茲？」）與彈匣的大小（「是三十發還是五十發？」）。有一次我走進社區中心時，看到三個年輕人正在重演這支影片，模仿「泰伊六〇〇」手持大型槍械在鏡頭前擺姿勢的樣子，他們特別喜歡「泰伊六〇〇」在這首歌當中唱到要朝敵人臉上開槍的兩行歌詞：

不要靠近我，不然我們會像射籃一樣射你。

現在他掰了，看不到臉，躺在封起來的棺材裡。

由於歌詞中帶有籃球的隱喻，所以每當這些青少年在籃球場上成功投進困難的一球時，很喜歡唱一下這段。

過了大約一年之後，我開始跟「街角兄弟」一起混，他們有策略地為自己與整個社區打造腥羶色的形象，毫不掩飾地想要引發這種迴響，讓我一整個目瞪口呆。我記得有天傍晚我跟小鬼聊天，一起瀏覽「街角兄弟」放在YouTube上的音樂影片。我們注意到每支影片相對的觀看次數，於是小鬼開始解釋為什麼有些影片在上傳很久之後還能持續獲得關注。

「全都是因為**幫派**那些勾當，」小鬼告訴我，「白人、墨西哥人、妹子——不是**過這種日子**的人，全都**很愛聽**這些事。」他用假設情況解釋給我聽，以確保我有聽懂，「這麼說好了，假設有個傢伙他擁有他想要的一切，從來不用去爭取、不用帶槍、不用搶劫、不用對尼哥伸手〔stretch，意指開槍〕、不用做這些事。當他聽到有個尼哥在唱這些東西的饒舌時，會覺得**很刺激**、很有感覺。」我立刻想到課後輔導計畫中的那些青少年，還有他們在看鑽頭音樂影片時的興奮感。「還有一些在街頭上混的傢伙，他們多少也做過同樣的事，」小鬼繼續說，「他們聽這些東西是因為覺得有共鳴，因為經歷過你在唱的這些鳥事。到頭來，**大家都是憑感覺在聽**。」

鑽頭歌手必須在觀衆群中挑起強烈的情緒反應，才能確保持續不斷的觀看次數。引起偷窺欲也好，訴諸「艱苦奮鬥」的熟悉感也罷，小鬼在講的終歸是某種具有美學意義的計畫——取決於是否能創作出**聽起來**與**看起來**很特別的線上內容。跟操縱篩選演算法一樣，創作內容要能充滿震撼地表現出暴力街頭生活，實際上非常仰賴支援人員所提供的服務，而這一點導致整件事有些出人意料，因爲描繪街頭生活時最不可或缺的那些人，很多根本就沒有相關的親身經驗。事實上，許多負責強化「芝拉克」惡劣名聲的重要角色，根本就沒來過這座城市。圈外人作爲想像中的觀衆與共同製作者，在內容生產過程中的每一個階段所帶來的影響都極爲重要，無論是創作節奏、錄音、攝影、還是上傳音樂影片。

街頭之聲

節奏（beat）是每一支鑽頭音樂影片與每一首歌的基礎，結合了鼓聲節奏型態與器樂旋律，從而讓這種音樂類型具有獨特的聲效。就聲響效果而言，鑽頭音樂的節奏最接近過去十五年來源自於美國南方、通常被稱爲「陷阱」（trap）的曲風。南方樂手迴避不使用「西岸」長久以來從經典放克與節奏藍調讓人感覺舒服的金句（hooks）、和聲與低音聲部（像是詹姆斯・布朗（James Brown）與球風火合唱團（Earth, Wind, and Fire）的音樂）中取樣的作法。無論是陷阱還是鑽頭音樂，皆採用電子合成器上的不和諧小調——大概就如同電影《大白鯊》、《驚魂記》與其他恐怖懸疑片的氛圍。聲音效果強烈的八〇八鼓機（Roland 808）提供了具有衝擊力的打擊效果，大鼓、小鼓與鈸的聲音通常以快速序列（rapid sequence）的方式排列，模擬自動機關槍的聲效。

節奏讓鑽頭歌手有機會在第一時間「釣到」聽眾與煽動情緒，但哪種節奏的效果最好？哪種打擊樂器編排、和聲與聲響組合可以讓某個節奏優於其他節奏？

我認識「街角兄弟」後沒多久，就開始問他們這些問題。儘管節奏對於他們長期而言能否成功很重要，但他們卻完全講不出來理想的節奏精確來說應該長怎樣。我們聊過一次又一次，但他們的答案總是模糊又簡短。雖然他們在網路上很有人氣，但「街角兄弟」終究還是自學的音樂創作者，沒什麼經驗。他們沒有受過正式訓練，因此無法用技術性詞彙來回答我的問題。然而，他們缺乏精確的詞彙來說明節奏的聲音元素，並不表示他們不會使用系統化的條件來評估節奏的品質與是否可能爆紅。事實上，與其用技術組成來評估某個特定的節奏，他們反而會根據節奏讓人聯想到的影像、情緒與經驗來判斷。有天下午，我在阿傑反駁我針對技術用語的提問時，了解到這件事。

「沒辦法眞的用那些來形容啦，」阿傑告訴我，「反正你聽到的時候就會知道。」

「但你到底**聽到**什麼？」我問他。

「你會聽到『這裡發生什麼事』，」阿傑說，「完美的節奏聽起來就是街頭的樣子。」

「好吧，」我回答，「那街頭聽起來到底是怎樣？」

「你明知道街頭聽起來是怎樣！」他很不高興地看了我一眼，但終究還是回答了我的問題。「你自己也看到了，那些傢伙溜過來〔slidin' through，意指飛車槍擊〕、有人吃慶記、小孩死掉、大家都在當蛇〔snakin'，意指互相背叛〕、仇家〔opps，意指敵人〕、電仔〔twelve，意指警察〕、嗨咖〔hypes，意指染上毒癮的人〕、還有你自己的人馬〔意指朋友〕。」

「嗯，就是很危險、很混亂。」

「對，」阿傑同意。他現在正在興頭上，所以進一步解釋了起來，「就像是你在街區站崗〔on the block，意指站在街角〕，不知道自己今天會不會死掉、不知道朝你走過來的那傢伙會不會爆〔blow，意指對你開槍〕，這就是我說節奏聽起來的樣子，像街頭。老哥，這是玩眞的。你可能得要對他們「亮出鐵仔」〔up that pole，意指拔槍〕，這就是爲什麼大家叫它鑽頭音樂，因爲它讓你想要去鑽幾個孔〔do some drills，意指對敵人開槍〕，讓你有那種心情，硬起來，反正不是殺人就是被殺。」

阿傑的話發人深省，雖然他的解釋完全沒有講到理想節奏在技術上應有怎樣的特質，但卻豐富地描述了理想節奏所喚起的身體反應。據阿傑所言，最棒的節奏模擬了在暴力充斥的社區中穿梭的經驗，挑起了疑神疑鬼與猜忌的感受，彷彿造成生命威脅的各種危險——仇家、毒蟲、警察與背骨仔——在各個角落伺機而動。與此同時，這些節奏會讓聽眾處在某種高度戒備的狀態，這是「站崗」的人在勇敢面對與掃除潛在威脅時必須具備的態度。

由於具有渲染力的節奏可以抓住觀眾的注意力，我一開始還以為鑽頭歌手會花很多時間與精力製作節奏，但情況卻非如此。事實上，我所認識的鑽頭歌手當中，沒有任何一個人曾自行創作過節奏。相反地，他們把這項工作外包。若我們仔細思考，便會發現這也沒什麼好大驚小怪的。即使在今日，效能強大的音樂製作軟體比以前更便宜也更容易取得，製作節奏卻往往還是需要具備一定程度的優勢條件，而大多數的鑽頭歌手根本就沒有。比方說，至少要有速度夠快夠穩定的電腦與足夠的記憶體，才能執行大型程式與儲存上百個影音檔案；要是有鍵盤或鼓機，那就更好了。就技術層次而言，製作節奏時必須熟悉怎麼操作影音製作軟體，且至少懂一點音樂理論，意思是：知道三四拍與四四拍之間的差異，以及這個差異對於一首歌的氛圍與步調所造成的效果；知道C大調與C小調和弦間的差異、這些音符在鍵盤上的位置，以及在不同的和弦進行中它們的相對位置。

只要去搜尋YouTube與「聲雲」（SoundCloud）這類內容分享平台，就可以更有效率地拿到節奏。這些平台上有成千上萬的節奏可供免費下載。「街角兄弟」希望能模仿偶像的聲音，因此常會在這些平台的內部搜尋引擎上，鍵入「酋長基夫類型的節奏」等字眼，然後就可以拿到由一心想要成名、希望自己能被知名鑽頭歌手挖掘的音樂製作人所上傳的節奏目錄，幾乎可說是無窮無盡。倘若有人在音樂影片中用了其中一個節奏，影片後來爆紅，且饒舌歌手有表示尊重地標註了節奏的來源，那麼製作人就能建立起名聲，提高其作品未來的需求。如果需求夠大，製作人還能針對獨家與客製化的節奏，開始收費。

把節奏製作外包給更能勝任（且社經地位更具優勢）的音樂製作人，意味著那些想像「在社區站崗」與「在仇家身上打幾個洞」聽起來是怎樣的人，絕大多數可能從來沒有過這些經驗。相反地，他們憑藉的是自己對於芝加哥南區的臆測，當中絕大部分源自於社會大衆的想像。這件事在鑽頭世界中最成功的製作人霍夫曼（Mark Hoffman）身上，再明顯不過了。二十二歲的霍夫曼是白人大學生，他在短短兩年之內，成爲了最炙手可熱的鑽頭音樂製作人，製作過至少五十首歌曲與音樂影片當中的節奏。數位通訊科技的力量著實強大，使他得以成功地從位於德國法蘭克福郊區的家中完成這一切。我是透過阿傑才認識霍夫曼的。儘管他倆合作過不少歌曲，不過他們持續不斷的合作關係一開始卻是出於某種偶然。阿傑是在看自己的鑽頭偶像上傳的新影片時，碰巧看到了霍夫曼的名字，他寫了電子郵件聯絡霍夫曼後，霍夫曼開始把最新的節奏寄給他，其中一個節奏造就了他迄今爲止人氣最旺的音樂影片。

我跟霍夫曼透過Skype談話時，了解到他一開始接觸鑽頭音樂的經驗與很多美國人類似，是在二〇一二年時聽到「酋長基夫」與「小德克」的東西。那一年，霍夫曼的足球隊教練——一個外派的美國人——介紹了一系列鑽頭音樂的音樂影片給他跟他的隊友。據霍夫曼所言，他跟朋友被這種音樂類型的意象給「撼動到了」，當中講到幫派暴力的部分讓他們特別著迷。

「我覺得這種音樂，呃，很瘋狂，」霍夫曼告訴我說，「真的很厲害。我認爲他們有其他人所沒有的聲音，像是暴力，那部分很瘋狂，讓人很害怕。」雖然他從未去過美國，但是對於逃也逃不掉的街頭暴力倒是印象強烈，他覺得芝加哥看起來比自己的家鄉刺激多了。「這裡的年輕人多半不敢去那裡吧，」他繼續說，「他們覺得光是在街上走就會立刻被開槍。但我眞的愛死這些東西了，他們（意指鑽頭歌手）一直在音樂當中講到暴力。」霍夫曼與朋友被這些槍戰故事弄得心癢難耐，於是開始追蹤南區的鑽頭歌手，有時還會傳訊息給他們。他甚至加入了推特——這個平台在歐洲大部分地區沒那麼流行——明顯是爲了掌握鑽頭歌手間反目的最新動態。「那些音樂人我全都有追蹤，」霍夫曼告訴我，「這樣我才跟得上他們所說的事，我也會看他們之間的『牛肉』（beef，意指相互較勁、過節）。」

就像有些粉絲寫「同人小說」是爲了跟他們最喜歡的電視劇角色與情節線有更深的連結，霍夫曼也決定嘗試製作節奏。[22]他解釋說，質感好的節奏能夠讓他與芝加哥的鑽頭歌手建立私誼。有好幾個月的時間，他每天一下課就從學校趕回家，整個晚上都在家裡的電腦上研究音樂製作。他參考了線上部落格的資訊與入門指南的影片，技術進步得比預期中快。很快地，他開始透過電子郵件或直接發送IG與推特訊息，把製作好的節奏寄給他最愛的鑽頭歌手，當中也包括「街角兄弟」。隨著他的節奏質感越來越好，鑽頭歌手也開始回覆他的訊息，請他允許他們在最新的歌曲與影片中獨家使用他的節奏。其中一則回覆正是來自阿傑，從此開啓了兩人接下來的跨國合作。

透過與阿傑及其他芝加哥年輕人間的交流，霍夫曼更加清楚了解鑽頭歌手的需求。他培養出鑽頭歌手一直無法自己做到的技能，那就是：使用昂貴的器材與音樂知識，把街頭生活的影像與氛圍轉譯成讓人充滿聯想的聲景。

「鑽頭音樂**聽起來**是什麼樣的聲音？」有一次我在談話中問霍夫曼。

霍夫曼不像「街角兄弟」一樣找不到合適的字眼表達，他的回答非常技術。「其實就只是小調，無時無刻。」他回答，並且強調創造出壞事即將發生的氛圍很重要。「對我來說，就是很黑暗，」他補充了一句，「無時無刻。」他接著說明運用他稱之為「帶有軍隊聲響的小鼓」的重要性，這種打擊樂的節奏型態刻意模仿了槍聲與投身戰鬥的緊張感。

像是霍夫曼這樣的製作人卯足全力去製作最能引發聯想的節奏，背後是有經濟誘因的，因為這門生意很賺錢。製作人針對每個節奏的收費通常介於十美元到三百美元之間。我認識一個名叫克里斯（Chris）的製作人，二十五歲，住在亞特蘭大，據說光是一週就能賺進將近三千美元。

有些製作人甚至開始利用自己在鑽頭音樂方面的名氣，殺進其他更主流、更有錢賺的樂種。對於霍夫曼而言，為芝加哥鑽頭歌手製作節奏，讓他在德國客戶群間更為搶手，包括當地饒舌歌手與其他流行音樂活動。就像他自己所承認的，「德國這邊的人覺得我很厲害，因為我幫美國人製作音樂。他們還蠻欽佩美國那邊的人，所以我幫阿傑製作，其實對我自己蠻有幫助。」他說話的時候輕輕笑了一下，「對啊，大大提高了我在德國的江湖名聲。」製作人的名氣隨著芝加哥鑽頭音樂在全世界受歡迎的程度一起成長，隨著人們對於芝加哥街頭生活越來越著迷，製作人也跟著賺得荷包滿滿。

街頭語言

爲了讓觀衆保持注意力，取得充滿煽動性的節奏很重要，但這只是漫長的製作過程中的第一步。假設鑽頭歌手找得到「完美節奏」且付錢給製作人取得獨家使用好了，當他在電子郵件信箱中收到影音檔案時，會面臨同樣緊迫的新困境：他得要想辦法幫這首曲子「施工」；他必須下載影音檔案到電腦上、把自己唱的部分錄到旋律上、處理任何揮之不去的影音問題，然後存檔成一首完成的歌。如果他一開始沒辦法自己製作節拍，就不太可能會有完成剩餘工作所需的設備與技能。這些障礙導致鑽頭歌手得尋求另一組支援人員的協助——這群人有時被稱爲「鄰里工程師」（hood engineers）。

鄰里工程師跟鑽頭音樂節奏的製作人很像，通常比饒舌歌手更年長、教育程度更高、經濟狀況也更穩定。我跟「街角兄弟」待在一起的時間裡，他們跟一個名叫安東（Antoine）的工程師維持了相當緊密的工作關係。安東四十多歲，是芝加哥在地人。二〇一二年左右，他注意到市場越來越需要他在影音製作與錄音工程方面所受過的正式訓練。「酋長基夫」的人氣越旺，希望能有樣學樣的**其他**芝加哥年輕人就越多。他們跟基夫一樣，都需要有人能幫忙錄下他們的演唱，而安東很樂意滿足這項需求。我認識他的時候，他在近南區重新開發的多功能倉庫空間租了一間小型錄音工作室，針對一心想要成名的鑽頭歌手提供每小時六十五塊美金的服務。

客戶一抵達工作室，安東就會把他們的節奏下載到專業（而且昂貴）的影音製作軟體「Pro Tools」上。[23]他把客戶帶進一個大概只有衣櫃那麼大的小房間中，那裡充當為半隔音的錄音間。接下來二十分鐘左右，鑽頭歌手會在那裡對著麥克風唱饒舌，唸出手機上的歌詞。安東坐在另一個房間的電腦前，調整聲音的強度。在花了幾分鐘完成「混音」之後，他把最終完成的歌曲用電子郵件寄回去給客戶，然後客戶付錢。沒過多久，安東就把這個流程簡化，每首歌大概只需花上四十五分鐘就可以完成整個流程。他手腳俐落，很快就在城市各地贏得口碑，來找他幫忙的人越來越多，以至於他還得僱用與訓練另外兩名員工。他們三人交替輪班，讓工作室實際上維持一天二十四小時的運作。我們剛認識時，安東告訴我說他的生意每個月大概可以賺進五千到八千美元的現金。[24]

錄音場合通常充滿壓力，明顯帶有急迫感。我所參加過的每一場錄音都至少會出現一次小爭執。即使是最好的朋友與合作對象，彼此間的推擠衝突也是司空見慣的事。若是有人覺得別人好像害他無法充分利用收費昂貴的錄音室時間，衝突常常就會爆發。常見的情況是有人花了太長時間錄製自己的演唱，爲了完成各式各樣的押韻與主歌而重來太多次，因而剝奪了別人使用錄音間的機會。若工程師完成混音時不夠有效率，無論理由是電腦故障還是完美主義，也會造成拖延。鑽頭歌手想盡辦法去借錢或集資，好不容易才湊足了聘請這些支援人員所需的現金，因此會試著盡可能地一次製作越多歌曲越好。這種想要快速完成的態度，影響了他們創作音樂的方式，尤其是如何寫下與錄製歌詞。每一次錄音時，空氣中總瀰漫著一條明白無誤的規則：製作最極端的歌詞內容，越快越好。

某個夏天傍晚，我陪薩維爾、阿傑、多明尼克與小鬼去安東的倉庫錄音室時，他們同時追求速度與腥羶色內容的雙重目標完全展現出來。他們四個人集資買下了三個小時的時段。進門後不久，出最多錢的薩維爾馬上朝錄音室走過去，不到兩分鐘之後，他開始對著麥克風唱饒舌。與此同時，阿傑、多明尼克與小鬼安靜地坐在房間裡的不同角落，快速地在手機上打歌詞。我看到他們偶爾會瞪著天花板陷入沈思，想要找到合韻的字，我立刻就知道他們三個還沒有準備好。過去幾天，他們花了很多時間與精神在籌錢、與安東協調、解決交通問題，以至於除了薩維爾之外，其他人都沒有寫出**任何**饒舌歌詞，但現在他們得拿出點東西。小鬼在寫歌詞方面最沒有經驗，所以很辛苦。他每隔幾分鐘就從手機螢幕上抬起頭來，尋求其他人的幫忙好完成他寫到一半的對句。我記下他希望能找到押韻的那些字，因為這將會構成他的歌的主題。前三個字直接與暴力謀殺相關——「鐵仔」（pole）、「拖把」（mop）、「九釐米」（nina）都是槍的俚語說法。阿傑與多明尼克在稍微不耐煩之餘，還是跟小鬼講了一些押韻的字，讓他能針對主題繼續寫下去。

十分鐘之後，小鬼開始寫第二段。他又從手機螢幕上抬起頭來，一臉困惑的樣子。「跟『黑幫』（gang）押韻的字是什麼？」他對著空氣問。

「打（bang）。」阿傑想都沒想就回答。

「髒（stain）。」多明尼克說，這個字是被搶劫的受害者的俚語說法。

「腦袋（brain）。」阿傑又說。

他們兩個又提供了幾個押韻的字之後，繼續投入回去寫自己的歌。這種情況是慣例，我曾看到「街角兄弟」每個人在寫歌詞時，或多或少都會像這樣問大家的意見。

「感恩。」小鬼道謝，然後拚命把這些選項打到手機上。幾分鐘之後，他寫完了他的那段主歌，他把他們所提供的建議幾乎都用了進去，編出了短短的一段詞。他很得意地大聲唸出來給阿傑與多明尼克聽，歌詞在講他們三個人偷襲搶劫一個倒楣鬼，拿槍抵住他的頭，扣下板機，把那人的腦袋打爆。

一個半小時之後，輪到小鬼進錄音間，錄下他剛寫好的歌詞。他戴上超大號耳機，往前貼近麥克風。在聽到來自安東熟悉的提示聲後，小鬼開始唱出他所寫的第一段主歌。過沒幾秒鐘，他在唱他倉促寫成的歌詞時就開始顯得手忙腳亂。儘管停頓了幾次又重新開始，他還是在十分鐘內完成了整首歌。安東立刻開始混音，調整中頻與其他部分的聲音大小。小鬼坐在旁邊的椅子上，緊張地抖腳。十五分鐘後，安東播放整首完成的歌曲給我們聽。由於我自己具備音樂製作的背景，因此對於安東的專業程度印象深刻——他的技術顯然很棒。小鬼的表現就沒那麼讓我驚豔了，在我聽來，他走音了而且拍子也不準。我不只一次覺得很尷尬，且我以為小鬼跟我有同樣感受。

但我錯了。

「那邊，」聽到一半時，我對著小鬼說，「你在那邊的拍子有一點點不準。」我盡可能溫和地批評。

「夠好了啦。」小鬼冷淡地回答，並且拿出手機，開始寫下一首他打算錄的歌詞。

「但你會重錄這個部分吧？」我問他，語氣變得更強烈一點。

「不用啦，夠好了。」他回答，並且繼續專注在找尋歌詞。

我對於小鬼的反應感到非常驚訝。我們曾經花了很多個下午的時間在討論音樂。我一直以為，當我介紹經典嘻哈曲目、仔細分析音樂理論的基礎給他聽時，他很開心。我記得有一次我們在我的車裡聽音樂，當我解釋歌詞的抑揚頓挫與節奏如何相互配合時，他頻頻點頭表示贊同。但今天，他完全不把我的建議當作一回事。

我的自尊心有點受傷，硬是要逼他，「老弟，你確定你不要……」

「老哥，」小鬼狠狠地瞪了我一眼，直接打斷我的話，「別再龜毛了。**夠好了**。」他講話大聲了起來。

「但你想要聽起來**真的**很棒，不是嗎？」我問他。

小鬼越來越火大，「你根本搞不清楚狀況，老哥，它聽起來**本來就應該**是這樣。」

「聽起來應該**走音跟拍子不準**？」我問他。

「佛瑞斯特，」他直接叫我的名字以表示他沒在開玩笑。「它聽起來就**應該**要像那樣，像眞正的街頭。」我感覺得到他現在很生氣，因爲他開始批評起我的音樂品味，「你聽的都是些泡泡糖饒舌啦，」他取笑我喜歡更主流的嘻哈歌曲。當時，多白金唱片得主嘻哈歌手德瑞克（Drake）剛發行了〈連著贏〉（Back to Back），很好聽，所有的廣播電台都在播，我在車裡也不斷重複放來聽。「這可不是那種東西，」小鬼指的是德瑞克的歌，「這是街頭的東西，**眞正**的街頭尼哥音樂聽起來就應該要像這樣，你不懂啦。」

我跟小鬼你一言我一語地來來回回，直到阿傑大聲地打斷我們說話。「好了啦，佛瑞斯特，」他大喊，「老哥，停下來，別再管了。」我對他的命令有點不爽。他朝小鬼伸出援手，「小子，去做吧，做你的事，他不知道我們在幹嘛。」我跟小鬼之間的爭執現在威脅到了阿傑，因爲可能會剝奪他寶貴的錄音時間。就算小鬼接受了我的建議，回到錄音間重錄他的演唱，阿傑也不大可能讓他繼續做完。

過去幾年來，我常常在想這次的互動。一方面，與小鬼爭吵讓我忍不住覺得有點不好意思；另一方面，我們之間的爭吵讓我很難得地能夠深入理解鑽頭世界的美學。我後來才明白，我**當時誤會了**他們在那個錄音時段所做的事，以爲他們所遵循的是更老派更傳統的作法——把製作音樂看作是打磨出完美音效的艱辛過程。在二〇〇〇年代早期、串流內容平台還未大規模擴散之前，積極進取的饒舌歌手付出非常多的耐心在寫歌詞與錄音。社會學家與嘻哈音樂學者李周永（音譯，Jooyoung Lee）描述了當時的饒舌歌手如何透過嚴格的重複練習來約束自己「用押韻思考」，這讓他們可以快速地進行詞彙聯想，一有需要馬上就可以拿得出來。他們所下的功夫包括在無數的漫漫長夜中，一頁一頁查字典並且背下來。[25]社會學家哈克尼斯（Geoff Harkness）在二〇〇〇年代早期的訪談當中，摘錄了某個成名在望的芝加哥饒舌歌手所說的話，他說在錄音工作室時所採取的方法就跟修行沒兩樣。「一次不夠，就再做一次，」那名年輕人這樣告訴哈克尼斯，「你得要一直在那裡，直到做對爲止……你必須眞的下功夫，投入時間、承諾與專注力。」[26]想要「做到對」的決心通常很強烈，以至於對剛起步的饒舌歌手而言，代價通常是與朋友或女朋友相聚的時光，以及生活中的其他樂趣。李周永轉述了某個一心想成名的饒舌歌手的故事：這傢伙把女朋友惹毛了，因爲他在最不恰當的時間點還一直在押韻，包括兩人在親熱的時候。[27]

時間快轉到十年之後，來到我們今日所處的社群媒體時代。與其花上個把鐘頭把一首歌盡可能地打磨到完美無瑕，小鬼寧可花同樣的時間做出**兩**首僅稱得上「夠好」的歌。乍看之下，今日的製作流程似乎只注重數量勝過於品質，但這種看法實則過於簡化。鑽頭歌手仍然渴望創作出高品質的作品，只是「品質」在鑽頭世界中代表了不同的意義。在我們的爭執中，阿傑與小鬼都很快地指點我說：鑽頭音樂的歌詞與演唱聽起來**應該要**拍子不準與走音，**應該要**不經修飾、即興且充滿自製感。鑽頭歌手一再表達其歌曲中「自己動手做」的特質是有意識的美學選擇，是爲了傳達「這些是由『眞正混街頭的尼哥』所創作出來的作品」，一如小鬼所言。這些年輕人不認爲自己的業餘狀態是負債，反而把它當作注意力經濟中的重要資產加以利用。鑽頭歌手在資金、業界人脈與行銷能力各方面皆遠遠比不上適合在電台上播放的主流饒舌歌手，但他們成功地改寫了遊戲規則，把重點放在街頭眞實性，而非光滑無瑕的製作上。他們藉由歌曲中的低傳眞（low-fi）特質，表達出自己先是「混街頭的尼哥」，然後才是做音樂的人。[28]

對於某些鑽頭歌手而言，製作流程到此爲止，歌曲完成。他們現在可以把MP3檔案直接上傳到聲雲、Spinrilla或DatPiff之類的串流影音平台。不過，倘若他們眞的想要吸引粉絲群，建立自己的微網紅熱度，那就得要跟著歌曲錄製音樂影片。音樂影片讓鑽頭歌手可以進入YouTube高流量的世界，提高觸及率。就拿阿傑最受歡迎的歌來說吧，那首歌在聲雲上累積了高達十幾萬的播放次數，但在YouTube上所吸引到的觀看次數更是多達將近四倍。或許，比提高曝光度來得更爲重要的是：音樂影片是鑽頭歌手手上威力最強大的工具，讓他們可以證實自己在歌詞中所宣稱的眞實性。

音樂影片：一窺貧民窟

若說鑽頭歌手希望自己的節奏與歌曲能讓人聯想到街頭**聽起來**是怎樣，那麼音樂影片就是用來捕捉街頭看**起來**是怎樣。不過，不像歌詞與演唱帶著業餘的氣氛，鑽頭歌手使出渾身解數，想盡辦法讓他們的影片看起來專業洗練。這是因爲音樂影片可以在第一時間提供**視覺**上的證據，證明他們在歌曲中所宣稱的行爲與生活風格千眞萬確。[29]如同嘻哈音樂學者羅斯（Tricia Rose）所言，驗證眞實性——「做自己」（keeping it real）——的過程一直都包含兩個步驟。她寫道，「饒舌歌手不只得要訴說（街頭）生活當中讓人難以抗拒的故事，還得要說服聽眾他們本人與那樣的生活關係密切。」[30]饒舌音樂史上很多音樂人失去信譽（還有他們的音樂事業）不是因爲缺乏才華，而是因爲他們無法好好地證明自己所宣稱的犯罪行爲、與幫派間的關係以及在貧民窟生活的經驗是眞的。然而，拜文化生產大衆化所賜，鑽頭歌手掌握新的資源，可以滿足觀衆不斷地期待他們提供自己親身經歷的證據。在專業支援人員的協助下，這群年輕人不只帶領觀衆進入稱霸晚間新聞與都市傳說的異色禁區，更表現出他們很熟悉那樣的社會世界，身處其中很放鬆、很有地位。據「街角兄弟」所言，最棒的音樂影片不只讓觀衆**看到**他們所處的社會世界，而是讓觀衆以某種直覺的方式**身歷其境**。

有一次，我跟小鬼一邊在漢堡王排得來速，一邊看YouTube打發時間，我問他覺得怎樣才稱得上是完美的影片。照他的說法，最棒的影片會讓你「身歷其境」。爲了證明給我看，他把我的手機搶過去，上網找出他最愛的影片之一。那是兩個南區的鑽頭歌手「弗雷多」（Fredo Santana）與「浪多九號」（Rondo Numba Nine）所創作的〈玩眞的〉（Shit Real），上傳之後已有超過兩百萬次的觀看次數。這支影片帶著觀衆去看弗雷多與浪多每天晚上在做什麼。影片一開始，這兩個年輕人在南區常見的街角酒鋪裡閒晃，接著鏡頭切到一間又小又暗的公寓裡面，他們看起來正在那裡切割與分裝要拿去賣的各種毒品。鏡頭反覆搖晃，拍攝廚房桌上的一小堆大麻蓓蕾。這些驚人的場景所使用的攝影技術與剪輯手法嫻熟流暢，鏡頭在焦距內外轉換自如，快速跳接的剪輯技巧讓整支影片充滿混亂與讓人暈眩的氣氛，同時也誇大了歌曲中的槍聲音效。拍攝毒品藏匿處的畫面扭曲失真，影像周遭全都是迷亂的紅色、藍色與綠色光暈，模擬吸毒後逐漸陷入狂亂的狀態。

「我愛死這個了，」影片結束時，小鬼臉上掛著大大的笑容說道，「他把我們住的鄰里拍出來了，眞的就是長這樣，粉絲一直想要這些東西，想要看我們過的是什麼樣的日子。」小鬼注意到我對他講的話很感興趣，於是又從頭播放了一遍這首歌，「再看一次，老哥，我會帶你看饒舌的部分與影片是合在一起的。」我一開始不太懂他的意思，不過隨著影片進行下去，我就懂了。小鬼每隔幾秒就按暫停，指出重點在哪裡。他要我注意每個場景都呈現了特定的視覺證據，證明弗雷多所言不假。比方說，歌曲一開始時，弗雷多吹噓他在毒窟裡放了很多槍。當他在唱這些歌詞時，畫面上出現了一把黑色的九釐米手槍，就放在成堆的毒品旁邊。接下來，他說他自己開車深入敵對幫派的地盤，朝敵人開槍：

九釐米、AK在我的毒窟，兄弟，玩眞的。
殺去你地盤，兄弟，玩眞的。

跟兄弟們跳下車，三十發子彈轟到只剩彈殼。

倒杯嗨嗨水，兄弟，玩眞的。

弗雷多唱這些的時候，影片畫面是他下車、匆忙地過馬路，像是要偷偷靠近他打算襲擊的目標。邊唱邊展示的模式不斷重複出現，當弗雷多唱到他正在準備鹽酸異丙嗪與可待因時，鏡頭搖晃拍攝奶瓶與保麗龍杯，這兩樣東西與販售吸食這些毒品最密切相關。

「就像他說的，」小鬼在影片結束時跟我說，「全都是眞的。他眞的有在場上〔in the field，意指從事暴力的街頭搞錢勾當〕，全都是眞的。」我突然明白了這首歌的歌名是什麼意思，還有幾乎每一行歌詞裡都不斷重複出現的字眼——「玩眞的」。不知何故，我直到此時才把整件事兜在一起。針對錯過弗雷多表演意涵的觀眾，鑽頭歌手採取其他步驟來傳達自己的眞實性，但對於長久以來都在消費這些內容的小鬼來說，他完全被說服了。

「你看！」他大喊，「這就是爲什麼我愛弗雷多！他**眞的**是野蠻人〔意指暴力歹徒〕，感覺就像是你跟他待在一起——溜去〔slidin' on，意指開槍〕仇家那邊、攪拌混合那些嗨嗨水。我希望我的影片也像這樣！」

小鬼講得興高采烈，他的說法有助於解釋爲什麼鑽頭歌手渴望能做出製作精良的音樂影片。這些內容具有說服觀眾的力量，能夠證明螢幕上的年輕人不是講講而已，而是眞的在過這種生活。借用電影與戲劇理論的詞彙來說，這些影片一直維持著「第四道牆」——看不見且虛構的屏障，把表演者與觀眾區隔開來。[31]「第四道牆」一旦「被打破」，觀眾就會想起來表演是虛構的，而他們正在看的是演員在佈景中背誦台詞。「第四道牆」保持完好無損得越久，觀眾就越能徹底擱置他們心中的懷疑。曾經被演得很爛的低成本電影荼毒過的人都知道，維持「第四道牆」並不是件容易的事，需要大量的準備工作、表演技巧、剪輯技術、創意以及不斷練習。鑽頭音樂影片亦是如此，歌手們借助一些技巧，把他們的音樂影片變成簡短的紀錄片，看起來公開透明地記錄了他們的日常生活。

最佳策略之一是聘請在鑽頭世界已享有名氣的錄影師。這些錄影師除了有高流量的YouTube帳號與令人印象深刻的觀看次數之外，也擁有設備、技巧與經驗，可以證明鑽頭歌手所言不假。我與「街角兄弟」往來的那段時間，芝加哥的錄影師正在進行軍備競賽，爭相購買最先進的攝影機、影像穩定器、校色軟體、音效外掛程式與相關的錄影設備。我記得有一年夏天，泰勒公園謠言滿天飛，說某個知名錄影師剛買了一台空拍機，讓他可以在音樂影片中使用充滿戲劇效果的空拍鏡頭。於是，「街角兄弟」接下來幾個禮拜都在拼命籌錢，想盡辦法湊到足夠的錢來負擔該名錄影師最近漲價的費用，據他們所說，每支影片要價六百塊到一千塊美金之間。阿傑的腦海中已經計畫好了一個特殊場景，可以作爲音樂影片的開場，並且爲整支影片定調：空拍機將會從高空開始拍攝，從遠處展現芝加哥的天際線；接著，空拍機往下移動，以廣角鏡頭拍攝整個南區，然後降落到阿傑公寓前的院子。在那裡，鏡頭會拉近拍攝正在等候敵人現身的阿傑與「街角兄弟」其他成員。

「他們會看到我們就待在街區。」當我們一群人站在他希望拍攝的位置時，他得意地向我們描述他心中的想像。「幹那些黑特，我們就在這裡啦！」阿傑指的是主流嘻哈歌手經常面臨的批評——雖然他們宣稱自己眞的很街頭，但實際上卻是出身中產階級。阿傑希望透過他所計畫好的場景，事先遏止這類攻擊。藉由在一個連續鏡頭中紀錄整座城市、南區、泰勒公園與「街角兄弟」，他就可以提供強而有力的證據，證明自己堅定不移地待在社區裡，因爲這樣的場景對於不住在當地的人來說，非常困難甚至不可能完成。

阿傑分享了他的想法後沒多久，「街角兄弟」想到另一個不同的計畫，可以善加利用他們最喜歡的攝影師手上那台高科技攝影機穩定器。[32]他們一群人站在停車場，只花了短短三十分鐘就把一個漫長場景的分鏡細節拼在一起：攝影機從戲劇化的地平面角度拍攝，平穩地跟在他們後面，拍攝他們在附近社區裡閒晃、與形形色色的居民互動，畫面將會包括他們熱絡地跟大批在街角站崗的年輕人打招呼、面不改色地販賣毒品給路人、施捨金錢給需要付房租的母親以及跟單純的小學生一起打籃球。「街角兄弟」希望這一系列的影像能夠刻畫出他們在歌詞裡所提到的各種活動間切換自如。

我所認識的錄影師都坦率地表示，他們的目標就是拍出這些過分渲染的表現。事實上，他們多半很自豪能拍出這些東西，因爲這有助於吸引「一直在尋找能把自己拍得最『野蠻』的錄影師」的客戶上門。經驗最豐富的錄影師在拍攝期間，會花很多時間指導動作、安排畫面走位以及大聲發號施令。有一次拍攝時，錄影師慫恿薩維爾盡可能去找來槍枝與幫派同夥，越多越好。一開始錄影，他就叫薩維爾盯著街上看，表現出他的敵人好像就在附近的樣子。在其他的拍攝場合，我也看過錄影師說服鑽頭歌手假裝在進行槍戰、搶劫或表現出一副賣淫集團的樣子。

錄影師在剪輯的過程中，把這些影像修得更精緻。有天下午，我與之前提到過的錄影師泰倫斯坐在芝加哥大學附近的咖啡館時，他向我解釋有幾個非常有效的技巧。他說，一開始剪輯時，他會快速瀏覽各個片段，標示出可能讓他的客戶看起來很凶狠或很害怕的場景。

「什麼東西都逃不過鏡頭，」他告訴我，「攝影機一開機，無論你看起來很蠢還是很脆弱、或是在不該笑的時候笑了，都會被捕捉到。可能是你的站姿，也可能是你在某個時刻擺出來的姿勢讓你看起來有點陰柔或可疑。」

泰倫斯用我的平板電腦登入他自己的YouTube頁面，找到例子說明給我聽。他點進一段音樂影片，主角是兩個芝加哥最惡名昭彰的鑽頭歌手。這是他迄今爲止最受歡迎的影片，那時已累積了超過四百萬的觀看次數。影片中，這兩個年輕人與朋友在他們社區的人行道上，亮出他們的幫派標誌。這支影片的歌詞、運鏡角度與整體氛圍，無一不讓人感覺到該幫派誓死捍衛地盤的決心。然而，泰倫斯卻指出，這個訊息的凝聚力與強度並非自然而然發生的，也不是沒有他的幫助就能實現的。

「就只是假的，」泰倫斯突然這樣說，「他們在演戲。」他解釋說當他開始剪輯影片時，發現很多內容都不能用。他注意到其中一名鑽頭歌手站在人行道上時看起來特別害怕，因為待在那裡很容易遭到飛車槍擊。泰倫斯說，「他的眼神看起來就是那樣。」但那種眼神與影片所主張的內容完全衝突，因此為了掩飾該名年輕人明顯的不安感，泰倫斯把這個片段放慢一倍——這是鑽頭音樂影片中常見的剪輯技巧，要是處理得當，慢動作可以創造出如電影般驚人的效果，讓鑽頭歌手看起來更有自信與嚇人。[33]

除了放大鑽頭歌手的暴力傾向與熟稔街頭生活的樣貌，錄影師也會試著渲染歌手們所住的社區很危險、很窮、很絕望，這時候最好的處理方式就是有策略地納入「輔助鏡頭」（B-roll）。與歌手在鏡頭前唱饒舌歌詞的「表演場景」相反，輔助鏡頭捕捉的是一般環境與背景。我一開始是從中階錄影師賈維爾（Javelle）——鑽頭世界稱他為「爆炸製片」（Big Bang Films）——那裡得知輔助鏡頭的事。雖然賈維爾在離泰勒公園北邊數英里遠的社區中長大，但他跟「街角兄弟」的成員有親戚關係，因而促成了彼此的合作。賈維爾來泰勒公園錄製他們最新的音樂影片時，正好剛過晚上十一點。我跟小鬼還有其他幾個人站在小巷子裡，等所有人到齊。我注意到賈維爾安靜地走到巷子底，遠離我們這群人。他打開攝影機，開始錄下引起他注意的各種不同物件，像是廢棄的床墊、空的毒品塑膠袋與故障的街燈，每個鏡頭都很短，大概三到五秒鐘。

「你正在多拍幾個畫面嗎？」我走近他身邊時，悄聲問他。

「輔助鏡頭。」他一邊回答，一邊檢查攝影機上的觀景窗。他知道我對影片製作的具體細節很感興趣，便多說了幾句。「這是拍出厲害影片真正的秘訣，一切都跟輔助鏡頭有關，氛圍就是這樣設定出來的。如果可以，我會做一支完全只有輔助鏡頭的影片，沒有饒舌歌手，只有像這樣的東西。」他把攝影機朝向巷子口，那裡有壞掉的街燈，一整個瀰漫著不祥的黑暗氛圍。我們走回去加入大家時，賈維爾繼續拍攝輔助鏡頭。他調整攝影機上光圈級數（f-stop）的設定給我看，那是他最喜歡的技巧，可以創造出讓背景模糊且銳利地聚焦在主題上的效果，這讓他能夠把觀眾的注意力引導至最引人注目的影像上。

我跟「街角兄弟」待在一起的時候，親眼看到賈維爾、泰倫斯與其他錄影師竭盡所能地蒐集能夠讓這些南區社區更符合社會大眾想像的輔助畫面，不斷更新的清單項目包括：當地公共住宅的磚造門廊、用木板封死且半拆毀的房屋、狹窄髒亂的廚房、鐵道高架橋底下黑漆漆的通道、人行道上跌跌撞撞的毒蟲、用力扯著粗鐵鏈的凶猛比特犬、閃個不停的警車警示燈、用亮黃色膠帶封鎖起來的犯罪現場。我也發現錄影師會自己利用時間定期去蒐集輔助鏡頭的畫面，並且在電腦硬碟上儲存好幾個小時的輔助鏡頭畫面，以便將來可以運用在音樂影片當中。這意味著號稱是描繪泰勒公園的許多場景，實際上並不是在當地拍攝的，而最諷刺的莫過於錄影師在自己所處的中產階級社區中拍攝一整支影片。

當小鬼與鑽頭世界中最負盛名的錄影師恰吉（Chucky）合作拍攝音樂影片時，我見識到這種模擬貧民窟街道的狀況，說實在有點詭異。二十七歲的恰吉住在芝加哥北邊安靜郊區的兩房公寓，他所經營的YouTube頻道很受歡迎。我認識小鬼後大約一年，他每次一上傳音樂影片，就會開始徵求芝加哥頂尖的錄影師。他透過臉書通訊軟體Messenger與推特傳訊功能，發送罐頭訊息給所有人，在提案中要求他們免費錄製、剪輯與上傳他的音樂影片，並且承諾他們將來可以跟當時人氣正處於巔峰的「街角兄弟」全體成員合作，以作爲回報。[34]當小鬼告訴我說恰吉答應了他的條件時，我非常訝異，不過我很快就知道爲什麼。恰吉當時顯然正處於低潮期，他的車子正在維修，所以他不可能開車進城錄製音樂影片，而他絕大部分的收入又來自於錄影服務，所以當他聽到小鬼保證未來能與「街角兄弟」合作時，他覺得很有吸引力。然而，這件事有個問題：小鬼得要找人載他去恰吉家裡，那是距離泰勒公園大約一小時車程的地方。

小鬼別無選擇，所以打電話給我。兩天之後，我們開車去恰吉家，與他碰面。當小鬼看到恰吉家那邊綠意盎然的環境、寬敞的房屋林立在安靜的街道兩側時，眼睛瞪得老大。他發誓當他「出頭天」成爲知名音樂人後，要搬到這樣的城市裡住。我們跟恰吉碰面時，小鬼的興奮之情溢於言表。他從未跟享有此等聲望的人合作過，所以他告訴恰吉，要是恰吉有任何創意決定，他都樂意讓步。

「你說什麼我都照做，」小鬼堅持地說，「你只需要告訴我我該做什麼，老哥。」

恰吉看起來早就料到了，他開始發想音樂影片的點子。然而問題來了，他們之前透過臉書通訊軟體聯繫時，已決定好要爲小鬼迄今爲止最硬蕊的歌曲錄製音樂影片。小鬼在那首歌中大肆吹噓自己有多喜歡殺掉仇家，但恰吉家附近安靜的郊區街道很難做出這樣的意象。

「那是一首正港的鑽頭音樂，」他們腦力激盪的時候，恰吉這樣說，「所以我們需要一些眞實的社會底層場景，但我們這裡沒有那樣的東西，這裡只有漂亮的公園那些鬼，我們沒辦法在這裡拍攝那樣的影片。」

「那廢棄的建築物之類的呢？可以嗎？」小鬼問他。

恰吉輕輕地笑了一下，「老弟，你說在這裡嗎？沒有，這裡沒有那種東西，但我們或許可以找一些小巷子，比方說商店後面。我們可以把它搞得跟眞的一樣。」

接下來的一個鐘頭，我們開車在恰吉家附近的商業街上東找西看。每當恰吉看到可以充當貧窮社區的地點時，就會趕在引起行人與路過的摩托車騎士注意前，和小鬼拿起裝備，快速錄下場景。我們結束這趟行程回到恰吉的公寓後，他們倆選定了最終要使用的場景——黑漆漆的地下室，生意做很大的藥頭看起來就是會把貨跟槍藏在這種地方、在這裡數鈔票。爲了完成這個高難度的任務，恰吉清空了其中一間臥室的傢俱，叫小鬼站在角落裡。他還拿了幾罐自己娛樂用的大麻給小鬼，好讓影片看起來更逼眞。於是，小鬼嘴上叼著一隻很粗、才剛捲好的大麻菸，扮演事業有成的藥頭，在仿冒的毒窟裡分裝他的存貨。

* * *

我們結束郊區行程的三個禮拜之後，小鬼跟我一起看完成的音樂影片。從他的反應看來，恰吉做的很棒。影片在視覺上證明了小鬼所說的暴力街頭勾當是眞的。諷刺的是，像這樣的影片之所以成功，正是因爲**扭曲**了泰勒公園的狀況。若影片精確地反映了社區日常生活的話，便會捕捉到更豐富的經驗與事件。想要窺視的觀衆將會大失所望，因爲影片描繪的將會是更普通平凡的樣貌，像是刻畫出年輕人早上起床去上學與參加運動練習、展現出媽媽、老師與教練一起努力改善社區現狀的樣子、強調家人團聚與畢業典禮及生日時的喜悅，並且呈現出鑽頭歌手除了逞凶鬥狠，也有脆弱、充滿創造力、友愛的一面。[35]就像唱幫派饒舌的前輩一樣，鑽頭歌手並非「就是代表了」他們的社群，他們會爲了衝擊效果而強調最令人不安的面向。[36]儘管這些歌曲與音樂影片如此腥羶色，但卻只是鑽頭歌手追求更大的目標——建立線上熱度——的第一步。想要在注意力經濟中大獲全勝，他們需要借助其他社群媒體平台的幫助，以提供更多證據證明自己的眞實性。

第三章

做自己（Keepin' It Real）

我在認識「街角兄弟」之前，就已經知曉了很多關於他們的事，或者應該說我以爲我曉得。將近兩年的時間，我每天下午都看到南區社區中心的青少年飢渴地在看「街角兄弟」的ＩＧ照片、推特內容與臉書帳號。他們被「街角兄弟」在YouTube上的音樂影片弄得心癢難耐，於是一窩蜂地跑去其他平台找尋更多關於槍戰與搶劫的故事。就跟絕大多數的線上觀眾一樣，在這群青少年的想像中，這些平台讓他們原汁原味地看到「街角兄弟」的日常行爲與眞實身分。只需看看鑽頭歌手有多常把他們那些令人震驚的表現上傳到網路上，我們很容易就會認爲他們眞的是冷血的加害者與貪財的騙子，就跟他們自己所宣稱的一樣。

我得尷尬地承認，當我第一次見到阿傑、薩維爾與其他人時，這些形象重壓在我心頭，揮之不去。當他們傳簡訊給我、慷慨邀請我去他們所住的社區時，我不只一次擔心這是詐騙甚至搶劫的伎倆。不用說，我的擔憂從未成眞。相反地，我跟他們相處的越久、用超越手機鏡頭的視角看他們，就越是了解到觀眾的印象有多不正確。事實上，我發現鑽頭歌手在網路上表現出來的暴力犯罪行爲，很大一部分根本就是誇大其詞，有時候甚至完全是捏造出來的。

我是在剛認識「街角兄弟」的那幾個月理解到這件事的。當時，我與阿傑的友誼出乎意料地密切——這個年輕人讓人害怕的線上形象早在課後輔導計畫中成爲少年們口中固定的話題。打從第一次見面開始，我跟阿傑就常常整天混在一起，玩骰子、聽音樂、時常在他公寓建築外的停車場裡打發時間。

我猛問阿傑各種五花八門的問題，他回答時我就打字輸入在我的手機上。我很意外他非常樂於分享他的故事，他跟我講了很多關於在泰勒公園長大的故事，情緒強烈，也跟我講了他童年時期的摯友被殺後，他深陷憂鬱；還有他很努力想要修補與女友夏蔓（Charmain）之間的關係，她就快成為他孩子的媽了。雖然他通常很坦率，但每當我問起他與當地幫派暴力間的關係時，他總是變得很沈默。

「我不談這個。」有一次，我問他關於他在音樂影片中所提到的那些槍戰時，他如此回答，並且趕快轉移話題。彷彿要讓我分心似的，他拿出手機，給我看一些討論他涉及當地暴力活動的YouTube影片與網路八卦。阿傑每次用這種方式閃躲我的提問時，我都會覺得自己好像不夠格擔任研究者，好像這個年輕人還不夠信任我，所以不願意分享這類敏感資訊。我不斷提醒阿傑，關於任何會讓他看起來涉及犯罪的資訊，我絕對會嚴格保密，但都沒有用。

隨著時間過去，我總算知道為什麼阿傑一直迴避我的提問了，不是因為對我不信任，而是因為他實際上並沒有涉入他所宣稱的暴力活動。這個年輕人並沒有「撂倒仇家」（droppin' opps）或「亮出鐵仔」（totin' the pole），這與他在歌曲、影片與各大社群中桀驁不遜的軼事大相逕庭。事實上，他的「街角兄弟」同夥後來失望又不爽地透露，阿傑可能從來沒對敵人開過任何一槍。

我記得有天下午發生的狀況很明顯：當時我陪幾個「街角兄弟」開車去辛辛那提，有個剛崛起的鑽頭歌手邀請阿傑與薩維爾在他新的音樂影片中客串演出，他倆的好朋友、二十歲的強尼（Johnny）則是以保鑣與助手的身分陪他們一起去。當我們抵達影片拍攝現場時，辛辛那提的那個鑽頭歌手發給大家一些假槍，好讓音樂影片看起來更具有威脅感與眞實感。他請阿傑與薩維爾在他們各自的場景中揮舞著假槍。他們倆被興奮沖昏了頭，立刻從人群中走開，拿著假槍擺姿勢與發射空包彈，並且輪流幫對方拍照上傳到ＩＧ。薩維爾用手機幫阿傑拍假槍戰的照片時，阿傑大聲下令，叫薩維爾不要拍到錄影師、錄影機或任何顯示這是人造場景的東西。阿傑打算製造出某種印象，讓大家覺得透過這些照片與影片可以深入又眞實地看到他的日常生活。

強尼大概是「街角兄弟」之中對槍最有經驗的成員，對他來說，阿傑的表演完全不及格。他站在我身旁，失望地嘆了一口氣。

「欸，」強尼低聲抱怨，「你看，這傢伙眞是腦殘。」

我很訝異聽到他這樣說阿傑，因爲「腦殘」（goofy）這個詞在鑽頭世界是非常嚴重的侮辱，指的是某人宣稱自己很暴力、跟幫派有關係，但實際上卻沒有。

「你的意思是？」我問他，希望他解釋一下。

「你看這尼哥就知道了。老哥，這尼哥連怎麼拿槍都不知道！」強尼很擔心線上觀眾可能也會看出這點，「如果他放上去〔到社群媒體〕，粉絲會瞧不起我們。」強尼很清楚，一旦觀眾戳破阿傑的暴力人設，可能就會開始質疑「街角兄弟」整體的眞實性。強尼希望能避免被粉絲嘲笑，於是朝阿傑走了過去，教他怎樣拿槍、塡彈與射擊才會看起來更專業。他很滿意阿傑有進步，然後走回了我身邊。「現在這尼哥看起來眞的知道自己在幹嘛了。」

強尼介入指導果然有用。雖然阿傑線下的行爲與線上表演明顯不一致，但他的ＩＧ照片吸引了上百個「讚」，對於他的表現信以爲眞的追蹤者紛紛讚美他，並且在這些照片上留言：

貨眞價實的槍手
他們都在場上
幹髒活

像阿傑這樣的鑽頭歌手利用社群媒體平台來證實他們的歌詞與音樂影片所講的都是眞的，藉此努力證明自己是貨眞價實的暴力歹徒、「做的跟唱的一樣」。ＩＧ、臉書與推特讓他們能夠提供重要證據，證明自己的音樂影片不只是藝術表現，更是透明地記錄了他們的日常行爲、社區狀況與人際關係。鑽頭歌手利用數位社群媒體所提供的獨特可供性，掌握了前所未見的工具，因此可以克服都市藝術家（尤其是剛出道的饒舌歌手）長久以來面臨的困境。在這些平台上，鑽頭歌手更能強而有力地說服觀眾自己不單只是**出身**街頭，此時此刻都還**身處**街頭。[1]

社群媒體與追求成爲微網紅

根據新媒體學者所言，電子通訊科技創造出了自我呈現與人際互動的全新形式。在「不經由中介」、面對面的互動中，對於別人可以得知（與無法得知）關於我們的哪些資訊，我們通常握有相對較大也較穩定的控制權。最傑出的社會互動理論家高夫曼（Erving Goffman）曾說，我們的生活就像是一連串劇場裡的「戲碼」，在一天當中於不同的舞台上，爲不同的觀眾扮演不同的角色。[2]比方說，當我走進大學教室時，我扮演的是具有權威感的教授角色；下班之後，我是盡責的丈夫與父親；放假時，我又變成了孝順的兒子與很有責任感的兄弟。每一個角色都需要獨特的語言風格、穿著打扮與其他外在行爲，而如果我在不同的社會舞台上表現出來，可能就不恰當。所幸，把不同的觀眾群與他們各自的期望區隔開來的界線，相對來講很穩定。此外，高夫曼所謂的「前台」區域與「後台」區域也是分隔開來的，我們在「前台」積極扮演理想的社會自我，在「後台」則是排練與放鬆。

傳播理論學者梅洛維茨（Joshua Meyrowitz）在他深具開創性的著作《消失的空間感》（*No Sense of Place*）中提到，電子媒體藉由「推倒」看似不連貫的舞台、角色與觀眾，使上述那種慣例分崩離析，同時也使得社會大眾更容易看到與接觸到「後台」區域。一九八〇年代時，梅洛維茨研究了由於電視聯播網的出現，導致政治人物與其他名人不得不與這樣的「情境崩解」（context collapse）周旋。大眾媒體迫使聚光燈下的那些人重新調整自己的言行舉止，才不至於讓現在同時在「偷聽」他們生活的各種觀眾群覺得疏離或因此感到生氣。由於知名人物越來越難在社會大衆面前隱藏後台的行爲，因此他們失去的不只是隱私，同時還有他們扮演某些前台角色的能力。

不過，能見度增加還是帶來某些強大的好處。如梅洛維茨所指出，電子媒體創造出了「中間區域」（或稱「側台」），觀衆可以在這裡同時看到台上的表演以及表面上看似自然的幕後行爲。觀衆知道他們最喜歡的名人晚餐吃什麼、與誰約會、去哪渡假，從而發展出前所未見的親密感與粉絲文化，他們突然覺得自己好像親眼看到名人生活的眞實片段。「雖然這種關係是間接的，」梅洛維茨寫道，「但在心理學上與面對面互動類似。觀衆開始覺得自己『認識』那些在電視上『碰到』的人物，就像認識自己的親朋好友一樣。」[3]這有助於解釋爲什麼像是約翰・甘迺迪、麥可・傑克森或希思・萊傑那些我們「在媒體上的朋友」過世時，會讓人們有痛失至親摯友的感受（有時甚至還更加悲慟）。[4]

在今日的數位時代，梅洛維茨所描述的互動已不再侷限於政治人物與公衆人物。事實上，任何有在使用社群媒體的人，都可以利用「情境崩解」來刺激自己的人氣與經營粉絲群。數位平台讓一般人可以創造出公衆人設、製作內容、並且在線上追蹤者與粉絲間建立知名度。[5]一心想要成名的微網紅必須持續不斷地證明自己具備相關社群及觀衆最看重的特定技能、知識與能力，也就是所謂的「文化資本」。[6]觀衆通常認爲傳統名人的形象是由行銷專業人士、經紀人與引領產業潮流的人物所製造出來的，相形之下，微網紅看起來更眞，所以他們深受其吸引。如同新媒體學者博伊德（danah boyd）所言，誠意與親切感的展現是逐漸累積出來的，隨著一次又一次的上傳內容而變得更有說服力且得到證實。[7]觀衆時不時會拿微網紅以前與現在的上傳內容相比較，看看是否一致，以評估他們「有多眞」。[8]

就許多方面來說，鑽頭歌手經營的方式跟其他微網紅很像。我所指的是，他們同樣在操弄中間區域與後台區域逐漸增加的能見度，也同樣提供（貌似）純正不摻假的視角，讓觀衆一窺他們的內心世界與私底下的社會角色。然而，雖然他們的所作所爲在**形式上**相同，但鑽頭歌手與其他微網紅在**本質上**卻有著極大的差異。[9]就定義上來看，鑽頭歌手讓社群媒體上充斥著極端的暴力犯罪表現，他們用這類內容淹沒社群媒體，藉此創造出「他們無時無刻都冷酷無情、偷拐搶騙、具有殺戮性格，就算關起門來也一樣」的形象。

槍、毒品與死去的兄弟

鑽頭歌手最常用來證明其暴力人設的技巧，就是上傳自己揮舞著槍械、毒品、鈔票、以及其他與街頭非法勾當有關的東西的照片。「街角兄弟」每次一拿到這種東西，就會拍下很多照片，有時還會穿著各種行頭，在不同的背景下拍照。他們在手機中累積了一大堆刺激的照片，每當他們覺得自己的暴力名聲需要添點柴火時，就可以有策略地貼到網路上。這種特定的渲染形式——通常被稱爲「愛現」（flexing）——很有說服力，以至於我一開始也照單全收，一直以爲「街角兄弟」貼在社群媒體帳號上的照片如實反映了他們當下正在做的事。

除了阿傑之外，小鬼比我所認識的其他年輕人都還更「愛現」。我跟他往來的那段時間中，他多半時候無家可歸，身上也沒有錢，即便是以鑽頭歌手的身分在當地累積了知名度後也一樣。我盡可能地幫他，常常另外打包食物給他，確保他每天至少有一餐可吃。除此之外，我還協助他取得了新的身分證與重新回去上學。所以，有一天深夜，當我在臉書上看到他貼了一連串的照片，內容是他拿著一大疊鈔票、很多包大麻與一支閃閃發亮的手槍時，便以爲他的經濟狀況已好轉。雖然我很擔心他顯然又重操舊業，但看起來他至少可以好好吃一頓飯，甚至可以開始租個房間、或至少可以借宿在鄰居家的沙發上，等他媽媽把他帶回家，而不用再被迫睡在公寓的樓梯間了。隔天早上，我迫不及待跟他碰面，問他這突如其來的財富究竟是怎麼回事。但是當他坐進我的副駕駛座時，告訴我的卻是一個非常不同的故事。

「看起來情況變好了。」我對他說，指的是臉書上的照片。

「見鬼了，老哥，才沒有，」他回答，「我還是很法大〔fucked up，意指沒錢〕。」

「但我看到你昨晚貼的照片了，」我繼續說，「你不是賺了點錢，而且買了新的包包？」

他笑了笑，「你是說臉書上的照片喔？」

「對呀！」

「你相信那些鬼東西？」他笑著問我，一副被逗樂的樣子。

「對啊！」

「我沒打算騙你，」他承認，「老哥，我在炫富，那些照片都是舊的，是以前狀況比較好的時候拍的。你沒看到我頭髮有多短？那是兩三個月以前拍的啦！」他告訴我說那些錢、毒品與槍甚至不是他的。「跟你講實話，那幾捲〔roll，意指鈔票〕是某個大哥的，我跟他說：『嘿，大哥，借我看一下那幾捲。』，然後請他幫我拍照。這些炫富的勾當都是給粉絲看的。如果我不炫一下，他們會曉得我沒錢，然後就不把我當一回事了。我一直在唱『陷阱』〔trapping，意指販毒〕跟『疊銀兩』〔stacking paper，意指賺錢〕之類的事，所以粉絲想要看到這些東西，看我是怎麼過日子的。我要貼這些東西，這樣那些妹子跟混蛋才會以爲我眞的就是這樣。」

小鬼的這番話，表現出鑽頭歌手爲了持續證實他們在歌裡大膽宣稱的事而感受到的壓力。耐人尋味的是，由於都市貧窮社群所面臨的環境改變，使得他們在社群媒體上拼命想要表現出來的身分，在線下生活中其實越來越難以維持。就拿槍作爲例子吧，至少在青少年時期，鑽頭歌手並不像他們在YouTube影片、臉書貼文與ＩＧ照片中讓我們以爲的那麼容易取得槍枝。我待在泰勒公園的那些年裡，「街角兄弟」無論在何時都只擁有少數幾把槍——通常是一到五把。他們集資買下這些公用手槍（或稱「街區公用槍」（block gun）），並且協議以分時段共用的方式使用。雖然有一兩個年輕人主要負責保管某把槍，但他們會把槍藏在其他人也拿得到的地方，像是放在樓梯底下或是附近的空地。

社區中老一輩的幫派成員不同於以往，如今他們通常不願意幫年輕一輩的取得武器。泰勒公園的大哥們絕大多數不只拒絕出借他們個人的槍，甚至也不再賣槍給當地年輕人或安排槍枝交易。我親眼看過大哥們不願意幫忙的樣子：當時，附近「法老幫」（Pharaohs）的幾名成員開車穿過泰勒公園，朝著正聚在一起賭骰子的「街角兄弟」一群人隨機開了幾槍。雖然沒有人被打中，但「街角兄弟」後來整個下午都因爲自己沒有能力反擊而感到無比焦慮，他們在手邊沒有任何公用手槍時被逮個正著。接下來的兩天裡，我看到「街角兄弟」中最年輕的成員——年僅十六歲的迪孟特（Demonte）在社區裡四處遊走，請求大哥們幫忙取得火力強大的手槍。「街角兄弟」已經籌到了一百六十元現金，迪孟特把這些錢拿給大哥們看，證明自己是認眞的。雖然大哥們沒有立刻拒絕他，但全都巧妙地想辦法拖延：有兩個人說自己有把槍可以考慮出售，但要迪孟特幾個小時之後再過來一趟。他聽話照做，但當他回來時，他們早就不見人影；另一個大哥則是叫迪孟特過幾天再來問看看，他要先跟「上游」聯絡一下。接下來那整個禮拜，迪孟特一直纏著那個人，而那個人則是不斷地把交易往後延。兩個禮拜之後，新的手槍還是連個影子都沒有，於是迪孟特放棄了。就算有哪個大哥總算願意點頭做買賣，最終還是不會成交。幾天過後，

「街角兄弟」就開始動用如今只剩下七十塊美金的買槍共同基金。

大哥們拒絕提供武器給年輕一輩，就跟他們不願意讓年輕人加入他們的毒品生意很類似，多半也是因爲擔心被起訴。社區裡的「黑爵幫」前成員路易斯一直提醒我，芝加哥市政府近來把查緝槍枝當作首要任務，導致檢察官願意與被捕者達成協議，以換取往上游追溯槍枝供應者與非法代購者的資訊。大哥們面對越來越難以預測的社區年輕人，都不願意冒險。

路易斯解釋，「你給他些工作做，還給他一把槍讓他防身，結果他意外開槍殺死了一個小鬼。他們把他抓進警局裡，對他說：『如果你告訴我們槍是哪來的，我們就只用持有槍械的罪名指控你。』結果他們找來我家，打算用一級謀殺的罪名把**我**抓走。我才不要爲了那蠢貨去蹲苦牢。」

大哥們也很不贊同年輕一輩與社群媒體間的關係，認爲他們過分著迷、很不健康，這樣的想法更是加深了世代間的分歧。[10]當路易斯與他的朋友看到「街角兄弟」聚在一起卻不跟彼此說話，只是各自盯著手機時，立刻嗤之以鼻地笑了出來，這也難怪路易斯那一輩的人不把敵對社區與同儕團體在社群媒體上時常爆發的爭端當作一回事。

四十歲出頭的大哥「老莫」（Big Mo）也抱持這種批評態度。他是老一輩的「黑爵幫」成員中，少數願意在「街角兄弟」其中一名核心成員被射殺後把自己的槍借給他們的人。不過，僅過了一年，老莫就斷定「街角兄弟」正逐漸捲入無聊瑣碎的幫派戰爭中，依他所言，那些戰爭最好是「留在社群網路」

上就好。老莫很愛抱怨當今著迷於社群媒體的年輕人「皮都很薄」。他很篤定地說，「現在這個時代是這樣的：『你唱了一首跟我有關的饒舌，我就要對你開槍；你在社群網路上放了一張我的醜照，我也會對你開槍』。」

以上這些情況都讓「街角兄弟」很難拿到槍，至少到他們滿二十歲可以自己建立槍枝供應網絡之前都是如此。在那之前，他們公用的槍通常都很老舊、火力不強、有時候根本就不能用。我跟他們在一起的那段時間，只有三把公用的槍一直撐著，但每一把的狀態都讓他們很失望：有兩把點二二口徑的左輪手槍——一把是黑色的「短槍管」手槍，握把上纏著磨損的運動膠帶；另一把則是槍管較長的古董手槍，看起來簡直就像直接從古老的西部片中拿出來的。對於門外漢來說，點二二口徑的子彈是消費市場上所能取得最小的（亦是最不致命的）彈藥規格，而左輪手槍環形可旋轉的彈匣中有六發子彈（或稱「輪仔」，rounds）。這些手槍需花較長的時間才能連續射擊，得經過兩個步驟：首先拉回擊槌，把新的一發「轉到」位置上，然後扣下扳機。「街角兄弟」的第三把槍是較新的九釐米半自動手槍，有擴充的彈匣，可以填裝相對較多的十六發子彈，但眾所周知在開了幾槍後會有卡住的問題。江湖謠傳有個「街角兄弟」成員曾把這把槍留在廢棄的空地中，經過一夜風雨之後整把槍灌滿了泥巴。我跟「街角兄弟」待在一起的那段時間裡，他們還從親朋好友那邊弄到了一系列的武器，包括：配有五十發彈匣的點四〇口徑半自動手槍，甚至還有一支AR—15突擊步槍，但這些武器在幾週內不是賣掉換錢、就是弄丟了、要不然就是在警察停下盤問時給扔了。

這種相對缺乏武器的狀態，再次顯示出鑽頭歌手實際上持有槍械的時間，比網路上看到的來得少。事實上，有些年輕人只有在爲了拍照與錄影擺姿勢時，才會拿到公用手槍，結果導致他們非常不熟悉怎麼用槍，就像我在辛辛那提的影片拍攝現場所看到的狀況。我從很小的時候就擁有槍且知道怎麼用，因此很快就發現不是只有阿傑缺乏經驗。在不同的場合中，我也看到薩維爾、多明尼克與小鬼都裝錯過子彈，他們一直沒發現，直到彈匣卡住才知道自己弄錯了，造成子彈撒了一地。我也碰過另一個更恐怖的事，阿傑因爲經驗不足而差點打中我。有天深夜我陪他去多明尼克親戚家的公寓，參加一個喧鬧的聚會。空氣中瀰漫著濃厚的大麻煙霧，幾個「街角兄弟」成員開始自拍上傳到社群媒體。幾分鐘過後，有人從附近的藏槍地點拿來兩把公用手槍。接下來幾分鐘，「街角兄弟」輪流在鏡頭前炫耀手上的槍。阿傑一度拿槍指著我的臉，我一邊罵他，一邊快速離開火線範圍。

阿傑笑了，「放輕鬆，老哥，槍沒上膛啦。」

「你怎麼知道？」我問他。

「因爲我把彈夾條拿出來了。」他另一隻手上拿著整個彈匣，「你看，」他繼續說，語帶嘲弄，「沒有上膛啦，所以不要表現得像個膽小的娘們。」他一邊說，一邊又拿槍指著我的臉，像是要給我個機會讓我贏回榮譽似的。驚慌之下，我把他的手臂打下，把槍從他手上搶過來。我一邊連聲咒罵，一邊把滑套往後拉，確定槍是否眞的沒上膛，結果一顆子彈從彈膛中飛了出來，嚇得我下巴都要掉了。

阿傑跟我一樣嚇傻了，連聲道歉，「老哥，眞的很對不起。我不知道那裡面還有一顆子彈。我不知道我得檢查那裡，都是我的錯，老哥，都是我的錯。」

現在回想起來，那是我看過他最懊悔的時刻。若說之前我只是不太確定阿傑是否經驗不足，那麼這次差點釀成大禍讓我非常肯定。與他在線上的人設相反，這不是經常與敵人發生槍戰的人會做出來的事。

不過，還有其他「愛現」的手法，毋須仰賴致命武器，讓我們大家都鬆了一口氣。另一個普遍常見的技巧是：把平凡無奇的日常活動重新表現成跟街頭上的非法勾當與幫派暴力直接相關。雖然鑽頭歌手想要讓觀眾相信他們無時無刻都「待在街區」（on the block）或「溜去攻擊仇家」（slidin’ on the opps），但事實並非如此。如同高夫曼的劇場比喻所示，這些年輕人醒著的時候，大半時間都在扮演各種非暴力的社會角色，像是父親、兒子、情人與朋友。阿傑就是典型的例子，他每天都花很多時間在處理家務，幫夏蔓照顧她在前段關係中所生的兩個幼兒。阿傑是個好爸爸，很會照顧小孩，當夏蔓在工作、打盹或煮飯時，他會幫小孩穿衣服、餵他們吃飯、陪他們玩。這種充滿關愛的伴侶與父親角色通常會溫柔地說出鼓勵的話語，而這絕對不會出現在網路上。事實上，對於社群媒體的觀眾群來說，阿傑身上根本不存在這種角色，他自己也非常努力維持這種形象。我記得在某個酷寒下雪的冬天下午，我跟阿傑待在他那昏暗的公寓中照顧小孩，我們懶洋洋地躺在沙發上，滑手機看社群媒體上的最新動態。當他去廚房櫥櫃幫小孩拿柳橙汁與零食時，我注意到他幾秒鐘之前在ＩＧ上貼了一連串的照片，內容是他跟幾個「街角兄弟」待在街角，嘲笑他們附近想要過來飛車槍擊的仇家。我立刻認出這些照片是幾週前拍的，但阿傑在此時上傳這些特定的照片是想要給人這樣的印象——即便是芝加哥嚴酷的冬天，也無法阻擋他站崗保衛「街角兄弟」地盤的決心。

我一開始記錄這種形式的「愛現」，就發現自己在無意間也牽涉其中。每次我開車載他們時——無論是上法院、與緩刑官會面或是去奶奶家——他們幾乎都會立刻朝我們經過的街景開始拍照與錄影。無論我們那趟車程的眞正目的是什麼（但**絕對無關**乎幫派暴力），他們都會使用社群媒體來影射自己單純就是爲了飛車槍擊或製造麻煩而正在穿越敵人的地盤。有一次，我載小鬼去他阿姨家借錢，當我們加速通過位於對手「謀殺鎮」地盤邊界的十字路口時，他拍了一張模糊的照片，然後立刻貼到臉書上，照片說明就只寫著：

獵殺仇家中

小鬼用簡明扼要的一句話，公然（但不誠實地）宣稱他爲了攻擊敵人而潛入他們的地盤。雖然我們在幾秒鐘之內就離開了「謀殺鎮」的地盤，但接下來的那個禮拜小鬼還是得到了追蹤者的喝采；而且，雖然貼文上的日期與時間很清楚，但「照片永遠留在他的臉書頁面上」這件事，強化了他這種侵略行爲是日常慣例的印象。

除了用暴力重塑平凡單調的活動之外，鑽頭歌手也會利用社群媒體來渲染與公開他們跟其他人的社會關係，而這些人通常涉及具有新聞價值的暴力活動，其中最棒的莫過於與在幫派暴力中被殺身亡的鑽頭歌手有關係了。二十二歲的鑽頭歌手「卡波」卡爾（Marvin "Capo" Carr）與「酋長基夫」關係密切，當他被仇家殺害時，死亡消息傳遍了全國各大主流媒體，包括《滾石雜誌》（*Rolling Stone*）、《時人雜誌》（*People*）與主要的有線電視新聞節目。[11]卡爾的死——旁觀者用手機鏡頭捕捉到當時的狀況——在整個泰勒公園一直是大家談論的話題。普遍而言，「街角兄弟」中的鑽頭歌手對這件事的反應是失望與懊悔，主要是因爲惋惜人命，但也是因爲「街角兄弟」中無人有先見之明，在卡爾生前與他建立顯而易見的線上關係。

阿傑對於自己沒辦法趁機利用這起事件，最是感到失望。卡爾被殺後幾天，我們倆坐在我的車裡討論詳細狀況。

「你有看到『卡波』的影片數字現在一直在拉高嗎？」阿傑問我，「他被殺之後，他的東西整個**爆衝**〈bustin'〉，他的影片每一天都飆到三千個觀看次數！」

阿傑說的沒錯。眞要說的話，他還低估了卡爾死後飆漲的人氣。卡爾的最後一支音樂影片是〈被迫開槍〉（Forced to Shooting），在他生前，這支YouTube影片每天大概只有兩百五十個觀看次數，但是從他被殺後的那天開始，觀看次數飆漲到每天將近五千次。

阿傑很注意熱度飆漲的狀況，他解釋給我聽要是鑽頭歌手被殺害，原本對他的關注（以及觀看次數）將如何擴散到他在線上的朋友與夥伴那邊。「現在，」他開始說，「每個跟『卡波』搞在一起（fucked with，意指有相關）的人都炸開了！他們所有的影片數字都大漲，追蹤人數爆衝！你看，像『卡波』這樣的人要是被射殺還上了新聞的話，大家就會去搜尋他的名字，去看他的ＩＧ、影片、推特。你如果有跟他一起拍過照或錄過歌的話，大家也會看到你，然後就會去搜尋你的名字，看看你是誰……大家都在找像『卡波』一樣待在場上的傢伙。」

這是阿傑的經驗之談。事實上，「街角兄弟」的人氣逐漸高漲，有很大一部分得歸功於媒體廣泛報導他們的好友與合作對象、鑽頭界人稱「小默克」（Young Merk）被殺害的事。當時，薩維爾正剛開始做音樂影片，小默克同意在他的影片中客串演出，算是幫了他一個忙，因爲小默克知道薩維爾才剛起步的事業迫切需要他的推波助瀾。這支影片相對來講很成功，每天大概有五百個觀看次數。然而，當小默克在當地幫派夙怨中被槍殺後，這支影片吸引了一大批的觀看者，每天的觀看次數很快就拉高到超過七千次。

「街角兄弟」發現了這點，於是很有策略地跟其他社區中捲入激烈幫派戰爭的鑽頭歌手交朋友與共同合作。他們知道，要是這些年輕人中有人被逮捕、中槍或被殺，他們自己的知名度也會連帶受益。很遺憾地，過沒多久我就看到這樣的事情發生在我眼前——阿傑剛認識的友人被殺了。我陪阿傑一起去密蘇里州客串演出時，認識了更出名、高個子、二十七歲的聖路易斯當地鑽頭歌手「殺手卡斯楚」（Killa Castro）。阿傑立刻請卡斯楚與他的夥伴們跟他合照。在我們開車回芝加哥的路上，阿傑把照片上傳到他所有的社群媒體帳號，並且確定自己有「標註」卡斯楚、在照片說明中也有提到卡斯楚的名字。

隔天早上，阿傑急匆匆地打來，把我吵醒。

「你聽說了嗎，老哥？」我一接起電話他就問我，「幹，卡斯楚死掉了。有人開槍殺了他。」

「發生什麼事了？」我問他。

「不曉得，」他回答，「不過，這是昨天晚上的事，就在我們離開之後，靠，我們剛剛才跟這尼哥待在一起，現在他卻死了，就這樣。」我可以聽出阿傑聲音裡的痛苦。殺人事件近在眼前。卡斯楚是阿傑崇拜的對象，他一直希望自己能像卡斯楚一樣成功，尤其卡斯楚即將簽下獲利豐厚的唱片合約。我可以聽出阿傑對於卡斯楚的死感覺很複雜。在我們談話的過程中，阿傑試著找尋一絲慰藉，他說：「唯一的好事，就是我跟他拍的那些合照是他被殺之前最後的照片。我不是希望他死掉還是怎樣，不過我的混音很快就要推出了，他的粉絲現在已經跑來我的網頁上看，聽我的音樂！他們看到了ＩＧ上的那些照片，現在死忠地跟我混，他的粉絲現在是我的粉絲了。」

接下來的幾個月，我看阿傑一再重貼他跟卡斯楚的合照，並且發自內心地寫下一些話來紀念卡斯楚。阿傑也拿他倆之間的友誼來提醒觀眾，而這件事在卡斯楚充滿悲劇性的死亡之後，仍持續為阿傑帶來收穫。由於鑽頭圈具有草根、「自己動手」的性質，因此像是阿傑這樣的年輕人費盡心力在喧鬧的網路中找尋出路，想盡辦法要把新的觀眾引過來。鑽頭歌手努力想要得到獲利豐厚的唱片合約，也想要開始向上流動，因此利用了古老的有線電視新聞金句：「見血，見頭條。」有時候，「街角兄弟」也會腦力激盪出一些點子，想要開始放送假的網路流言，說他們之中有人劫持且殺害了在芝加哥工作生活的名人，他們不斷更新的潛在「受害者」名單上有：多白金唱片得主肯伊・威斯特、影視大亨歐普拉、還有當時的總統歐巴馬。「街角兄弟」解釋說即便他們的惡作劇被拆穿，他們還是能夠「釣到」好奇的觀眾來點擊他們的社群媒體帳號，觀看他們的音樂影片。

新的「聲譽創業家」

數位社群媒體藉由將聲譽管理的過程大眾化，讓鑽頭歌手史無前例地可以掌控自己的公共人設。像是推特與ＩＧ這類的平台，讓這群年輕人可以自由創造與維持強大的自我品牌，毋須仰賴曾主宰了整個創意產業的經紀人、經理與其他把關者。鑽頭歌手只需按個鍵，就可以安全地從自家臥室中，用即時且特定的宣傳內容淹沒所有的社群媒體平台。盟友被殺或朋友被捕後短短幾分鐘，他們便能藉由跟悲慘事件扯上關係而提升自己的街頭信譽。不過，若是認爲這些工具大量地普及化讓鑽頭歌手可以全然獨立或自由地掌控個人品牌，那可就錯了。相反地，這些想要在數位世界中成名的人，變得必須仰賴一整組新興且不同的「聲譽創業家」，要是沒有他們，建立持久且具有能見度的線上品牌幾乎是不可能的事。

報導地點：芝拉克

鑽頭歌手所面臨的問題當中，最迫切的莫過於如何把自己的內容散播出去。一個鑽頭歌手當然可以在幾分鐘內就上傳幾百張充滿大量槍枝的嚇人照片到社群媒體平台上，但倘若只有幾個人看過這些照片，那麼對於證實他的暴力人設與衝高追蹤人數，並沒有太大作用。爲了讓自己的內容能被更廣大的觀衆群看到，鑽頭歌手需要仰賴其他支援人員的協助。事實上，今日有太多年輕人想要在注意力經濟中稱霸，以至於利用他們的夢想來賺錢的新興產業開始出現，有越來越多的部落客與公民記者主動提出要把鑽頭歌手的內容傳遞給更廣泛的新觀衆群。由於增加曝光度需要一定程度的資源，因此最後這群人看起來跟他們的客戶非常不同。就族群特質而言，這群人通常與協助歌手錄製音樂影片的那群人極爲相像——更年長、更中產階級、通常受過大學教育。儘管他們與鑽頭歌手在社經地位甚至種族上有所差異，但他們所篩選呈現的形象，逐漸不只是針對個別客戶，同時也是廣泛而言的都市貧窮狀況。事實上，大衆對於芝加哥都市貧窮社群的認識，大多來自於部落客的「傑作」，他們故意放大負面的刻板印象，並從中獲利。

網路上到處都是以「芝拉克新聞」（Chiraq News）、「芝拉克中央」（Chiraq Central）爲名的網站、部落格與YouTube頻道，即時提供鑽頭歌手之間較勁、法庭訴訟與死亡事件的八卦消息。其中最受歡迎的YouTube頻道「芝拉克戰爭」（The War in Chiraq）有超過二十五萬名的訂閱者，開設僅兩年就累積了超過九千四百萬個觀看次數。值得注意的是，即便「芝拉克戰爭」驕傲地宣稱他們只提供「關於芝拉克持續進行的戰爭」的內容，但這個頻道實際上卻是由遠在紐澤西州、二十四歲的艾倫（Livingston Allen）所經營，此人別名「DJ學者」（DJ Akademiks），之前在羅格斯大學（Rutgers University）廣播電台擔任過主持人。爲了確保刺激有趣的內容源源不絕，艾倫密切注意芝加哥鑽頭歌手的臉書、推特與IG帳號，並且以短影片新聞報導的方式，呈現這些資訊。這個頻道中最受歡迎的其中一支影片〈芝拉克野蠻人自拍飛車槍擊「拜訪」仇家！〉（Chiraq Savages Record Themselves Going to Pay the OPPS a Visit via a Drive By!），[12]僅僅兩年就累積了超過二百萬個觀看次數。在這支影片當中，艾倫用解析度很低的手機影片說明開車槍擊的經過，並在其中穿插了鑽頭音樂影片。他把飛車槍擊描述給觀衆聽，講著講著他突然大喊：「這群尼哥超愛飛車槍擊……在芝拉克，這種事很正常啦！」艾倫用這樣的評論讓觀衆注意到，他認爲芝加哥年輕人令人震驚的線上內容與線下日常生活間有著密不可分的一致性。

具有說服力經常會成爲組織原則，藉以凝聚團隊向心力與文化。每個人無時無刻都得履行自己被指派的角色，若有必要，隊友之間會用非正式的懲罰與獎賞來相互約束。

就鑽頭歌手在網路上做做樣子而言，沒有什麼比「槍手」所給予的支持更能凸顯出隊友的重要性。鑽頭歌手很喜歡在社群媒體上逞能吹噓的暴力行爲，由這些槍手付諸實行。[16]公用手槍通常由槍手保管，所以他們是最有可能執行飛車槍擊、搶劫、以及在影片與照片拍攝中揮舞著武器的人。就像社會學家柯林斯（Randall Collins）曾語重心長地說，即使是在最暴力的社會脈絡下，「只有少數人實際上犯下所有的暴行，現實情況就是如此，而在暴力情境下的人也都知曉此事。」[17]值得注意的是，即便我們只是粗略地看一下官方統計的犯罪數據，也能看出就算是最活躍的槍手，所涉及的暴力行爲還是遠遠不如充滿敵意的歌曲與影片中所顯示的頻率。要不是這樣，芝加哥的流血事件會比現在多上好幾倍。然而，絕大多數的觀眾幾乎全然不知（或可能很容易就忽略）這個事實。

一般來說，會有一兩個槍手跟鑽頭歌手待在一起，實際上擔任保鑣、助理與執行者的角色。[18]我在踏進泰勒公園之前，就已經能輕易地辨別出這樣的組合。鑽頭歌手最具敬意的作法，是在音樂影片中讚美或向他最親近的槍手「致意」。阿傑在他的某首歌中向他的槍手表示敬意，他唱道：

FaceTime「齊波」，他是我的槍手，寸步不離，來你的街區，用加大號彈匣淋一下你們全體。
你們這些腦殘都是假貨，賺不到大錢，
「屎仔」有傢伙，逮住沒帶槍上街的笨蛋。

如同歌中所示，阿傑的槍手包括他長久以來的朋友「齊波」，還有脾氣暴躁、臉上刺青很醒目、現年十九歲的「屎仔」（Poo）；薩維爾通常是靠強尼或他二十二歲的表親「瘦子」（Slim）罩；多明尼克出現時，迪孟特或史提夫通常也在不遠處。

如此這般列舉出鑽頭歌手與槍手的組合，看起來好像泰勒公園到處都是積極從事暴力行為的年輕人，但現實情況卻是很少有超過一組人馬同一時間出現在社區中，甚至把時間拉長來看也是如此。這種現象與都市貧窮居民普遍來講居住狀況不穩定有關。[19]由於被逐出家門、失業、換女朋友、家戶組成改變等因素，槍手們反覆搬進與搬離泰勒公園。在我與「街角兄弟」的相處時光接近尾聲之際，超過一半的槍手已住在其他社區，只有在找到可靠的交通工具時才會回來泰勒公園。由於槍手們幾乎獨佔了幫派的暴力工具，因此他們花在法院、監獄或居家監禁上的時間也更多。時不時欠缺槍手可說是「街角兄弟」主要的焦慮來源，尤其當他們與仇家爆發衝突的時候。鑽頭歌手通常只有在完全無法召集他們的保鑣時，才會考慮親自動手做那些暴力的事。

鑽頭歌手與槍手之間的連結，通常是打從孩提時代在當地的操場、籃球場與學校餐廳中就培養出來的交情。像是強尼與史提夫這樣的槍手跟「街角兄弟」所有人一樣，在十幾歲出頭時也試過唱饒舌。在米茲的協助下，我挖出了他們當年的影片，畫質很粗糙，內容是他們跟後來成爲「街角兄弟」門面的那些人一起唱即興饒舌。他們之間的音樂天份立刻一分高下，而這些年輕的槍手最終認清了事實，從此放棄了饒舌夢。隨著「街角兄弟」轉變成爲大家公認的幫派，與附近幫派間的外在衝突也節節升溫，這些年輕人找到了貢獻己力的新方法。他們把自己跟最有才華的朋友繫在一起，用忠誠以及「鑽頭歌手有朝一日終於飛黃騰達時，會帶著他的槍手一起」的承諾作爲約束。

每當我載「街角兄弟」的槍手去法院出庭以及與緩刑官會面時，這樣的共生關係總是展露無遺。鑽頭歌手爲了向槍手的犧牲表達謝意，會早早起床、跟著我們在庫克郡各棟刑事法庭大樓間跑上半天。當我載強尼去參加被控持槍的審前聆訊時，薩維爾總是會陪著一起。

有一次，當薩維爾與我跑到外面去繳超時已久的停車費時，他跟我講了一些他跟強尼之間非正式約定的細節。

「幹，老哥，」我們一邊走下法院前方的灰石階梯，薩維爾一邊說，語氣聽起來很擔憂。幾分鐘之後，法官就會決定要不要送強尼去坐牢。一想到要跟最好的朋友說再見，薩維爾的心情無比沈重。「我不想要他們把我兄弟關起來。」他的語氣很沈重，充滿愧疚感。

薩維爾認為自己應該對這件事負責。大概一年多之前，他跟強尼穿過泰勒公園，打算去朋友家參加派對。薩維爾帶了一把公用手槍，以防萬一碰到麻煩。強尼一如既往不讓薩維爾拿槍，以防萬一他們被警察攔下來，而後來發生的事情證實了強尼的確有先見之明。當時，有一輛警車猛然在強尼面前停下，他立刻飛奔，在街角處轉彎，然後丟掉身上的槍。警察在他身後猛追。強尼還沒從之前吸食天使塵的後勁中恢復，他絆倒了，於是警察將他逮捕，上手銬，並且找回了槍。他們以「非法使用武器」與「毆擊治安官」的罪名指控他。

「他一直都在幫我擔這些爛事，」薩維爾解釋，「他說這是為了我好。」打從強尼自高中輟學之後，過去三年來一直都是如此。「他總是說，我比任何人都更有機會成功，離開這個鳥地方。我是饒最多的人，〔在ＩＧ上〕有最多的追蹤者。我也有從學校畢業，但他沒有。他說我承擔不起幾年的時間〔在牢裡蹲〕，但他可以。老哥，沒有哪個尼哥可以在牢裡唱饒舌。一旦他被放出來，不管我在洛杉磯、紐約還是哪裡，他都可以來找我。我有飯吃，我兄弟也會有飯吃。所以我一定要陪他一起來這裡〔出庭〕。」

法官減輕了強尼的刑責，他們倆欣喜若狂。強尼沒被判坐牢，而是被判一年的密集觀護，他必須遵守晚上七點的宵禁規定，並且每週進行毒品測試。

像是薩維爾與強尼之間這樣的約定，說明了槍手們如何考量自身的技能與生命經驗，為兩人共同的成功做出最好的貢獻。他們知道總得有人非法持槍、扣下板機、被逮捕以及去坐牢。

當然，很多支援角色未必需要涉及實際上的暴力活動。「街角兄弟」非正式組織的邊緣，還有一大群被稱爲「那些傢伙」（the guys）的年輕人，這群人代表了分工體系中剩下的部分——既沒有在音樂影片中露臉，也沒有像槍手一樣犯下暴力行爲。一般來說，要被當作「那些傢伙」所需要的只有實際上夠頻繁地「待在街區」，捍衛社區與鑽頭歌手不被敵人攻擊。在這群人之中，有一小群年輕人跟鑽頭歌手最爲親近，他們通常具備特殊技能、人脈、或是對於「街角兄弟」追求集體名聲時很有幫助的其他資源。如同我們在第一章中所見，吉歐有時會充當「街角兄弟」的御用錄影師，每逢「街角兄弟」缺乏更好的選項時，他就會負責錄影、製作與上傳他們的音樂影片到自己的YouTube頻道；另一個以「ＰＭＯＮＥＹ」之名在社區中走跳的年輕人，偶爾會利用他的家族人脈幫忙買槍；德龍（DeRon）也是「那些傢伙」之一，他在西區有朋友能夠以便宜的價格賣大麻給「街角兄弟」（前提是他們買的量夠大）；德馬庫斯（Demarcus）是泰勒公園的科技達人，負責提供當地學校與ＡＴ＆Ｔ熱點的ＷｉＦｉ密碼給鑽頭歌手使用，他有時候會用自己手機上安裝的警方掃瞄應用程式，緊盯警方接下來的行動與鄰居投訴九一一的狀況。[20]

這群年輕人藉由承擔這些責任，表達自己對於當地鑽頭歌手的付出，而這讓他們立刻獲得好處。「那些傢伙」跟槍手一樣，也有資格從鑽頭歌手那裡分一杯羹。[21]用薩維爾的話來說，這些與他們合作密切的人「先吃」——這在芝加哥街頭是很常見的說法，同時具有比喻與實質意義。我有次在大家每天賭骰子時「外帶食物」的故事，可以很好地說明這種分配體系實際上如何運作。

有一次，阿傑從女粉絲那裡收到五十塊錢作爲「禮物」，他賭骰子時繼續鴻運當頭，一直猜中點數，贏了一整局。[22]當他從人行道上大把大把地拿走我們的鈔票時，我們都在抱怨。我們要求繼續玩下去，但他不管，直接把錢收進了口袋，同時也遞給我一張五元鈔票。他一整天都沒吃東西，問我是否能開車去麥當勞幫他買點吃的。我說好。過去幾個月以來，他一直很有耐心地教我玩骰子，所以我想回報他一下，況且我肚子也餓了。其他年輕人手上大部分的錢都輸給了阿傑，但還是拿剩下的錢繼續賭，希望能翻盤。齊波的弟弟萊恩則是自願跟我一起去。

二十分鐘之後，我們回來了，我把阿傑平常固定會點的餐遞給他：加量起司不加美乃滋的麥克雞漢堡、大薯、大杯雪碧。骰子賭局中的每個人都羨慕地盯著他看。阿傑二話不說，開始了重新分配的儀式。他打開包裝，把漢堡一分爲二，將其中一半遞給了他的槍手齊波。

齊波回了一句：「感恩。」

接著，阿傑從袋中拿出薯條，若無其事地將整個紙盒遞給他的另一個槍手屎仔。

「謝啦，兄弟，」屎仔說，「看起來很讚。」

阿傑看了看沾滿油漬的袋子，裡頭還有一大堆薯條。他轉頭拿給吉歐與德馬庫斯，他倆幾天前幫他錄製上傳新的音樂影片，「這是給你們倆的。」

吉歐與德馬庫斯把剩下的薯條都塞進嘴裡，「感恩，」他倆幾乎齊聲說道，嚼了一半的薯條還卡在牙縫中。

此時，兩個「街角兄弟」的邊緣成員馬可（Marco）與佑佑（YoYo）開始抗議，「拜託啦，阿傑，」馬可懇求阿傑，「讓我也拿一點薯條，拿一點就好。」

「不行，馬可，」阿傑一邊大聲說，一邊移動到屎仔身旁。他一口咬下一大把薯條，清楚表示拒絕的意思。「要吃薯條自己去弄。」

「齁，兄弟，拜託，你也知道我現在沒錢。」馬可抱怨道。

阿傑態度堅定，教訓起馬可而非給他食物。「馬可，那是你的問題。兄弟，做點事吧！你也看到這些傢伙了，他們都有在做事。真正有做事的人先吃，但你什麼都沒有。」馬可與佑佑自顧自地發發牢騷，但沒有再爭辯下去。

阿傑的訓斥雖然很簡短，但在這個情境中卻一點也不含糊。馬可、佑佑與「街角兄弟」其他成員唯有像屎仔或至少像吉歐與德馬庫斯所付出的那樣多，才能得到回報。在那之前，他們都會被排除在外，無論是粉絲提供的現金、剛捲好的大麻菸、摻了嗨嗨水的蘇打汽水、還是有「#CBE」絹印字樣的短衫，所有的好東西都以鑽頭歌手為中心向外展開——槍手優先，接著是「那些傢伙」，若還有剩才輪得到其他人。

除了「先吃」之外，支援者也會在社區之外的社會空間，感受到地位提升所帶來的好處。槍手們在高中校園裡備受同學尊敬，他們在歌詞、影片與其他線上內容中的位置明顯重要，使得他們也能搭上鑽頭歌手的人氣。屎仔雖然在高中一年級時就輟學，但他仍持續前往學校，護送阿傑回家。屎仔很享受擔任保鑣的角色，他站在阿傑身邊所能得到的注目，遠比他獨自一人時來得多。跟重新分配其他戰利品一樣，鑽頭歌手時不時也會幫最盡心盡力的支援者在性事上牽線。當他們與年輕女粉絲幽會時，幾乎都會要求對方帶個朋友來跟他的槍手作伴。

愛現過頭？

當我了解到鑽頭歌手有多容易在社群媒體上誇大其詞，且親眼見證微網紅身分可以讓他們對同儕造成多大的影響後，我發現自己問的問題開始變得不同：為什麼鑽頭歌手在線上不做**更多**的渲染？為什麼不上傳**更極端**的內容？為什麼不用**更多**的侮辱、武器與逞凶鬥狠灌爆推特與ＩＧ？答案就寫在鑽頭歌手與隊友之間的共生關係當中。槍手們與「那些傢伙」時常藉著非正式的制裁方法，對鑽頭歌手在線上的誇張行為加以限制。這是實際上面臨兩難困境時所做出的回應，因為腥羶色的內容雖然能為大家帶來好處，但魯莽而過分的上傳內容所造成的後座力，卻不是所有人平均分擔。當鑽頭歌手在網路上逞凶鬥狠，導致與仇家間的衝突升溫時，實際上「站崗」的年輕人會發現自己被捲入了不是由他們起頭的衝突之中，因此他們遲早會把怒火指向害他們承擔的鑽頭歌手。

我跟「街角兄弟」待在一起的時候，看過好幾次這樣的事情發生。他們的失望之情大多針對阿傑，現在看來實在不會讓人感到多驚訝。我結識「街角兄弟」之後沒幾個月，有些人開始知道每當仇家為了報復阿傑在網路上的譏笑而來襲時，阿傑就會人間蒸發。我第一次嗅到他們很不爽，是在某次「謀殺鎮」企圖飛車槍擊之後。我在攻擊事件發生後沒幾分鐘抵達泰勒公園，薩維爾從他家窗戶看到我的車開近時，向我跑了過來。我們加速駛離社區，他在車上告訴我事情的詳細經過。暴力事件過後，我照慣例一一唸了幾個我認識的年輕人的名字，想知道他們是否平安以及他們的下落。當我提到阿傑時，薩維爾不屑地砸嘴。

「真相是，」他的聲音裡充滿了憤恨，「阿傑沒有真的待在街區，他只是裝模作樣。他唱饒舌唱的一副他有待在街區的樣子，但其實他沒有像我們一樣在外面混。」雖然薩維爾跟大部分的鑽頭歌手會讓槍手去處理絕大多數的幫派襲擊事件，但他們仍自豪當仇家來找麻煩時，自己會待在現場，不會消失不見。這是阿傑長久以來一直在逃避的責任。

「街區上的尼哥都不尊敬阿傑，」薩維爾繼續說，「這就是為什麼尼哥們會那樣跟他講話。他唱的都是他不會做的事情，然後期待其他混蛋——也就是我們——替他擦屁股，只因爲我們是他兄弟。老哥，我跟你說，這勾當肯定會把他打垮。」

薩維爾果然是先知，很快地，「街角兄弟」就要阿傑爲他空洞的自我宣傳付出代價。接下來的那週，我把事情的詳細經過拼湊在一塊。顯然，阿傑跟另一個住在泰勒公園的二十六歲肌肉男「布魯」（Blue）在每天的骰子賭局中爆發激烈爭吵。布魯受夠了阿傑的傲慢，一把抓住他的後衣領，把他打倒在地上。阿傑眼冒金星地躺在地上，「街角兄弟」其他人與附近居民卻站在旁邊笑。布魯居高臨下地俯視阿傑，「洗劫了他口袋中的錢」，把他身上的錢全部拿走。

另一個「街角兄弟」成員泰文（Tevon）親眼看到了事情經過，據他所述，布魯攻擊阿傑是爲了直接回應阿傑失控的愛現行爲，以及阿傑沒有幫忙捍衛「街角兄弟」的地盤。「如果你沒待在街區，」泰文解釋道，「大家就不會尊敬你。布魯並不需要阿傑的錢，但大家都知道阿傑老在唱一些自己不會做的事。他想要虛張聲勢耍人，但大家會要他付出代價，因爲我們都知道他實際上是怎樣的人！」

薩維爾告訴我說，當他抵達現場時，布魯正拿著阿傑的錢走開。「媽的，阿傑竟然在哭，」薩維爾回想起來，語氣中盡是失望，「我跟他說，『反擊啊，兄弟，你到底是怎麼回事！？』」但即便薩維爾與其他幾個人保證會支持他、多明尼克甚至說會幫他找把槍，他還是從沒打算報仇，不理會他們提議說要對抗布魯，把錢拿回來。「他太害怕，什麼也不敢做，」薩維爾繼續說，「他就是個腦殘，不敢眞的動手。我一直跟他講，如果你要在ＩＧ上講那些東西，那敵人侵門踏戶時你至少要待在街區。」

「街角兄弟」微妙地拒絕幫阿傑製作線上內容，用這樣的方式繼續懲罰他。有一天下午，阿傑試著在嘈雜的公寓院子裡錄製新的音樂影片時，我在一旁安靜地看著。當錄影師把鏡頭轉向他並按下錄影鍵時，站在他身旁的「街角兄弟」不是轉身背對鏡頭、垂下頭來，就是乾脆走出畫面範圍。布魯搶走了阿傑的錢，但現在他的朋友們奪走了更有價值的東西：後盾、隊友、以及每一個鑽頭歌手用來證實自己的暴力名聲且在注意力經濟中維持重要地位所需要的象徵標誌。沒有幫派成員聚集在阿傑身後、沒有槍手跟著歌詞一起唱、沒有槍、沒有鈔票、沒有毒品，他們不用開口說任何一個字，就能讓阿傑清楚明白他需要他們，就跟他們需要他一樣。這種靜默的指責很快就收到成效。接下來的幾天，阿傑在社群媒體上出言不遜的情況收斂了許多，他拿推特與ＩＧ來修補關係，而不是挑釁仇家與宣傳他自己有多凶狠。他在推特上轉發薩維爾與多明尼克的影片連結，並且上傳與好友合照的舊照片，藉著這麼做來分享自己之前一直霸佔的鎂光燈焦點。沒過幾天，情況就恢復正常了。事過境遷，至少暫時如此。

＊＊＊

在一個寒冷的二月晚上，包括我在內的十二個人在泰勒公園教堂地下室圍成一圈坐著，我們在那裡舉行每月例行的社區「犯罪防治會議」，與會者包括芝加哥警方代表、市府官員、非營利組織的領導者以及社區居民，大家一起討論社區裡的問題與解決方案。跟每次會議一樣，其中一個議程項目主宰了今晚的討論，那就是幫派暴力的問題。社區居民花了整整二十分鐘表達他們對當地黑幫的懼怕擔憂，同時批評警察部門無法（且可能不願）管東當地年輕人。房間內的氣氛越來越緊繃，幾個居民、組織領導人與其中一名警官異口同聲地表示芝加哥的幫派暴力問題比以前更加嚴重。他們哀嘆今日的黑幫更目無法紀，並且輪流提出證據。他們抱怨，現在的幫派手上有更多槍、進行更多毒品交易、比以前更激烈地捍衛自己在街角販毒的地盤、拿賺大錢與酷炫的車來引誘更多年輕人加入組織，甚至，膽大妄為到在社群媒體上炫耀犯罪行為。

我在參加過的每一場社區會議中，幾乎都聽到類似的說法。儘管居民們擔心受害的感受絕對不容忽視——畢竟南區的犯罪率遠遠超過大家所能接受的程度——但我認為這些針對當地幫派的描述、關於他們有組織的架構以及他們與暴力之間的關係，令人費解，因為殺戮事件與暴力犯罪率實際上已從一九九〇年代的高峰，**下降**至歷史新低點。[23]我與今日涉及幫派的年輕人相處時，看到了推動這股趨勢的一些機制。[24]快克經濟的瓦解以及爭奪這個市場的公司型幫派勢力消退，皆導致流血事件不再頻繁發生。這個世代的南區青少年不再能指望加入當地公司型黑幫，循著組織階層往上爬。社區裡老一輩的幫派成員看起來不想和年輕人扯上關係，這一點在「街角兄弟」尋求大哥們的協助以取得更多的公用手槍一事上，再明顯不過了。與一九九〇年代的前輩們相比，今日的年輕人遠遠缺乏動機與途徑加入全面性的幫派戰爭。不管HBO影集如何描述與大衆如何想像，我們對於都市黑幫的看法實際上很過時。在泰勒公園這樣的地方，我們不會看到經驗老道的毒梟坐在蓋得很高的公共住宅裡，操控著價值幾百萬美金的毒品銷售管道；也不會看到他們透過在地商家洗錢，當然也沒有脅迫十四歲少年加入幫派當跑腿的小嘍囉這種事。

然而，當地居民、甚至是這座城市當中某些重要專家卻依然堅持「幫派問題與黑幫暴力比以往更加嚴重」這樣的看法。[25]相反的統計數據已清楚擺在面前，但為什麼他們還一直這樣主張？我漸漸明白，答案就在「街角兄弟」身上，或者應該說，是像他們一樣學會了操控社群媒體內部「情境崩解」的無數芝加哥鑽頭歌手、幫派與同儕團體。鑽頭歌手讓大衆看似透過透明的玻璃窗觀看街頭生活——通常是在中產階級支援人員的協助下——讓自己看起來比實際上更狂虐、更有組織也更危險。這是他們經營自我品牌的技巧之一，他們藉此證實自己在音樂中所宣稱的眞實性，並且在這個過程中，說服了社會大衆他們已從叔伯前輩手中接管了毒品生意與殺戮競賽，而黑幫戰爭已達前所未見的程度。就像大多數的道德恐慌一樣，這件事與主觀印象更有關係，而非客觀事實。社會大衆擔憂之際，鑽頭歌手更是變本加厲地表現，因為我們越是覺得他們很暴力，他們就越能吸引到點擊數與觀看次數，而隨著這些微網紅指標往上攀升，得到的報酬亦是如此。

第四章

靠熱度（Clout）賺錢

阿傑、齊波與我駕車在高速公路上奔馳，我們正要前往沃爾瑪購物中心，一路上氣氛很嗨。無論我怎麼哀求，他們都不管，硬是把車裡的音響開到最大聲，然後跟著阿傑最新的歌一起唱。調製過後的小鼓與鈸的聲音從天窗流瀉而出。阿傑眉開眼笑，非常興奮。

今天是發薪日。

當我們抵達目的地時，阿傑與齊波跳出我的車，一路往內衝到「速匯金」櫃檯前。阿傑來領取一筆匯款，匯款人是亞特蘭大某個一心想要成名的鑽頭歌手，他拜託阿傑在新歌當中客串演出（也就是跨刀）。阿傑與齊波在「速匯金」櫃檯前興奮地傻笑，當不耐煩的職員一張一張數著總共五百美金的二十元鈔票時，他們倆還用手肘互相推來推去。阿傑拿起整疊鈔票，當扇子一樣在臉上搧。

「兄弟，我們拿到工資了！」

阿傑與齊波幾乎是用跳的穿過停車場，一路回到我的車上。我走在他們後面，忍不住抿嘴一笑。他們倆看起來比較像是小學三年級學生在下課時的模樣，而非他們在網路上所塑造出來的街頭惡霸形象。我們重新上路後，阿傑開始計畫要怎麼使用這筆剛拿到的收入。

這不是我第一次陪鑽頭歌手去匯款櫃檯，也不會是最後一次。每當渴望跟他們合作的人與崇拜他們的粉絲希望能沾一下他們的人氣時——也就是芝加哥青少年口中的「熱度」（clout）——這種出遊行程就常會出現。在這些歡樂時光中，我開始明白為什麼鑽頭歌手願意無所不用其極地製造出「自己是正港幫派份子」的名聲。

每年有越來越多的「平凡人」投向注意力經濟的懷抱，希望從此名利雙收。一心想要成功的微網紅——從ＩＧ上的時尚達人，到推特上的爆料者與YouTube上的卡拉ＯＫ唱將——都想要靠著個人網頁賺錢、吸引各大品牌的贊助或在文化產業中找到全職的夢幻工作，從此致富。雖然目前針對精確的成功率還沒有系統化的研究可供參考，但大部分的個案研究結果皆顯示：即使是那些擁有大量社群媒體足跡的人，也極少能收到像樣的財務報酬。[1]儘管「有人付錢給你讓你去做喜歡的事」聽起來非常誘人，但僅有極少數渴望成名的人能夠達成如此高遠的目標。馬維克（Alice Marwick）針對矽谷科技業的社群媒體影響者所做的研究顯示，「聲名狼藉不代表更多的錢，微網紅地位與收入之間無法劃上等號。」[2]達菲的著作《做你喜歡的事（沒）有錢可拿》（*(Not) Getting Paid to Do What You Love*）書名取得恰如其分。她在書中同樣也指出，就算是最頂尖的時尚部落客，仍然「沒錢可拿或拿得很少，即便他們爲了滿足品牌的要求以及傳遞自我本色給觀察力敏銳的觀眾看，得要長時間工作，但他們也只能以日後希望能獲得的『知名度』或『能見度』作爲報酬。」[3]馬維克、達菲與其他新媒體研究者形容這些想在數位世界中大展身手的人，主要都在從事「希望勞動」（hope labor）——無酬勞動，所希望的無非是將來或許能獲得回報。[4]

這些針對微網紅的描述發人深省，在整個學術圈與公共論述中佔有重要地位。然而，我與「街角兄弟」相處的時間越長，越是開始質疑這些敘述過度簡化了事實。鑽頭歌手在線上追尋地位的行爲確實符合「希望勞動」的定義，他們在社群媒體上的活動與線上表現也的確源自於想要成爲明星的長期目標（但無可否認機會渺茫），但若是因爲這樣就認爲他們的數位文化生產活動僅僅只是「希望勞動」，顯然是忽略了他們在日常生活中可以得到更實際、有時甚至更深刻的好處。我親眼看到這群年輕人利用身爲暴徒的名聲，取得維持基本生存所迫切需要的經濟、社會與情感資源。

關於微網紅名聲所帶來的這類平凡無奇但效用卻很強大的報酬，爲什麼既有文獻並未加以著墨？我認爲至少有部分原因在於：關於微網紅的研究，研究者大多忽視了都市貧窮階級的數位生產，反而清一色地聚焦在白人、中產階級與其他條件較爲優渥的群體。這些人試著從其他行業或相對穩定的經濟狀態闖入線上注意力經濟，比方說，在達菲的研究中，懷抱希望的時尚部落客開始追逐網路星夢時，在金融業、藥廠銷售與行銷界早已有了工作，[5]因此他們當然不滿意從ＩＧ帳號與YouTube頻道所收到的零星且不穩定的收入。當他們的微網紅之夢進展得不順利時，他們不太可能沒飯吃或付不出房租；當他們偉大的夢想無法實現時，他們大不了放棄線上事業或把它當作興趣就好。

但是，微網紅這件事對於深陷經濟、社會與種族階級底層的人來說看起來很不一樣，給他們的感受也非常不同。他們所面對的情勢迫切多了。對於鑽頭歌手與他們所屬的幫派而言，這件事不太可能只是興趣而已。當條件更優渥的微網紅在抱怨那些工作錢少得可憐時，鑽頭歌手卻稱讚這是最實際、穩定且有尊嚴的選項，結果使得他們越來越難放下注意力經濟與它所帶來的好處。這種對比——鑽頭歌手與同樣也是微網紅但條件更優渥的人之間——凸顯了貫穿本書的重要主題：若我們想要了解數位科技是如何製造與複製不平等的狀況，就必須檢視數位科技在日常生活中的意義、用途與帶來的後果。對於鑽頭歌手而言，遠在臉書與YouTube攪和進來之前，他們的生活早就被種族弱勢與階級弱勢所形塑。

爲了「跨刀」而工作

在大多數情況下，鑽頭歌手把他們從跨刀賺來的錢當作是正式的收入來源。他們想像自己就像是主流錄音歌手，只是等級沒那麼高。我跟他們往來的那段時間中，「街角兄弟」的鑽頭歌手大概每個月可以拿到一次跨刀邀約。隨著他們的個人名聲與團體名氣漸漲，這些機會更常出現，報酬也更豐厚。從外人的角度來看，這些報酬或許看起來時有時無且微不足道，但鑽頭歌手可不這麼認爲。對他們來說，跨刀代表的是能快速且容易賺到的錢。只需工作不到一小時，這些年輕人所能賺到的錢就遠比他們的鄰居與同儕整個星期在街角賣大麻或在低薪工作中來得多。

阿傑與亞特蘭大鑽頭歌手跨刀的經驗，正是典型的例子。除了五百塊美金之外，那個一心想要成名的合作對象還寄了電子郵件給阿傑，裡頭附上那首歌的MP3檔——當然，不包含阿傑饒舌的主歌段落。依照慣例，他期待阿傑把饒舌部分錄進這個影音檔，然後把整首完成的歌寄回去給他。如果吉歐或「街角兄弟」其他的科技達人剛好能拿到筆記型電腦與麥克風，阿傑就可以在他們有時會在自家公寓中搭建的臨時工作室中，錄製饒舌主歌段落。若有必要，他也可以租下某個倉庫工作室的時段來做這件事，費用大約是每小時六十塊錢美金。即便在最糟的情況下，阿傑還是可以淨賺超過四百美金。

對於社區中很多每天早上醒來都不確定下一餐在哪的年輕人來說，跨刀可以帶來即時且可觀的現金流。當亞特蘭大的鑽頭歌手聯絡阿傑時，他正好窮到脫褲，迫切需要這筆錢，而且越快越好。他的手機被斷線、夏蔓與小孩需要錢買日常用品、他自己也好幾天沒怎麼吃東西了，他那天的早餐是一包鈉含量很高的傑氏（Jay's）洋芋片，而這一切在我們造訪「速匯金」櫃檯後全都改變了。首先，阿傑請齊波吃了一頓麥當勞，然後全額繳清手機帳單，重新啓動了通訊服務；接著，他幫全家買了一整個禮拜的日用品；最後，他幫自己買了新的行頭，包括一件耐吉的亮藍色連身褲與搭配的鞋款，他打算以這身裝扮來拍攝接下來的音樂影片。

這麼一大筆現金流入都市貧窮居民的生活，其重要性不言而喻。愛倫瑞克（Barbara Ehrenreich）在《我在底層的生活》（*Nickel and Dimed*）一書中，揭露了社經地位處於底層的人需要額外付出各種「特別成本」。對於不常拿到工資或收入不穩定的人來說，很多日常生活用品與服務其實**更昂貴**，她提醒我們，「如果你沒辦法預付兩個月的公寓房租，最後的結果就是花大錢按星期支付租金……如果你沒錢買健康保險……就無法取得常規醫療照護或處方藥物，最後終究得付出代價。」6

從跨刀賺來的錢讓鑽頭歌手可以抵銷這些額外的成本。倘若阿傑沒有從亞特蘭大的跨刀機會中拿到一整筆款項，他就無法續約昂貴的加值型手機方案，而這個方案讓他可以無限上網與傳簡訊。由於他的信用狀況不佳，因此他被迫得申購沒那麼貴但限制頗多的基本方案。到最後，看似便宜的方案其實更貴，因爲超過流量或通話時間限制的超額費用更高，導致他的帳單逾期未繳的時間會更長。與此同時，阿傑將無法透過社群媒體與粉絲及潛在的合作對象交流，因而錯失了獲得更多跨刀與拓展名聲的重要機會。若阿傑能在量販店一次大量買齊整個禮拜所需的日用品，便可以用更低的單價購買更多商品，不然的話，他跟夏蔓就不得不在住家附近的加油站或雜貨店每天按需要購買，東西的價格通常會貴上一倍。最後，要是沒有這一大筆錢讓阿傑買下那一身行頭，他在接下來的音樂影片中就得穿著舊衣服，如此一來很難說服觀衆相信他在街頭混得像他所說的那樣風生水起。

與此同時，這筆突然湧入的現金也對鑽頭歌手造成了新的困境。由於帳單與各種費用被擱置得太久，因此錢來得快去得也快，最後導致鑽頭歌手常常無法遵守交易約定。當阿傑總算開始把注意力放在錄他的饒舌時，這筆錢早就花光了。他到處尋找便宜的選項，好在影音檔上加錄自己的饒舌，但很快就失敗了。當時，「街角兄弟」當中沒有人能夠輕易取得電腦、麥克風或影音製作軟體。阿傑身上沒有留下什麼錢，所以也不可能預訂工作室。隨著日子一天天過去，幾週下來阿傑沒有興趣再弄這件事，注意力也轉到了其他事情上，最後他根本沒有錄製跨刀。當亞特蘭大的鑽頭歌手開始纏著阿傑要他退款時，他索性刪掉訊息，並且在所有的社群媒體上封鎖對方。

我經常看到阿傑與其他鑽頭歌手收了跨刀的錢卻從來不曾完成約定，我不禁疑惑，用這種詐欺手段做生意難道不會帶來負面後果嗎？社群媒體上的流言傳得很快，他們難道不會擔心失去潛在合作對象的信任嗎？當我問他們這些問題時，他們完全不當一回事，說自己這些不誠實的行為「只是遊戲的一部分」，真要說的話，甚至還覺得**可喜可賀**。他們提醒我，網路上任何與敲詐有關的流言蜚語，事實上**有助於**證實他們的惡棍形象；此外，他們還告訴我說這些剛冒出頭、要求跨刀的鑽頭歌手，絕大多數「不過就是粉絲而已」——套句薩維爾很喜歡講的話。鑽頭歌手訴諸微網紅名聲的不對稱性與可能具有剝削利用的特質，把自己與「粉絲」截然劃分開來。正如馬維克重要地指出，「微網紅是一種把自己當作是名人的想法，並且以這種態度對待他人……他們（微網紅）把往來的對象當作**粉絲**，而非朋友。」[7]在注意力經濟中，鑽頭歌手在線上的人際網絡遠遠超過線下的人際關係，而微網紅背後的驅動力導致他們把很多社會互動改寫成粉絲文化。因此，雖然鑽頭歌手確實需要仰賴臉書「好友」與推特「追蹤者」持續不斷的愛，但卻常常用工具性的角度看待這群人，把他們當作很容易就可以拿來利用的資源。

這種態度在鑽頭歌手涉及更暴力的敲詐行為時，最為明顯。我記得有天下午我到泰勒公園時，薩維爾與其他兩個「街角兄弟」成員正在對詐騙計畫做最後調整，他們打算搶劫某個客戶／合作對象。有一個相對來講不怎麼有名、來自南區另一個社區的鑽頭歌手，拜託薩維爾在他的新歌中客串演出。薩維爾堅持要對方當面付錢，他安排了雙方在他家附近碰面，然後兩人一起前往附近的工作室。根據薩維爾所擬定的計畫，那傢伙一拿著錢出現，「街角兄弟」的其中一名槍手就會持槍搶劫他們兩個人。薩維爾將會跟著演戲，拿出一點自己身上的錢，好讓搶劫看起來更逼眞。

當我跟薩維爾談到這個計畫時，他以「粉絲與那些想要合作的對象其實很虛僞」爲由，合理化整起搶劫事件。

「他不過就是個**粉絲**而已，」薩維爾說，「對我來說什麼都不是，不值得信任。這些粉絲**才不管我們死活**咧！我如果被抓，你以爲有哪個粉絲會來保我出去？我要是被殺的話，他們會照顧我ＯＧ〔意指老媽〕？別傻啦，老哥！他們只會去找其他饒舌歌手的歌來聽。」

雖然「街角兄弟」當中很多人跟粉絲的互動貌似令人振奮又正面，我卻注意到有某種緊繃的憤世嫉俗暗藏在表面之下。當薩維爾深陷憂鬱之際，他談到必須一直表演給善變又貪心的觀衆看時，總是語帶恨意，在這種時刻，他內心的無力感會顯露出來，儘管他外表上看起來是個沒有情緒的冷血歹徒。雖然「街角兄弟」最終沒有進行搶劫，不過那個計畫既是爲了賺一票，同時也是爲了發洩情緒。

「那個弱砲尼哥，」薩維爾指的是他們打算搶劫的那個人，繼續說，「你眞的以爲他在意我嗎？幹，才沒有！他哈我只是因爲我現在有他媽的熱度，他想要分一杯羹。他在試著利用**我**！老哥，他就是個蹭熱度的人啦，去他媽的！」其他人也點頭表示同意。

我跟「街角兄弟」待在一起的時候，每天都聽到這個字眼——「**蹭熱度仔**」（clout head）。這是個充滿貶抑的標籤，指的是一群纏上當紅鑽頭歌手與其幫派的粉絲，他們的目的是為了「增熱度」（clouting up），並且在這個過程中建立**自己**的微網紅名氣與線上知名度。鑽頭歌手一直都很懷疑這群人的忠誠度與誠意，認為他們為了能分到一點鎂光燈，什麼事都願意做，包括：付錢跨刀、提供仇家的情報、以優惠價格提供毒品、槍與手機。雖然我從未看過所謂的「蹭熱度仔」對「街角兄弟幫」造成任何嚴重傷害，但地方上總是流傳著「他們接近當紅的鑽頭歌手與其所屬的幫派，只為了提供重要情報給仇家與警察」的各種傳說。這些充滿警告意味的故事讓鑽頭歌手合理化他們對待粉絲的態度，要是誰被貼上「蹭熱度仔」的標籤，剝削利用這些人就是可以被接受的行為。事實上，鑽頭歌手只有零星的跨刀收入，因此他們得靠著操縱那些蹭熱度仔以勉強維持生計。

巧取「蹭熱度仔」

早在鑽頭歌手吸引到可以大賺一票的跨刀機會之前，他們通常就已發現身為微網紅在日常生活中的不少好處，當中最誘人的莫過於在學校與社區中獲得年輕女性青睞。隨著他們的人氣攀升，「街角兄弟」了解到他們可以利用自己的地位，說服崇拜他們的同學與鄰居提供任何東西——從手機到衣服、性、毒品與現金。在芝加哥街頭，這種詐騙行為叫做「**巧取**」（finessing）。「街角兄弟」對待這些女性的方式，跟對待抱持著希望來徵求跨刀的合作對象一樣，他們把這些女性講成是「很有手段的蹭熱度仔」，之所以對鑽頭歌手感興趣只是因爲他們的地位高漲，有機會向上流動」，藉此合理化自己在男女關係上操縱利用這些女性的行徑。

小鬼開始他的鑽頭音樂事業後沒多久，就注意到自己獲得了新的力量，讓他可以巧取別人。短短幾個月的時間，小鬼就成功製作了三支新的音樂影片，甚至還接受當紅的鑽頭音樂部落格與YouYube頻道專訪。泰勒公園的年輕女性也注意到了他逐漸高漲的聲勢。我看到小鬼不斷邀請年輕女性到他媽媽的公寓，有時我會跟他一起坐在沙發上進行訪談，看最新的音樂影片，他的女伴則在一旁煮飯、打掃、做家事。我私底下問過小鬼這些正在萌芽的關係，這些豔福到底是哪來的？他沾沾自喜地笑了，說我所看到的不過是帶有目的的性的關係，雙方都試著想要「搞定」（get over）對方。

「一切都跟熱度有關，」他開始解釋，這些女性藉由跟前景看好的鑽頭歌手扯上關係，忙著提升**她們自己的**社會地位與知名度。「就是炫耀的本錢。你知道我啥都沒有，沒錢，但其他人呢？對其他人來說，我就是**那個**尼哥，而每個女生都想要跟**那個**尼哥在一起。這是炫耀的本錢，這樣她們就可以說：『對啊，那是**我**尼哥，我跟他上過。』……老哥，她們只想要得到別人注意，只想要成爲**那個**女生。」

「那她們都怎麼做？」我問。

「你去看看吉娜（Gena）的臉書，」他一邊回答，一邊拿出手機。過去兩年來，吉娜斷斷續續地在跟小鬼交往。「這就是她做的事，她整天都在臉書上講我的事。」他解釋說，他最近推出新的音樂影片後，吉娜越來越刻意地在臉書與IG上張貼他們兩人的親密合照。小鬼在手機上找出一些給我看，「你看，」他說，「她會寫些這樣的東西：『我正在跟小鬼共渡浪漫時光，喔喔喔，小鬼的媽媽眞可愛，喔喔喔，小鬼這樣，小鬼那樣。』」

對我來說，小鬼的解釋不怎麼說得通。過去幾個月，我常跟他倆相處，在我看來，吉娜似乎是眞的愛上了小鬼。我親眼看到她的慷慨與自我犧牲，她在其他人——包括小鬼那些「街角兄弟」的「好哥們」——都讓他失望時，很照顧他；她也在小鬼以「正港鑽頭歌手」成名之前，給予他金錢與情感上的支持。但小鬼不這麼想，他深信就算吉娜對他眞有感情，也還是在巧取他。在我看來，他自己扭曲事實的作法——爲了獲得關注而謊稱自己是事業成功的暴徒——似乎影響了他看待女性的方式。

「你看，」他一邊指著吉娜臉書上的某張照片，底下有超過四十個「讚」，一邊抱怨，「現在她拿到**我的**熱度了。重點是，大家在街上、學校或隨便哪裡認出她是誰，是因爲她跟**我**合照；接下來那些照片會在社群媒體上傳來傳去，大家看到了就會認出**她**來，她因爲**我**而變得有名！因爲她跟我**在一起**。」

鑽頭歌手認爲女人都想要攀附他們以追逐名聲，因此他們有權主動發動攻擊，扭轉局面讓自己佔上風。為了索取當下所需的金錢或物品，他們答應用「將來成為明星後會與對方發展單一長期的關係」作為回報，並且不斷「提醒」這些女性，自己很快就會出頭天，「搬離貧民窟」，而且會帶著忠心的女友一起。

我親眼看到小鬼不斷施展這種策略。每當他急需用錢時，就會花上一兩個小時傳阿諛奉承的簡訊給一堆女性，問是否能「拿」點現金。我曾看過他光是一個下午的時間就爭取到好幾百塊美金。小鬼對於自己從身旁的女人身上榨錢的能力很有信心，所以就算他不知道要從哪裡或從誰身上生出每小時六十美元的租借費用，他還是在當地的音樂工作室預訂了下午的錄音時段。我倆坐在我的車裡，等候訊息回覆。離預計開始錄音的時段前不到兩個小時，他收到了年輕女生夏娜（Shana）的回覆，他倆上週才認識且睡過。夏娜還在學校，但她告訴小鬼，如果他能在下堂課開始之前過來找她，她可以給他那些錢。於是，我們一路前往夏娜所在的位置——那是一所非傳統高中，位於芝加哥布朗斯維爾（Bronzeville）社區附近安靜的街道上。

一路上，小鬼興奮地動來動去，大肆吹噓道：「老哥，你看，這就是巧取，這些妹子都想要蹭我的熱度，沒問題，我就來好好巧取她一下。給妹子屌跟熱度，她就會給你錢跟所有的東西，我跟你賭。」

夏娜看到我倆停下車時，一路跑跳下學校前的階梯。這兩個年輕人抱在一起，小鬼還調皮地親吻夏娜的脖子與臉頰。我尷尬地站在一旁，用手機回覆電子郵件來裝忙。小鬼沒有特別催促夏娜，她就遞了三張捲起來的二十元鈔票給他。小鬼把錢塞進口袋，把夏娜拉過來又熱吻了一輪。我注意到他的眼睛緊盯著夏娜插在後口袋裡的白色iPhone，看得眼睛直發亮。幾天前，他的手機螢幕碎成兩半，所以他急著要找一隻新手機。他毫無預警地把手機從夏娜的口袋中拿出來，開玩笑地高舉到她搆不到的位置；夏娜則是跳上跳下，想把手機搶回來。

「妹子，我需要這隻手機，」他問夏娜是否可以把手機給他，但她似乎沒在聽，反而繼續急著想要拿回手機。「我要拿走這隻手機，」他告訴她，「我需要它，妹子。」他堅持說反正夏娜都已經有手機了，幹嘛需要第二隻。

任憑他如何懇求，夏娜都很堅定地拒絕。他捉弄了夏娜幾分鐘之後，我決定要介入，因爲他們兩人已開始造成騷動，引起附近警衛的注意。當小鬼總算心不甘情不願地把手機還給夏娜時，我鬆了一口氣（但有點驚訝）。我轉身朝車的方向走去，此時，兩個年輕人突然出現在樓梯頂端，朝我們的方向大喊，打斷了小鬼與夏娜的告別熱吻。

「嘿，」其中一人大喊，「你是小鬼吧？」

「對。」小鬼回答，語氣中充滿防備。他惡狠狠地瞪了他們一眼，上下打量看他們是不是要來找碴。

「嘿，」另一個人說，「我佮意你的音樂，你很猛，小鬼，我佮意。」我看到小鬼的肩膀放鬆了下來。這將會是場和平的偶遇，甚至帶著奉承意味。

當另外兩個年輕女生也出現在樓梯頂端時，小鬼臉上再度露出了笑容。其中一人認出了小鬼，同樣也稱讚他的音樂。「夏娜，」她大叫，「小鬼是妳男朋友嗎？」

夏娜沒有回答，但往小鬼身邊靠近，用鼻子輕輕摩擦小鬼的脖子。她那四個同學在一旁羨慕地看著，而她拿出另一隻黑色的三星（Samsung）手機，跟小鬼自拍了幾張照片，然後又錄了一段兩人熱吻的影片，顯然很喜歡小鬼爲她帶來的關注。這六個年輕人又站著聊了五分鐘，內容大多是關於小鬼最新的音樂影片以及他在鑽頭世界聲名大噪的事。最後，學校鐘聲響起，當小鬼跟我走回我的車那邊時，夏娜從後面追了上來，她一把抓住小鬼的手腕，拉開他的手臂，整個人往他的胸膛靠近。夏娜嬌媚地一笑，把那隻白色的iPhone放在小鬼手心裡。在同學的讚美聲中，她改變了心意。

「喏，」她告訴他，「給你。你在工作室錄完音後會打給我吧？」

「妳知道我會的，」他回答，「尤其妳現在又給了我這隻手機。」

「你保證？」她問。

「我保證。」他向她保證，接著給她一個告別之吻。

我們回到我的車上，小鬼一陣大笑，還開玩笑地推了我一下。「搞定！」（Faneto）他大喊——這是芝加哥青少年用來形容詭計達成的另一種說法。「你看到了吧？」他問，「我就說吧！我可以巧取這些妹子，當那群傢伙認出我時，我就知道她會上鉤。夏娜很愛我為她帶來的影響力，你等著瞧，她以後在學校保證走路有風，因爲大家都以爲她跟我在一起。」不到幾分鐘，小鬼的話就得到證實。夏娜在臉書上貼了他倆熱吻的影片，並且附帶說明：「我跟我男人。」小鬼按了「讚」，公然表示他同意。

「現在她上鉤了，」他說，「接下來我要巧取她所有的東西。」他確實也這麼做了。小鬼遵守約定，錄完音後打了電話給夏娜，並且在電話中跟她要了更多的錢。那天稍晚的時候，她便乖乖聽話給了他。

小鬼不是唯一一個做出這種榨取行爲的人，我一次又一次看到鑽頭歌手要求愛慕他們的年輕女性提供各種重要的救命線。阿傑大概是社區當中最成功的巧取高手，當夏蔓懷疑他跟其他女性有染而把他踢出她的公寓時，他轉而求助那一大群仰慕他的人。他需要找個地方住。儘管他看起來就快要無家可歸，但他很快就解決了這個麻煩事。接下來的一個半月，他輪流在城市各處的幾個女性家裡住，直到夏蔓讓他回家。這段期間，我幾乎每天下午都陪他坐在夏蔓的公寓外面，看他有條不紊地在聯絡人名單上動腦筋。名單最上方是曾透過臉書或ＩＧ跟他聯絡的女性，他用iPhone上的FaceTime應用程式，一一打電話給她們，並且用最甜蜜的語氣，千篇一律地重複同樣的台詞。他讚美對方很漂亮，滔滔不絕地說自己有多癡情，甚至暗示他想要試試看穩定單一的關係。

「嗨，女孩，」他一開頭就這樣說，「我一直很想妳，我想說不定我們眞的可以在一起。今晚，我眞的很想見妳，妳看我是不是可以過去妳家？」有時候阿傑得多打幾通電話，但他總是找得到人當天晚上有興趣也有空陪他。對於網路熱度沒有阿傑那麼高的「街角兄弟」其他成員來說，睡在樓梯間或停著的車子後面是家常便飯，但阿傑一次也沒有，由此可見他的伎倆眞的很有效。阿傑拿自己的微網紅名氣，換來了每天晚上都有熱騰騰的飯菜可吃與有溫暖的床可睡。

名聲，無界限

就很多方面來說，鑽頭歌手的操縱伎倆並不是什麼新鮮事。早在數位社群媒體崛起之前，青少年間勾心鬥角爭奪人氣的行爲本來就是某種手段，他／她們一直在利用向上提升的社會地位，從崇拜他／她們的同學與同儕那邊搏取好感或者榨取好處。然而，社群媒體打破先前空間動態與限制的方式卻是前所未見的。在過去，社會地位階層壓倒性地屬於「在地」（local），受限於單一社區、學校或其他實體區域。事實上，這種「界限性」（boundedness）正是整個二十世紀關於都市研究的經典主題，民族誌學者尤其將階層、角色與社會地位描述成明確的**在地**現象。如同安德森在一九七〇年代晚期的名言，「個人身分認同感並不會立刻轉移到任何一個街角。當團體成員前往城市中的不同區域時，必須重新談判出自己的位置。」[8]任何有過轉學經驗的人都可以作證，在前一所學校中所得到的好評與讚賞，鮮少能帶到新的學校去。在數位時代之前，青少年們被迫得要從頭開始，一點一滴建立新的名聲。

現今的情況則是大不相同。今日，當鑽頭歌手離開當地社區時，他們在網路上發展出來的「熱度」還是會跟著他們。每當我陪「街角兄弟」開車旅行到其他城市時，就會想起微網紅這種沒有界限的特質。這群年輕人輕易地利用自己水漲船高的社群媒體地位，不只在遠方生存下來，還混得風生水起（至少有幾天的時間），讓我大開眼界。有一次，阿傑、薩維爾、多明尼克跟我前往印第安納州與印第安納波利斯當地剛崛起的鑽頭歌手錄製跨刀歌曲時，他們三人身上湊起來不到二十塊美金。他們沒有食物可吃，也不知道接下來計畫待在那裡的兩天到底要睡在哪。[9]若說他們有絲毫擔心，那肯定是沒有表現在臉上。他們之前有過好幾次這樣的經驗，而這一切都是刺激感的一部分。我們一上路，他們就開始通知社群媒體上成千上萬的追蹤者，說他們正要前往印第安納波利斯。不到幾分鐘的時間，他們就開始用FaceTime跟之前從沒見過面的年輕男女通話。當我們結束三小時的車程時，他們就已經安排好了兩組答應在他們停留期間提供大麻、酒精與床鋪的年輕女生。

社群媒體另一個獨特的可供性——亦即，線上內容具有永遠存在與可供搜尋的特性——更是擴大了鑽頭歌手的微網紅名氣沒有界限的特質。像是ＩＧ與臉書之類的平台提供了資料庫，可以儲存所有的照片、貼文以及鑽頭歌手用來證明其暴力人設的其他上傳內容。只要他們手邊有智慧型手機，就可以提醒別人他們的「真面目」是什麼。

有一次我與「街角兄弟」一起去亞特蘭大時，就看到了這樣的事情發生。當時，有兩個剛崛起的鑽頭歌手邀請阿傑、薩維爾與另一名「街角兄弟」的鑽頭歌手瑞奇（Ricky）合作跨刀，並且一起在演唱會中演出。我們出發前一個禮拜，那兩個亞特蘭大的鑽頭歌手已同意要付給「街角兄弟」一千兩百塊美金。他們透過西聯匯款，依約匯了六百美金的訂金，以支付從芝加哥到當地的長途旅程費用；他們還保證在「街角兄弟」一行人抵達後，會支付剩下的六百美金。然而，當「街角兄弟」長途跋涉開車進城後，所收到的只有藉口與拖延。他們在廉價汽車旅館裡等了兩天之後，終於覺得受夠了。二十一歲的鑽頭歌手瑞奇情緒很容易激動，他打電話給那兩個亞特蘭大的東道主，命令他們在附近的「鬆餅屋」（Waffle House）餐廳跟他碰面。我跟著他一起去。我從隔壁桌都可以感受到空氣中緊繃的氣氛；我安靜地坐在聽得到的範圍內，當瑞奇與那兩個人當面對質時，我保持目光向前。瑞奇清楚地告訴他們若再繼續拖延付款將會遭受什麼樣的後果：首先，「街角兄弟」不會出現在錄音室或演唱會上，他們倆不只會失去訂金，還會失去與「正港的」芝加哥鑽頭歌手公開建立關係的機會；其次，「街角兄弟」會開始在網路上進行抹黑行動，摧毀他們兩個的名聲。瑞奇暗示，「街角兄弟」可能還會訴諸更暴力的手段。

爲了聽起來更有威脅感，瑞奇分享了「街角兄弟」在社群媒體上一系列的貼文給他們看。他把手機啪地一聲放在桌上，滑他的ＩＧ帳號，用一張又一張的照片一針見血地讓對方知道「街角兄弟」不單只是製作暴力的音樂，**他們本身**就很暴力。

「看到沒？」他問對方。從我所處的位置可以看到那是班奇（Benzie）的照片，班奇是幾年前遭殺害的「街角兄弟」成員。「這尼哥就是班奇，因爲我們陷入的勾當，死了。仇家來襲，把他給殺了。我不喜歡講那件鳥事，但這就是事實。我們眞的有在街頭上混，不是只有唱唱而已。」他滑到另一張照片，這次是齊波手持突擊步槍。「看到沒？」他又問了一次，語氣更激烈。「我們是玩眞的，衝仔（意指機關槍）隨時準備妥當，所以芝加哥人都知道千萬別拿我們的錢開玩笑，我們就是芝拉克魔鬼，你們可以自己去google看看。」接下來的幾分鐘，瑞奇秀出更多照片，內容全都是「街角兄弟」成員拿著槍、毒品與一疊疊鈔票。「我們眞的就是在過這種生活。」他不斷重複道。

我知道有些照片過度誇張，被動了手腳，好讓「街角兄弟」看起來更無法無天與殘暴。然而，從瑞奇對面那兩個人臉上懊悔的表情判斷，他這一番操作得到了他想要的效果。那兩個人立刻道歉，承認他們確實沒辦法湊足剩餘款項。爲了修補雙方的關係且避免遭到報復，他們提出替代方案：首先是一把銀色的點四五口徑半自動手槍，全新閃亮，市面上價值大約兩百五十塊美金；此外，他們也同意把演唱會每張門票十塊美金的收入，全數交給「街角兄弟」。瑞奇接受了這些條件，雙方握手成交，整桌的緊張氣氛才緩和下來。我們回到汽車旅館時，瑞奇的心情甚至變得更好，整個下午都拿著他的新手槍自拍。到頭來，瑞奇能夠透過社群媒體上既有的內容來證實自己的暴力人設，使他拿到了別人欠他的物質報酬；他也拿到額外的道具，讓他在將來更能好好地證明他的暴力人設，或許就在類似這次的外地旅行當中。

微網紅名氣作爲愛與支持的來源

微網紅身分也讓鑽頭歌手在情感方面獲益良多，他們跟所有的年輕人一樣，都渴望獲得他人的欣賞、愛與關懷。不幸的是，像是泰勒公園這種都市貧困社區的特色往往是超級陽剛的街頭文化，不允許情緒向外展露。當地居民（尤其是涉及幫派的年輕人）每天都籠罩在暴力的威脅之下，因此他們會不斷評估可以依靠哪些同伴來保護自己。槍戰開始時誰會遲疑？誰會害怕逃跑？誰會昂首應戰，甚至可能扣下板機？這種不斷的算計讓年輕人對於討論自己的感受或尋求幫助有所顧忌，也使得不安全感與軟弱的表現變成某種負債。[10]那些被視爲太「沈溺於感受」的人會遭到訕笑與排斥。這種街頭文化讓年輕人不敢尋求他們所需的情感支持，因而剝奪了許多全國心理創傷最爲嚴重的年輕人處理悲慟與痛苦情緒的健康管道。微網紅的身分正是在這方面提供了另一種獎勵。隨著鑽頭歌手所累積的網路熱度逐漸增加，他們也獲得了新的機會，可以在不表現出軟弱的情況下，表達情緒、尋求幫助、加深人際關係。諷刺的是，他們在線上越是誇耀自己有多凶狠，線下所能取得的情感支持就越多。

隨著我與「街角兄弟」建立起更深入的關係，我越明白他們表達情緒時的諸多限制。由於我逐漸扮演起知己與聽衆的角色，因此也見識到加諸在他們身上關於男子漢氣概的期待是多麼沈重的負擔。他們要我發誓保密之後，會敞開心房告訴我他們最深沈的秘密與自我懷疑。史提夫、阿傑與小鬼在得知女友懷孕時，第一個跑來告訴我；他們每一個人都承認希望能搬離泰勒公園，金盆洗手，找一份薪水不錯的工作，開始養家糊口；小鬼在摯友遭到槍殺後，告訴我他惡夢不斷，他朋友在他懷裡死去的場景在夢中反覆出現；阿傑說他每次經過班奇被槍殺的街角時都非常悲傷，班奇是他從小一起長大的好朋友；在社區特別充滿暴力的那段時期，薩維爾跟我分享他的秘密計畫，他想要就這樣打包行李，在深夜離開，永遠不再管「街角兄弟」的事。

「我受夠這些勾當了，」我跟薩維爾坐在他的公寓前時，他這樣告訴我，「我沒辦法再幹這些事了，我甚至沒辦法過馬路，因爲總有人試著想要找我麻煩。」薩維爾繼續說，他與「街角兄弟」的關係讓他離開社區時很危險。他覺得自己像是個囚犯，被關在他家周遭四個街區的區域裡。「老哥，我受夠了，我受夠這種幫派勾當了。」

薩維爾話說到一半，看到強尼與多明尼克出現在院子的另一頭，朝我們走來。「你不能跟別人講我剛才說的話，」他警告我，「我可不想聽到這裡的尼哥談論我，說我很膽小還是怎樣。」無論這些感受如何淹沒了薩維爾與其他人，他們知道自己還是得保持冷靜沈著與可靠的樣子。

爭取情感支持

鑽頭歌手藉由創造出爆紅的線上內容與累積微網紅名氣，開啓了之前無法取得的全新機會，讓他們可以尋求協助與交流情感，同時仍保有街頭陽剛氣概所需具備的冷酷。他們最常在某種非正式的儀式中尋求情感支持，也就是在新歌或新的影片錄製完成後，集合朋友與幫派同夥來參加新作品首次亮相的活動。他們會聚集在當地的門階與人行道上，一整個小時反覆播放他們的歌，並且把手機拿給大家看，同時不斷地解說節奏、歌詞與視覺效果。我最難忘的經驗發生在某天清晨，當時我開車載薩維爾出庭應訊，他因爲站在自家公寓門前時沒有隨身攜帶身分證，而被指控非法侵入。另外兩個「街角兄弟」的鑽頭歌手亞當與小八（Ocho）也跟我們一起去，他們倆說服我在薩維爾出庭結束後，載他們去辦各種雜事與跟人碰面。對於小八來說，那些雜事根本不是重點，他主要是想用我車上的音響讓朋友們聽他的新歌。他幾天前剛錄完那首歌，迫不及待地想要分享。他從後座的位子上一把抓住了我車上的音源輔助線，把線插進他的iPhone中，然後準備播放他的歌。開始之前，他簡單說明了一下。

「好，」他開始說，「你們得要聽聽這個。關於我現在的生活，你們所需知道的一切全都在這首歌裡了。」講完之後，他按下了播放鍵。這首歌的節奏比他往常能量爆棚又陰沉的聲音來得更慢，也更有旋律感。一開始的幾段歌詞涵括了各種私密的主題，他唱了自己被世界拋棄、被親近的人所欺騙的感覺，還唱到他很努力要照顧家庭、爲了試試看販毒而輟學的事。這首歌最後從他的奮力掙扎過渡到他誇口要殺掉敵人。然而，正當整首歌開始轉變方向時，小八按下了暫停鍵。薩維爾與亞當沒怎麼認眞在聽歌詞，明顯讓他覺得很不爽。

「不行，不行，」小八一邊抱怨，一邊把頭伸向副駕駛座，他用手肘輕推正忙著寫簡訊的薩維爾。「我看得出來你們沒有眞的在聽。聽聽看我在歌裡說了啥，那些都很眞實。」

「好吧，兄弟，」亞當帶著歉意地說，「讓我再聽一次看看。」

小八又從頭播放了一遍。到了第一段歌詞中間的部分時，亞當一直點頭，聽得很專心。「媽的，眞的，」他這樣說，然後大聲重複了其中一行歌詞。「這是很眞實的事。」

現在，朋友們都全神貫注在聽了，小八又按了一次暫停鍵。「我要說的是，」他重複說道，「關於我的生活，你們所需知道的一切全都在這首歌裡了。」說完之後，他又播放了兩遍這首歌，好讓我們聽個仔細。

到了第三遍的時候，亞當已經背下了幾行歌詞。我從後照鏡中看到他跟小八兩個人在後座隨著音樂擺動，跟著歌一起唱饒舌。他們靠向彼此，一開始輪流用肩膀互推對方，但到了歌曲中段時，亞當用手臂摟住了小八，小八幾乎是坐在亞當的大腿上。歌曲結束的那一刻，他們又各自回到了兩側的座位上。

我從來不曾看過這兩個年輕人對彼此表現出如此充滿感情的樣子。小八的音樂內容至少在某些瞬間發揮了情緒掩護的作用，讓他可以尋求並接受別人的支持，而不會違背街頭上要求他表現出男子氣概的行爲準則，也讓亞當跟他都找到掩護，可以透過肢體接觸來表達情感；不然的話，他們會被視爲太過軟弱、娘娘腔。值得注意的是，幫派當中幾乎只有鑽頭歌手才能獲得這種機會，而非人人都可以擁有，而且隨著他們上傳的內容越來越多、同伴們越來越常消費他們的線上成果並且與之互動，這種機會出現的頻率也越來越高。

藉由忠誠的行動獲得支持

鑽頭歌手在爭取愛與支持的過程中，也學會了利用以鑽頭音樂爲導向的幫派逐漸改變的組織架構。如同我們在第三章中所見，在阿傑蓄意重新分配麥當勞餐點的時候，往注意力經濟的轉移創造出了新的義務關係。作爲幫派的門面與飯票，鑽頭歌手站在獨一無二的位置，可以要求同伴們對外展現出忠誠的樣子。對於鑽頭歌手的福祉與成功有所貢獻的那些人，可以分一杯羹；鑽頭歌手也會在音樂影片與ＩＧ貼文中，褒揚這些作爲後盾的夥伴，並且承諾在自己終於飛黃騰達時，會帶著這群「眞正的尼哥」一起過上好日子。然而，沒有表現出忠誠的人會被排除在外，至少直到下次他們有機會採取行動挽回自己的聲譽爲止。在「街角兄弟」各成員之間，這樣的約定或許在造成心理創傷的事件發生過後最爲明顯，這群年輕人在那樣的時刻常會充滿無力感，覺得自己很脆弱，而鑽頭歌手處於獨一無二的位置，可以號召最親近的同伴來幫忙處理，重新找回控制感。由於街頭文化的準則非常注重陽剛氣概，因此支援者不用言語來表達忠誠，而是透過乾淨俐落的行動。這些行動越是危險大膽，就越能表達出他們的同仇敵愾。有時候，要是情緒風暴足夠強烈，鑽頭歌手可能會期待朋友做出他們眼中最眞誠的支持行動，也就是進行暴力報復。他們會號召朋友爲他們而「溜」，請朋友在飛車槍擊中幫忙。

小鬼在他最好的朋友——名叫德斯蒂尼（Destiny）的年輕女孩——慘遭殺害後，正是以這種方式利用他提升的地位。在「街角兄弟」所有人當中，德斯蒂尼的死對於小鬼來說打擊最大。不同於他對於吉娜、夏娜與其他所謂蹭熱度仔所抱持的敵意，小鬼很尊重也很體貼德斯蒂尼。他們倆打從孩提時代就是鄰居，一起長大。他們常會一起走路上學，在當地籃球場度過無數的午後時光。這麼多年下來，他們仍保持著純粹柏拉圖式的關係，不走青少年戀愛的戲劇化情節那套。當小鬼在鑽頭世界中聲名大噪時，德斯蒂尼是最熱情的頭號粉絲。她驕傲地在自己的臉書牆上分享小鬼的音樂影片，還在ＩＧ上貼了自己身穿印有「＃ＣＢＥ」字樣的T恤、比出代表「街角兄弟」的手勢的照片。早在小鬼成爲微網紅之前，他與德斯蒂尼宛若家人般的深厚感情已然綻放，因此他不會懷疑德斯蒂尼背後的企圖。她不是爲了蹭熱度所以才接近他。

對於小鬼來說，德斯蒂尼的死不只是讓他失去了最要好的朋友，更讓他開始產生自我懷疑，覺得自己無法保護所愛之人。德斯蒂尼家人的反應更是加重了他的失落感與罪惡感，他們悲慟欲絕，指責小鬼該為她的死負責。他們相信德斯蒂尼與小鬼在網路上明顯可見的關係，讓她變成「街角兄弟」仇家眼中的目標，他們甚至還指控小鬼為了想在網路上出名而犧牲了德斯蒂尼。德斯蒂尼死後的那幾個禮拜，小鬼跟我常常坐在我的車裡，讀她家人充滿恨意的臉書訊息與貼文。小鬼不接受這些指控，但能夠理解他們為什麼會這樣想。他在各個社群媒體上看到了他的「街角兄弟」同伴渲染著與德斯蒂尼間的友誼。對他來說，這些貼文不過就是種手段，他們只是想要藉著宣稱自己與殺戮事件的受害者很熟，好吹噓自己真的身處街頭。

「你看他們所有人都在說：『安息吧，我死去的摯友』，」我跟小鬼在滑他們發的一連串推特文時，他如此抱怨，「但他們與她的關係根本就不是那樣。她是**我**的死黨，不是他們的，他們跟她才沒那麼好！然後現在他們那麼愛現，說什麼『我想念我的女孩，嗚嗚嗚』，全都是為了蹭熱度啦，其實他們才沒有像我一樣那麼想念她，老哥，我失去了一部分的自己。」

小鬼覺得自己有必要向德斯蒂尼的家人與他自己證明，他真的不一樣——他真的很在乎德斯蒂尼。但他不知道該從哪裡開始改變。

「你有跟誰聊過這些事嗎？」有一次我在談話當中問他。

「沒，」他想都沒想就回答，且進一步告訴我他現在怎麼處理自己的情緒。「說老實話，老哥，我嗑藥喝酒，我沒跟任何人聊這件事，沒騙你，老哥，我嗑藥磕到茫。」

「那你那些兄弟們呢？」我試探性地問他，希望能找出幾個「街角兄弟」當中的人，可以作爲小鬼的知心朋友，好好跟他聊一聊他的悲慟。

小鬼不贊同地看了我一眼，搖搖頭，一副自暴自棄的模樣。「如果我覺得沒有誰眞的在乎這件事，那我爲什麼要解釋給他們聽、把我的心挖出來給別人看？算了吧，老哥。」他用大拇指比了比胸口，「我都放在心底，這就是我的感覺。老哥，你看看我的臉，我連鬍子都不刮了，整個人跌到谷底，現在是我人生最糟糕的時刻。眞的，老哥，這感覺很不好受。」

小鬼的心理健康（同時還有他的個人衛生）在接下來的幾個月間持續惡化，直到他想到了新的辦法來緩解他的痛苦。他決定該是時候替德斯蒂尼報仇了。我們兩個坐在離泰勒公園幾英里遠的市區咖啡館時，他詳細告訴我他的決定。或許是因爲距離的緣故，他比較能敞開心胸說話。他提醒我，飛車槍擊不是他一個人就能成功完成的事。他需要幫忙，而這是測試朋友們是否具有奉獻精神的好機會。誰會願意爲他「溜」？

「這種時候大家的眞面目就會露出來，」他說，「誰會到場？這時候你就會知道誰眞的挺你。我沒有要用漂亮的話來包裝，老哥。」

小鬼解釋說，他會盡可能合理地請求別人幫忙。他知道這是要幫很大的一個忙，也知道有些夥伴無論多愛他，都不願意殺人，不過他們可以用其他方式貢獻己力，證明自己眞的在乎他。

「並不是說你一定得要當那個開槍的人，」小鬼一邊解釋，一邊列出了飛車槍擊所需的角色。「你可以做其他事，得要有人開車、有人弄到鐵仔〔pole，意指槍〕，但你總得**做點事**，不然你就不是我眞正的兄弟。」

據小鬼所言，至少有三個人回應了他的請求，比他希望的少，但確切地證明了誰是他眞正的朋友。第一個是強尼，他是「街角兄弟」長久以來的槍手。雖然他跟小鬼對彼此一直都很友善，但兩人的關係是在小鬼讓他在最新的音樂影片中跨刀後，才變得更加緊密。這意味著強尼現在是小鬼非正式的保鑣，幫忙執行任務。吉歐也站出來，伸出援手。我後來才知道，他急著想要提升自己在團體中的地位，希望能成爲槍手。每當小鬼冒險前往超出「街角兄弟」地盤的區域時，他都會帶著公用手槍，陪小鬼一起去，藉此表達他想成爲槍手的意願。最讓我大吃一驚的是，薩維爾也願意伸出援手。他跟其他大多數的鑽頭歌手一樣，很少會參與暴力活動，但小鬼給了他不需要扣下板機也能有所貢獻的機會。薩維爾非常有用，因爲他是「街角兄弟」當中少數擁有合格駕照的人，而且他可以透過家人的關係，拿到車籍資料更新過的可靠車輛。小鬼在這些朋友身上得到了他所需要的東西，可以替德斯蒂尼報仇、平息他的自我懷疑與確認朋友對他的愛。

我在之前那一年看到小鬼與「街角兄弟」夥伴們的關係逐漸改變，因此看得出來他近來晉升成爲微網紅這件事，讓他比較容易找到人來幫忙。我剛認識「街角兄弟」的這群年輕人時，小鬼還處在相當邊緣的位置，幾個現在支持他的人，沒多久之前才偷了他所藏匿的毒品，破壞他爲了勉強維持生計所付出的努力。現在，隨著小鬼在鑽頭世界中越來越成功，他們開始願意冒生命危險，鞏固自己在他身旁的位置，確保能在他的線上內容中佔有一席之地。對於小鬼來說，無論朋友出於什麼樣的動機幫他，他們願意爲他冒生命危險這件事就足以讓他覺得自己有被重視與支持。

人氣鑽頭歌手，好兒子

身爲微網紅，鑽頭歌手不僅從身邊的同儕團體與合作對象那裡獲得無形的犒賞，他們同時也憑藉著在注意力經濟中出人頭地，解鎖了強大的資源，以傳達自己對於家人來說的重要性與自我價値。他們總算可以展現出自己雖然在學校課業、職場與司法體系中表現得一蹋塗地，但仍舊是有上進心、認眞工作的年輕人。對於某些人來說，晉升成爲微網紅讓他們獲得自小時候起就很少聽到的家人稱讚。

小鬼一開始之所以決定成爲鑽頭歌手，很大一部分原因來自於他希望能重新贏回他媽媽對他的愛，他媽媽當時把他趕出了家門。小鬼後來沒有再惹上其他麻煩，順利完成緩刑。他一收到法官的通知，就興高采烈地跟他媽媽分享這個消息。他媽媽對他依然很失望，但還是釋出了些許善意，要他某天下午陪她去沃爾瑪超市購物，這樣一來她也可以多個人手幫忙。小鬼轉述給我聽那天下午發生的事，他說他跟他媽媽大多數時間都在聊彼此近況，他還給她聽了自己的新歌與音樂影片。就在他們排隊等著結帳時，他媽媽出乎意料地看到了小鬼正試著爲自己打造新生活的證據：突然之間，有個少女驚訝地朝小鬼走來，拍了拍他的肩膀。她是因爲小鬼在YouTube上的影片而認出他來，她說自己是小鬼的超級粉絲，小鬼其實是她最喜歡的饒舌歌手。小鬼的媽媽在一旁微笑地看著兒子與追星少女的互動。當他們離開超市的時候，他注意到他媽媽對他的態度徹底改變。他講這些細節給我聽的時候，眉開眼笑，神情當中滿是驕傲。

「我在她的臉上看到了喜悅，」他說，「覺得自己的兒子**是號人物**，能夠影響別人，懂嗎？就是我的出現讓大家很興奮。」

小鬼與他媽媽回到家的時候，她問他要不要搬回家裡來住。小鬼的解釋是，她把他轉行做音樂的舉動視爲是改邪歸正，如今他是「拿著槍的藝術家」。

「這有助於改善你跟你媽之間的關係嗎？」我問他。

「媽的，當然啊！」小鬼立刻回答，「我們的關係開始變好了。」他繼續告訴我說他媽媽甚至開始用不同的眼光，正面看待他「以前」那些態度與行爲。她對於槍的反應就是很好的例子。以前，她把武器看作是他持槍搶劫時的犯案工具，所以每當「街角兄弟」帶槍到她家來，她都會非常生氣。現在，她兒子已經放棄搶劫，改唱饒舌了，她把同樣這些東西看作是保護她兒子人身安全的必備品。她兒子越來越紅，開始有些收入，而且總算開始負擔家計，但也引來了一些想要傷害他的競爭對手。[11]

「現在，」小鬼說，「我要是跟我媽一起開車出去，她會問我有沒有帶傢伙〔joint，意指槍〕。」他拍了拍身上的腰帶，「如果我沒帶，她就會問爲什麼沒有，她希望我槍不離身，因爲她知道有些混蛋在糾纏我，她知道因爲我有熱度，那些混蛋就會朝我開槍。」

小鬼的媽媽除了讓他帶槍進家門之外，偶爾也會借他資源，好讓他繼續建立自我品牌。事實上，她甚至讓小鬼在自家客廳拍攝音樂影片。當小鬼與「街角兄弟」其他人擠在她的咖啡色組合式沙發上輪流傳遞捲得很粗的大麻菸、對著鏡頭吞雲吐霧時，她就待在二樓的臥室；甚至，當她收到一筆金額不大的退稅金後，還借給小鬼一疊二十元與十元鈔票，讓他在臉書照片中炫耀。不到幾個月之前，她連讓他待在家裡都不放心，而現在她卻可以安心地把辛苦賺來的錢交給他。

「她受夠了我以前那些鳥事，」有一次我們在聊他與他媽媽重建關係的事情時，他坦言道，「我以前眞的是個混帳，不過現在有這些饒舌的東西，我總算可以給我媽她所需要的東西。我要讓她住在郊區或是洛杉磯之類的豪宅。」眞要說的話，重新獲得母愛促使小鬼更積極地（或者如他所說，「更猛地」）追求成爲微網紅。「我得養家，」他提醒我，「我得要讓我媽覺得驕傲。」

＊＊＊

在鑽頭歌手因爲微網紅名氣所獲得的物質、社會與情感報酬當中，有一項好處特別重要，再怎麼強調也不爲過。這些年輕人在網路上的臭名不只讓他們被看到與被聽到，同時也讓他們終於覺得自己很特別。無論是希望他們跨刀的外地鑽頭歌手，或是在街上要求與他們自拍的粉絲，這些互動都帶來了無與倫比的成就感。我們必須記得，這些年輕人是在「認爲他們沒有價值又懶散，對社會只會造成威脅」的環境中長大的，他們在學校、法院與教會中總是聽到這樣的評價，但現在多虧有了社群媒體，讓他們解鎖了新的工具，可以聽到截然不同的訊息——充滿了尊重與欣賞。無論是在線上還是線下，大家都說他們很有價值，獨一無二。由於他們在低薪的服務業中遭受過羞辱，在非法的毒品經濟中能賺到的錢又少得可憐，因此這種報酬的吸引力更甚以往。

然而，我們不應該過度理想化這種報酬。若我們把鏡頭稍微拉離開泰勒公園，並且考慮鑽頭世界當中的**每個**角色時，就會看到各式各樣的人直接把鑽頭歌手與他們所屬的幫派當作墊背，狠狠地大賺一筆。我們會開始注意到這種可疑且帶有剝削性的報酬結構是如何成爲注意力經濟當中這個特殊領域的基礎。事實上，與所有從鑽頭音樂影片及相關內容中獲利的人相比，鑽頭歌手從自己的數位成果中所賺到的錢往往**最少**。鑽頭世界中的支援人員——錄影師、音樂製作人與部落客——的確處於更好的位置，讓他們可以在數位經濟中累積財富。狀況好的時候，鑽頭歌手錄一次跨刀或許可以拿到五百塊美金，但一個月最多也就那麼幾次；與此同時，像是錄影師之類的支援人員在幫許多客戶錄影時，每一支影片也開價同樣的金額，而且他們一旦透過「谷歌廣告計畫」與其他「依照點擊數」付費的廣告合約把自己的YouTube頻道拿來賺錢時，每個月還能固定收到支票。鑽頭歌手與他們所屬的幫派幾乎都沒有自己的YouTube頻道，意味著他們徹底錯失了這類機會。由於他們沒有經營自己的頻道，所以必須仰賴既存的高流量頻道來播放他們的內容。當他們請錄影師來錄影、剪輯與上傳音樂影片時，他們實際上放棄了對於自己的音樂成果的所有權。這些影片當中或許有他們的身影，但就數位經濟而言，錄影師才是那個擁有版權的人，透過廣告或授權所賺到的每一分錢都會直接進他的口袋。無論是在錄影師、製作人、工程師還是部落客手中，鑽頭歌手容易受到剝削的情況並沒有比在傳統音樂產業中好上多少。社群媒體的出現改變了施加剝削的一方，但令科技樂觀主義者大失所望的是，剝削的情況絕對沒有因此消失。

若我們拉得更遠來看，還會看到其他從鑽頭歌手的努力成果中賺得更多的人，我指的正是社群網路平台以及那些公司的執行長與股東。廣告收入——像是錄影師透過AdSense附加到鑽頭音樂影片上的那些廣告——佔了谷歌母公司Alphabet年營收的百分之八十四，二〇一八年時總計大約是三百二十億美元。[12]鑽頭音樂的內容（尤其是暴力內容）讓人血脈噴張，吸引了點擊數、觀看次數與鈔票。鑽頭歌手以這種方式提供了媒體理論學者泰拉諾娃（Tiziana Terranova）所謂的「免費勞動」（free labor），[13]他們把自己的數位成果拱手讓人，免費、心甘情願、甚至開心地提供勞力，一如勞資關係長久以來的形式，從數位成果中壓榨出來的剩餘價值幾乎永遠不會回到創作者手中。

除了勞動剝削之外，鑽頭歌手的「數位弱勢」還造成了其他問題。像是「街角兄弟」那樣的年輕人，幾乎承擔了所有與他們的數位內容生產相關的最嚴重代價。他們製作出的內容越多、建立起來的微網紅名聲越大，就越需要時時刻刻小心提防，因爲這些年輕人開始發現，他們在網路上的惡名昭彰使得競爭對手對他們的攻擊增加，那些人希望能藉由挑釁、有時甚至是殺害鑽頭世界中的知名人物而一舉成名。

第五章

做自己卻做出了問題

我收到簡訊的時候，正關掉手機準備上床睡覺。

「他們殺了傑文（Javon）。」

我心中一沉。傑文是小鬼最要好的朋友，他倆打從孩提時代就形影不離。每次我跟小鬼在一起的時候，傑文總在附近。

我急著要找到小鬼，於是發了簡訊給泰勒公園裡我所認識的每一個人，最後總算在清晨時分與他通上電話。我一把抓起鑰匙，跳上車，開車衝到他媽媽家。我到的時候，看到他兩手撐著坐在床上，兩眼空洞地盯著牆壁。

小鬼流著淚，告訴我事情發生的經過。

不到十二個小時之前，他與傑文走在安靜的南區街道上，正要去一個朋友家裡。他們離泰勒公園幾英里遠，所以不認為會碰上什麼麻煩，而且那裡也不是敵人的地盤（至少他們認為不是）。就在他們快到朋友居住的街區時，一輛滿載陌生青少年的車朝路邊停了下來，就在他們面前。坐在副駕駛座的年輕人喊了小鬼的名字，看到小鬼有回應，便舉起了放在膝上的槍瞄準他。小鬼轉身就跑，子彈從他身旁飛嘯而過。那個槍手又瞄準了傑文，傑文嚇到腿軟，無法動彈。小鬼躲在暗巷裡，直到槍聲停下、那輛車加速逃逸後才出來。他飛奔回到躺在人行道上、已奄奄一息的傑文身邊。小鬼雙膝跪地，輕輕環抱著他最要好的朋友，直到傑文嚥下最後一口氣。

「傑文會死都是因爲**我**，」小鬼一邊說，一邊擦眼淚。「他們的目標是**我**，他們認得**我**，但現在死的卻是**傑文**。」當警探開始不分晝夜地出現在他家門前時，他更是自責。他們顯然對他媽媽說，要是小鬼出庭作證、指認槍手，就可以對得起自己的良心。在如此艱困的時刻，小鬼最親近的朋友們開始疏遠他，擔心他可能變成「抓耙仔」。[1]

雖然「街角兄弟」與其他鑽頭歌手因爲在公開場合的能見度而獲得許多重大好處，但傑文的死與小鬼持續的心理創傷卻是血淋淋的例子，說明了鑽頭世界的黑暗面。這場突如其來的悲劇點出了鑽頭歌手在注意力經濟中力爭上游時所面臨的危險。

我肯定不是第一個指出微網紅負面效應的人。過去十年來，新媒體研究者紀錄了在數位世界中打造自我品牌時較不光鮮亮麗的一些面向，尤其是關於維持「永遠在線」的人設時所會遭遇到的困難。諷刺的是，讓數位社群媒體得以如此有效地傳遞眞實性的科技可供性，同一時間卻也讓它變得如此危險。一心想要在數位世界中成名的人利用「情景崩解」，在不同的社會情境下表現出單一且前後連貫的身分認同，但「情境崩解」背後的動力卻讓人們越來越難以將塑造出來的線上自我與線下生活徹底區分開來。

如同我之前所指出的，我們目前對於微網紅效應的認識幾乎只來自於少數研究，而這些研究全都是針對相對優渥的社群，且研究重點大多是當那些數位新秀的線上表演開始影響了他們線下的社會角色與人際關係時，他們所面臨的「精神傷害」。博伊德在她最常被引用的研究中，側寫了幾個青少年由於在社群媒體上的知名度越來越高，因而遭到同學密集地監視與嘲弄的狀況。[2]這些年輕人變得越來越焦慮與憂鬱，因爲他們發現自己得隨時保持警戒，質疑剛認識的人背後眞正的動機。馬維克提醒我們，微網紅就定義上來說，「缺乏演員或模特兒所能取得的保護措施。微網紅身邊沒有保鏢、公關或造型師。」[3]其他研究則是說明了微網紅身分對於親密關係所造成的困難，比方說，達菲描述了前途看好的時尚部落客在「必須時常上傳內容」與「作爲妻子與母親的日常責任」之間左右爲難，她們一直面臨著必須上傳新照片與部落格貼文的壓力，使得度假、蜜月與其他親密時刻因此受到影響。[4]這些微網紅開始用「是否會對自己的線上品牌造成潛在傷害」來權衡自己生命中像是訴請離婚這類的重大決定。[5]

所幸，這類隱憂對於絕大多數人來說，並非完全無法避免或足以改變一生。當「永遠在線」變成太過沈重的負擔，他們可以減少在社群媒體上的曝光，或者在某些情況下甚至完全遠離鎂光燈。馬維克詳細紀錄了某個想要在科技圈成名的微網紅是如何藉由搬到新罕布夏州（New Hampshire）的鄉下，逃離公衆監視所帶來的精神傷害。這名微網紅現在把空閒時間拿來照顧牲畜、釀啤酒與從事園藝活動。[6]到頭來，就算是那些沒有放棄微網紅身分的人，也很少會面臨可能遭受暴力而死亡的後果。

然而，就像我們在小鬼遭受突襲的事件中所見，鑽頭歌手爲了能在注意力經濟中脫穎而出，有時必須付出致命的代價。這群年輕人不像中上階級的微網紅，他們是從社會、經濟與種族階層的最底層進入注意力經濟當中，導致情境崩解所帶來的負面後果變得更加嚴重。[7]鑽頭歌手是在暴力名聲長久以來受到追捧的社區中，建立起自己的線上品牌；他們是在已經被當作罪犯且受到密集監控的社群中，把自己刻畫成知法犯法的惡棍。當鑽頭歌手意識到社群媒體上的鎂光燈會帶來危險時，往往爲時已晚。就算他們想擺脫那些過於誇張的名聲，他們也欠缺資源可以這麼做，那些名聲會跟著他們進入新的空間與人際互動中。線上內容生產活動讓這群年輕人更加深陷街頭暴力、幫派生活與刑事司法的糾紛當中，再加上長久以來不平等的情況，導致了明顯的數位弱勢。

數位街頭的法則

在都市貧窮社群中，名聲向來是很有價值的資源。居民們面臨警察執法不當與經濟機會受阻的狀況，不得不尋找替代方法來解決紛爭、保障安全以及贏得尊嚴與榮譽，方法之一就是遵守安德森所謂的「街頭法則」。安德森在二十年前寫道，「法則乃是以自我呈現爲中心，基本的必備條件是要展現出某種暴力秉性。一個人在公開場合的態度舉止必須傳遞出明確無誤的……訊息，也就是在必要的情況下自己能夠很暴力，有能力引發混亂。」[8] 成功建立「名聲」很像是零和遊戲，需要藉由挑戰他人與抹黑對方的名譽來完成。如同犯罪學家傑柯布（Bruce Jacobs）與萊特（Richard Wright）所言，「貶低某人……會提升你個人在同儕眼中的市場價值。」[9]

數位社群媒體出現之前，聲譽之爭依循了特定的時間與空間法則。首先且最重要的是，戰爭幾乎全都是在面對面的互動中展開，雙方必須同一時間待在同一個地點——通常是喧鬧的公共場所或「集結待命區」。[10]如果戰鬥者想要讓圍觀群眾印象深刻，藉此建立起自己的名聲，那麼反擊行動就得迅速且引人注目。如同傑柯布與萊特所指出，「等待時機回擊侵略者……會讓你看起來膽怯害怕……絕不寬貸的態度才能贏得尊重，讓你看起來很強大。」[11]綜觀整個二十世紀，這樣的互動方式導致了美國都會地區層出不窮的流血事件，但同時也提供了重要機會讓衝突降溫與終止紛爭。戰鬥者只需搬離當地社區，降低公然發生激烈爭執的可能性，就能立刻甚至一勞永逸地結束衝突。[12]他們可以在不同的社區打造新的公共身分，擺脫參與暴力行動的義務。如果搬家不可行，那麼其中一方或雙方也可以「低調點」，撤退回私領域或至少中性的空間，如此一來公然挑釁的狀況比較不會發生。在那裡，他們可以卸下強悍的外在表現，扮演其他像是爸爸、兒子、情人之類的社會角色。[13]當這群年輕人在挑釁者與圍觀群眾的視線之外享受脆弱「柔軟」的時光時，在公開場合的敵意也就跟著煙消雲散。[14]

盜取熱度

如同我們在小鬼遭受襲擊的悲劇事件中所見，時代正在改變。數位社群媒體顛覆了以往支配聲譽戰爭的空間與時間機制，鑽頭歌手反而變成了自己事業成功下的受害者。畢竟，他們的基本目標是建立起自己是暴力的地痞流氓的名聲，並且希望聲名遠播，歷久不衰，但倘若他們成功達成目標，任何也想要建立自己名聲的人——包括完全不認識的陌生人——就很容易認出他們來，並且予以攻擊。挑釁者極盡所能地想要證明對手不夠眞實、自己才是貨眞價實的那一個，因此從前的避風港與私領域——像是工作場所、家庭與中性領域之類的地方——變成了臨時偷襲發生的地點。正如芝加哥年輕人所言，挑釁者希望能「偷走」他們的熱度。

小鬼遭到攻擊之後，這樣的狀況完全展現出來。槍擊事件過後不到幾個小時，就有三個隸屬於不同南區幫派的年輕人在推特與IG上宣稱自己是攻擊事件的主謀，還問小鬼有沒有膽子反擊與替傑文報仇，以證明他眞的是他自己在社群媒體上所宣稱的「野蠻人」、對於不敬的行爲絕不寬貸。這類挑釁在社群媒體時代變得更加緊迫逼人，因爲現在這些東西會永遠留存在網路上且可供搜尋。公然侮辱以及目標對象的回應將會無限期地留存下來，因此像是小鬼這樣的人要是無法駁斥挑釁者的主張、再次證明自己的確貨眞價實，就會被迫帶著有污點的名聲活下去。他將會失去粉絲與追蹤者、他的YouTube 觀看次數將會暴跌、他本人會被起底，被大家當作騙子與「鍵盤混混」。

這種以數位爲媒介的新型態聲譽之爭非常普遍，以至於專有詞彙跟著出現。小鬼與傑文只不過是「手無寸鐵被堵到」（caught lacking）的最新受害者——意思就是：在與幫派無關的情境下、從事與幫派無涉的行為與角色時碰到敵人。大家都知道，即便是那些暴力名聲最響亮的人也不可能每分每秒都維持著這種形象，在**某些**時刻，他們得讓自己卸下武裝——或許是放學搭公車回家或週末與家人一起做些雜事的時候，而這正是鑽頭歌手、他們的槍手與最親近的支持者最脆弱的時刻，因為他們身邊沒有幫派與槍的保護。挑釁者利用這些機會，用手機鏡頭捕捉他們的脆弱，然後上傳到社群媒體平台給大家看且奚落他們。在最糟的情況下，挑釁者會利用這些時刻襲擊、傷害甚至殺死目標對象。

就連在谷歌上用「堵到仇家手無寸鐵」（catch opps lacking）當作關鍵字搜尋，都會跳出上千支影片，內容是年輕人在各種日常情境中被堵到手無寸鐵的情況，像是在購物商城、陣亡將士紀念日的野餐或是在住宅區的街道上。[15]在這些影片中，挑釁者追逐受害者，然後痛打他們一頓，強迫他們跪在地上乞求饒恕，逼他們詆毀自己所屬的幫派、社區與最近被殺害的朋友。鑽頭歌手在各個社群媒體以及他們的歌曲與音樂影片中，聲稱自己從未在手無寸鐵的情況下被堵到，藉此強調自己很強悍。他們誇口說自己「絕不會手無寸鐵」（never lacking），是「隨時準備戰鬥的幫派」（no lack gang）或「隨時準備戰鬥的團隊」（team no lack）中的一份子。

當然，一個年輕人能否持續做出這樣的主張，取決於他是否能成功地避免在有損聲譽的情況下被拍到。小鬼的經歷證實了這件事隨著他的人氣與品牌辨識度提升而變得越來越困難。撇開小鬼與傑文遭受攻擊的事件不說，「街角兄弟」倒是成功地避免被逮到手無寸鐵。我待在社區的那段日子裡，只看過一

「芝拉克野蠻人堵到一位仇家手無寸鐵地待在錯誤的街區，一路追趕他。」這是「手無寸鐵被堵到」的某段影片截圖，挑釁者用手機鏡頭拍下這段影片，由第三方YouTube頻道上傳。（https://www.youtube.com/watch?v=8Z_poSsUs0，二〇一七年一月十四日取得，該影片後來「因違反YouTube服務條款而遭移除」）

次例外，但考慮到那次事件的詳細情況，「街角兄弟」通常不把它當作一回事。他們的反應與該名受害者的身分很有關係——那是一個住在泰勒公園，年約三十出頭的傢伙，整個社區的人都叫他「瘋子尼基」（Crazy Nicky）。

事發當天下午之前，尼基一直是「街角兄弟」的邊緣人物，偶爾會參加音樂影片的演出，他總是喜歡站在後排，比出代表「街角兄弟」的手勢。只要「街角兄弟」得到想要的效果，尼基大概也僅參與到這種程度而已。正如他的綽號所示，街坊們都知道尼基有嚴重的精神障礙，同時也有物質濫用的問題。根據數名居民所言，尼基很常在對話與骰子比賽中插話，口齒不清，毫無邏輯可言，讓在場所有人都覺得很煩。我第一次遇到他時，他用炫耀幾顆亮粉色「搖頭丸」的方式來歡迎我。他開玩笑地說要給我一顆之後，丟了四顆搖頭丸到他自己嘴裡，嚼一嚼然後吞下去。每當薩維爾與多明尼克陷入嚴重憂鬱時，他們通常會花更多時間跟尼基待在一起，用「天使塵」捲菸進行自我療癒。尼基也比社區中大多數的居民更常在刑事司法體系中兜轉，當地巡警都很認識他。每當尼基露面，不受歡迎的戲劇性場面很快也會跟著出現。

雖然尼基與「街角兄弟」的關係並不密切，但他在各個社群媒體上極度誇大了自己在「街角兄弟」中的角色。他用「街角兄弟尼基」作爲臉書、推特與ＩＧ的使用者名稱，在社群媒體上，他看起來是「街角兄弟」的核心人物，就跟史提夫、吉歐或德馬庫斯一樣。所以，當尼基最後被想要偷走「街角兄弟」熱度的對手盯上時，一點也不令人感到意外。

事情發生在某天傍晚，當時尼基去了附近的家多樂（Family Dollar）商店，該店位在由「謀殺鎮」派系所掌控的區域。當他離開商店時，四名與「謀殺鎮」有關係的年輕人把他逼到角落，掏出槍，然後開始錄下整個過程。攻擊他的人接下來所做的事，如今看起來很眼熟：首先，他們驗證他的身分，要他確認自己確實是「街角兄弟尼基」無誤；接著，他們強迫他在死亡威脅下，幹譙「街角兄弟」，逼他喊出「去你媽的街角兄弟幫」；現在，他們手邊有了足以證明尼基是孬種的證據，於是便放走了他。尼基一路跑回「街角兄弟」的地盤，此時影片已經開始在臉書上流傳。「街角兄弟」看到尼基沒有「戰鬥」——為自己挺身而出與捍衛「街角兄弟」的名聲——立刻聲明與他斷絕關係，並且要求他刪除他在社群媒體帳號中提到他隸屬於「街角兄弟」的所有內容。從那時起，他們在實體距離與社交距離上都更加疏遠他，不讓他參加他們的社交聚會與音樂影片拍攝。

「街角兄弟」對於這起事件應付自如，他們接著轉往社群媒體發佈貼文，否認尼基是「眞正」的「街角兄弟幫」成員，此外還貶低了「謀殺鎭」想要堵到他們手無存鐵的企圖。

「我們讓那群蠢尼哥知道他們就是一群腦殘的傢伙，」我跟小鬼還有史提夫坐下來討論這個影片時，小鬼這樣說，「尼基這傢伙不怎麼對勁，他就是個**白癡**，你也看過他的樣子，『謀殺鎭』那些人**知道**他不對勁。」小鬼指了指自己與史提夫，「他們知道，要是他們對**我倆**當中任何一個人幹這種事，我們會把他們轟到屁股開花。有眞本事的傢伙才不會像尼基那樣。」

小鬼與「街角兄弟」其他人以這個邏輯在該影片的留言區留言，堅持「謀殺鎭」才沒有**眞的**堵到他們手無寸鐵，他們只是攻擊了一個心智狀況有問題的街坊鄰居，而這個人跟「街角兄弟」算不上有什麼關係。因此，「街角兄弟」沒有理由覺得自己受辱。眞要說的話，他們反而有理由大笑，因為這根本更加證明了「謀殺鎭」都是群孬種，不願意挑戰眞正的「街角兄弟」成員。「謀殺鎭」的人駁斥了「街角兄弟」的這番說法，但最終還是輸掉了網路上的口舌之爭。這支影片與它貶低「街角兄弟」名聲的潛力，終究還是逐漸從大家的爭論中淡去，現在在網路上只有些許蛛絲馬跡可循。

尼基遭遇的考驗，有助於我們深入了解知名鑽頭歌手與其所屬幫派如何應對名譽受損的情況。首先，這些事件不會自動引爆暴力的懲罰行動，尤其當鑽頭歌手與親近的支持者能夠輕易地透過線上方法制止這些攻擊活動時。不過，沒有發生流血衝突不代表沒有造成持久的效果，像是尼基這樣被堵到手無寸鐵的年輕人，將面臨被親朋好友排擠的惡果。鑽頭歌手與他們的同伴害怕面臨這樣的狀況，因此若情況允許，他們會避免在沒有槍手與一群兄弟陪伴或沒帶公用手槍的情況下離開社區，結果造成了都市環境新的現實情況——像是「街角兄弟」這類以社群媒體為導向的各個幫派，以額外的戰鬥人員及火力作為後盾，在全新且更多的公共空間當中相互對峙。「街角兄弟」告訴我說，現在的槍戰都爆發在他們以前認為能夠逃離幫派暴力的地方，像是芝加哥市中心洛普區、湖畔步道、六旗遊樂園（Six Flags Great America）與威斯康辛水上樂園（Wisconsin water parks）。以往，他們可以在這些地方稍作喘息，逃離不同社區之間較勁的戲劇化場面。

再者，尼基遭遇的考驗反映出那些煽動挑戰的人所面臨的困境。試圖挑釁的人通常得仰賴機緣巧合，祈禱自己有機會能與他們想要竊取熱度的對象爆發衝突。小鬼與傑文所遇到的攻擊正是如此，襲擊小鬼的人開車在路上晃時碰巧認出了他；但是在尼基遭受攻擊的事件當中，我懷疑要是「謀殺鎮」的人有辦法，他們會更想要堵到阿傑、薩維爾或其他更出名的「街角兄弟」成員手無寸鐵，但他們幾個那天都沒有出現在「家多樂」商店，只有尼基這個邊緣人物受到襲擊的經過被記錄下來，這對於提升「謀殺鎮」的熱度其實沒有什麼幫助。「謀殺鎮」在這個事件中所面臨的困難，正是犯罪學家與其他研究暴力的學者長久以來提出的看法：與一般大眾所想的相反，試圖採取攻擊的人若是想要襲擊特定對象，就必須克服平凡但很重要的後勤障礙。[16]舉例來說，飛車槍擊所需要的不只是能夠取得堪用的武器、車輛、駕駛以及扣下板機的人，也需要精準知道目標對象確切的行蹤。[17]

社群媒體讓挑釁者能夠克服最後這項障礙。今日，拜微網紅「永遠在線」的特質所賜，挑釁者不再那麼需要靠運氣，只需要密切監控鑽頭歌手在社群媒體上的貼文與活動，就可以蒐集到可供行動參考之用的情資，讓他們的襲擊行動更即時、精確與致命。「街角兄弟」的主要槍手史提夫每天都會秘密監控對手在社群媒體上的活動——這是某種形式的橫向監控（lateral surveillance），年輕人稱之爲「潛伏」（lurking）。[18]史提夫的目的是拼湊出潛在目標的生活習慣、行蹤、人際關係與即時了解對方在什麼情況下沒有防備。這些資訊讓他有機會在他想要的時候鎖定對方，與之對決，並且傷害他們。我曾經請史提夫解釋槍手如何利用社群媒體鎖定他們的目標對象。

「現在呢，」他開始說，「有人就潛伏在那裡偷窺，準備好餵別人吃慶記，媽的，社群媒體讓整件事變得更容易了！大家都知道你在幹嘛、吃什麼或是你跑出門，超容易的，每個人都有做功課。大家在自家門前拍照時，甚至不曉得仇家正在看他們的ＩＧ，在那裡穩穩地等著。」

史提夫預料到我接下來會問什麼，於是用某個假設情境來說明社群媒體如何提供更進一步的詳細資訊。「是這樣的，」他講話的節奏變慢，帶了點教育意味，「以前，仇家知道你住在**哪個街區**，但不會知道你住在**哪棟房子**，也不知道**你家長怎樣**，但現在他全都**知道**，他完全知道你的巢穴看起來是怎樣。現在他把你的底摸得一清二楚，把你當獵物，而你甚至不曉得他有這些資訊。一切都跟資訊有關！」

有時候，這些年輕人會強調「把對手的社群媒體內容記下來」很重要，他們堅持記住目標對象居住的房子有什麼特色、他的車的顏色與型號、他最喜歡的穿著打扮以及他的摯友與家人長怎樣。最厲害的槍手還會仔細注意敵人在社群媒體上更新內容時的時間與地點，藉此開始預測對方在何時何地將會處於隻身一人、手無寸鐵、對於偷襲毫無防備的狀態。

由於我跟「街角兄弟」的關係密切，因此我不曾有機會觀察到他們的對手如何蒐集關於他們的情報。不過，「街角兄弟」倒是告訴過我他們如何利用看似無害的社群媒體內容來策畫協調一場攻擊行動，目標對象是正開始在鑽頭世界中嶄露頭角、以「煙P」（Smoky-P）之名行走江湖的鑽頭歌手。幾個「街角兄弟」在攻擊事件後告訴我，他們早就在監控「煙P」的臉書、IG與推特帳號，已經拼湊出來他每日行蹤大致上的狀況。由於「煙P」有自拍的習慣，「街角兄弟」因而得以發現他一星期當中有好幾天下午會獨自走路去附近賣酒的小店。於是，他們開始在那些特定的日子與時間開車經過該地點。他們看到了「煙P」獨自一人離開商店，這證明了他們在網路上的潛伏行動顯然有效。據「街角兄弟」所言，他們其中一人悄悄靠近「煙P」身邊，對他開了好幾槍。「煙P」沒死，但性命垂危，送醫急救。直到今日，「街角兄弟」還是不肯告訴我究竟是誰扣下板機。無論如何，他們倒是公然稱頌事件當中的某個關鍵細節——那就是，他們趁「煙P」正心不在焉地看手機準備自拍的時候，朝他開槍。

挑戰別人的眞實性還有另一個常用的技巧，「街角兄弟」有時會稱之爲「好膽別走」（calling bluffs）。我們不斷地看到鑽頭歌手如何在社群媒體上誇大自己的暴力人設與行爲，他們跟朋友與幫派夥伴一起上傳凶狠的文字內容與照片，內容全都是他們在捍衛地盤（或「待在街區」）、亮出槍枝與比出代表幫派的手勢、嗆對手沒膽量「溜」到他們的社區來開槍。對手的回應方式則是試著揭穿這一切都是假的、嗆聲對方才不敢按照他們自己所說的採取行動，有時還會跑到鑽頭歌手理應待在的地點，記錄對方根本不在場或是不像他所宣稱的擁有那麼多支援或武力，並且用手機鏡頭小心翼翼地錄下了路牌與相關地標，以證實自己所提出的反面證據。

我待在泰勒公園的第一個月時，「街角兄弟」鄰近的對手之一「皇冠鎮」（Crown Town）頻頻放話，要「街角兄弟」有膽就放馬過來。我一開始看到的是「皇冠鎮」的某個成員在自己的臉書上貼了一段畫面模糊的短影片，內容是他跟幾個朋友暢行無阻地開車經過「街角兄弟」時常用來拍攝音樂影片的街角。與「街角兄弟」上傳到社群媒體的影像截然不同，「皇冠鎮」的影片捕捉到幾百碼的人行道上空無一人。他們還附加了以下說明：

街角兄弟的街區爲什麼乾到見鬼，笑死人了（y CBE block dry asl lol）

「皇冠鎮」用這個簡短的留言，叫大家注意「街角兄弟」根本名譽掃地。這段說明文字反問了「爲什麼」（y），儘管「街角兄弟」不斷宣稱自己在捍衛街區（block），但這裡根本看不到任何幫派成員（dry asl〔as hell〕），「街角兄弟」一點也不貨眞價實的證據，顯然讓「皇冠鎮」笑掉大牙（lol）。

「街角兄弟」跟所有被這種技巧鎖定的目標對象一樣，面臨了困難的抉擇：要嘛保持安靜，希望網路上的挑釁沒有被注意到，不然就是製作且上傳他們自己的證據，以駁斥對手所曝光的內容。這一次，「街角兄弟」選擇了後者。他們召集了很多成員，一起走到「皇冠鎮」先前錄下影片的街角，而我跟在他們後面一起去。他們在那邊錄下影片，然後上傳到社群媒體。影片內容是一大群人勇敢無畏地站在人行道上，比出象徵「街角兄弟」的手勢，狠狠地瞪著鏡頭要「皇冠鎮」有膽就再來一次。「街角兄弟」這麼做，有效地逆轉了挑戰，換成他們叫「皇冠鎮」有本事就放馬過來。兩個鐘頭過後，依然沒有任何「皇冠鎮」的成員出現，「街角兄弟」回到社群媒體上批評對手沒有採取行動。接下來的幾週，「街角兄弟」不斷重貼截圖與照片，提醒線上觀衆「皇冠鎮」根本就是一群孬種。

當時，我很擔心要是「皇冠鎮」接受了「街角兄弟」的挑戰，我會陷入接下來的雙方交火，無法脫身。我把阿傑拉到一旁，私下跟他談，要他記得他一開始向我保證的事——要是情況變得「太火爆」以至於我不適合待在那裡，他會告訴我。出乎我意料之外，阿傑根本沒把我的擔憂當作一回事，他很有把握「皇冠鎮」不會回來。

「他們不會回來啦，」他再次向我保證，「他們只是說說而已，跟你說實話，他們才不想要開火〔smoke，意指暴力行動〕。」

接下來的幾週，我跟「街角兄弟」其他成員談論到這次事件時，他們的看法也都跟阿傑一樣。狄米崔（Dimitri）是那天下午用手機錄影的年輕人之一，據他所言，大家都知道「皇冠鎮」回來的機率微乎其微。

「我們**曉得**他們那時不會再『溜』回來，」狄米崔解釋道，「大街上有將近二十個我們的人馬，**他們**再怎麼笨也不會想要試試看。他們在街角轉彎之前，我們就會開槍了。他們清楚得很。我不管其他人怎麼說啦，但沒有人**想**被槍打中吧？！他們會等到我們解散時才行動，就像是我也不會在**他們**全在場時，溜去找**他們**。我們會等到可能只剩一兩個人時才行動，不是他們全都在的時候！那根本是自殺！」

就像狄米崔所強調的，這段影片的內容——刻畫出一大群可能持有槍械的人——本身就有威嚇作用。此外，狄米崔知道當時「皇冠鎮」當中至少有兩個槍手無法出勤，這一點更是讓他有恃無恐。如他所言，「我（從他們個人的社群媒體帳號中）看到他們主要的槍手不在城裡，另一個槍手還在坐牢，其他人都不想開火。他們知道我們都不在場，所以才敢跑過來錄影，但他們才不是真的想要開戰。」

重要的是，我們必須記得線上觀眾完全不會看到背後這些算計。在缺乏這類第一手資訊的情況下，「街角兄弟」看起來比實際上來得更加暴力。他們看起來完全不怕死，儘管事情眞相是他們很有策略地降低了槍戰發生的可能性。

我後來與「街角兄弟」相處時才了解到，絕大多數試圖竊取熱度的行動都是像這樣在沒有流血衝突的情況下展開，因爲鑽頭歌手與他們所屬的幫派通常會很有意識地採取行動，確保這些挑釁行爲不會擴散到街頭上。事實上，竊取熱度最常見的方式完全侷限在網路空間裡，挑釁者在網路上利用社群媒體的可供性，公開駁斥、傷害或質疑鑽頭歌手與其所屬幫派精心呈現出來的人設。他們扮演事實查核者的角色，仔細搜查其目標對象的社群帳號，不斷地拿對方以前貼的內容來比對他們現在所宣稱的暴力犯罪行爲。要找到可能損及名譽的材料其實並不難，就如同媒體理論家哈爾庫特（Bernard Harcourt）所言，社群媒體上的每一則貼文、照片或自白——無論看起來多麼無傷大雅——都會是一小塊拼圖，讓別人可以拼湊與揭露線上表現當中的不一致性。[19]「街角兄弟」當中有幾個年輕人扮演了社群媒體看守員的角色，這是個需要小心處理的任務，因爲在ＩＧ上追蹤敵人或是在臉書上加他們爲好友，一般來說是遭到強烈禁止的。這些事情不只是提高對手的人氣指標這麼簡單而已，還會被解讀爲羨慕與缺乏安全感。涉及幫派的年輕人利用對手發出交友邀請的截圖，趁機公開羞辱對方的情況並不罕見。爲了避免丟臉，他們通常會建立假帳號或借用年輕女性朋友與家人的帳號，偷偷摸摸地潛水觀察。當他們看到特別具有毀滅性的資訊時，就會立刻採取行動，在網路上大肆散播。

吉歐可以說是「街角兄弟」當中的科技達人，他常常在做這樣的事。他幾乎每個星期都會跟朋友分享哪個芝加哥鑽頭歌手被捕、遭到槍擊或受到侮辱的最新八卦。吉歐最熱愛的興趣之一就是製作並散播粗糙的網路「梗圖」——加上搞笑文字的小張圖片——取笑對手的外表或是跟他們死亡有關的事。社群媒體平台上充滿了這種攻擊，舉例來說，雖然「小喬」柯爾曼都已經死了好幾年了，但他的對手仍持續在網路上散播對他不敬的梗圖，想要削弱他所屬的幫派所宣稱的冷酷無情與優越地位，其中幾張最受歡迎的梗圖嘲笑柯爾曼，說他被開槍射殺時據說正騎著兒童腳踏車。

吉歐最受歡迎的梗圖把矛頭直接指向了敵對的鑽頭歌手「羅克老大」（Boss Roc）。當時，「羅克老大」是距離泰勒公園大約一英里遠的幫派組織中最出名的成員。「街角兄弟」當中沒有誰眞的見過「羅克老大」，但他們看來似乎越來越討厭（還有嫉妒）他。「羅克老大」的人氣在過去兩年間一飛沖天，現在已經超過了「街角兄弟」。他發佈了一連串充滿煽動性的diss曲與音樂影片，侮辱幾個洛杉磯與紐約的主流饒舌歌手，然後立刻得到跨國音樂部落格與嘻哈雜誌的關注。「街角兄弟」不滿地表示「羅克老大」的音波襲擊與毒梟人設實在非常虛僞。他們還批評，找外地饒舌歌手的麻煩實在太容易了，因爲「羅克老大」永遠都不會被迫得要證實自己講出來的話。

在「街角兄弟」一片罵聲之中，吉歐想出了一個計畫，可以「炸掉」「羅克老大」的虛假面孔。他

嘲笑「小喬」柯爾曼之死的自製梗圖。最後一行的縮寫是：「太讓人搖頭了」（Shaking my damn head）與「笑掉我的大牙」（Laughing my ass off）。（https://wallpapersafari.com/w/AwOLfk，二〇一六年十一月八日取得）

花了一個下午的時間搜尋「羅克老大」的各個社群媒體帳號，想要找到證據證實「街角兄弟」的說法，結果他很快就發現了他想要找的東西。看起來，「羅克老大」在上傳「摟著女人、比出代表幫派的手勢與對著鏡頭擺姿勢」的ＩＧ與臉書照片時，越來越粗心大意。吉歐注意到在橫跨好幾個禮拜的時間所拍攝的很多照片當中，「羅克老大」看起來都穿著同一條內褲。吉歐用手機截圖了一大堆這種照片，並且快速地用手機上的照片編輯應用程式裁切與重新調整這些照片的大小，組合成拼貼圖片。他把成果上傳到臉書，並且附加了說明文字：

這個蠢尼哥只有一條內褲怎麼會是毒梟啦（Dis fu Nigga got one pair of boxers How he a drug lord）

吉歐想要傳達的訊息很直接：倘若我們只聽「羅克老大」的歌、看他的音樂影片與他上傳到社群媒體的內容，可能會想像他靠著搶劫與販毒賺得肥滋滋。但是，他似乎只買得起一條內褲，至少從吉歐的梗圖看起來是這樣。如果這是眞的，那麼「羅克老大」宣稱自己的犯罪事業很賺錢，根本就是說謊，他看起來就會是個騙子。吉歐之所以知道「羅克老大」很可能日復一日都穿著同一條內褲，正是因爲他跟「街角兄弟」其他成員也都做同樣的事。我跟「街角兄弟」待在一起的那段日子裡，絕大多數成員都只有三到四件衣服。無論在社群媒體上看起來怎樣，實際上這些破舊的「行頭」通常都沾滿了污漬，破破爛爛。等到需要在鏡頭前表演時，他們會套上昂貴的運動衫、名牌牛仔褲以及戴上閃閃發亮的人造珠寶。要是拿不到這些行頭，他們就乾脆打赤膊。美國都市街頭有個流行說法：「眞貨識眞貨」（Real recognize real），而這種以數位爲媒介的新型態挑戰則是說明了反之亦然：「假貨識假貨」（Unreal recognize unreal）。

吉歐的梗圖在接下來的二十四小時內爆紅。一開始是在「街角兄弟」間瘋傳，然後是泰勒公園的其他年輕人，接下來又流傳到芝加哥其他社區，最終擴散到全美各地的使用者。一時之間，各式各樣的社群媒體觀衆群起攻之，質疑「羅克老大」的衛生習慣以及他的網路人設。我等著看他將會如何回應，但結果有些出乎我意料之外。他輕鬆自在，完全不把這張梗圖當一回事，說這件事一點也不重要，甚至還在自己的帳號上轉貼了這張梗圖，同時很有技巧地附上一些說明文字。首先，「羅克老大」藉此機會提醒線上觀眾：盒裝內褲本來就有很多條，事實上他在每一張照片裡都穿著全新的內褲，以此證明他手邊有很多現金，並非像吉歐的梗圖所說的那樣；接著，他更進一步逆轉形勢，把球丟回去「街角兄弟」身上。他強調，真要說的話，「街角兄弟」想要朝他身上潑髒水的舉動，事實上反而提升了他的人氣：這個梗圖爆紅，勾起了大家的好奇心，為他的社群媒體內容帶來了更多流量，追蹤他的使用者暴增，而他的YouTube影片也迎來了新一波的觀看次數。他甚至還感謝這個梗圖的無名創作者在不經意間幫他建立起更多熱度。吉歐被惹毛了，但沒有不爽太久，他很快又回去繼續創作新的梗圖，嘲笑「羅克老大」與其他他討厭的鑽頭歌手。

黏在身上的名聲

對於小鬼與他的家人來說，傑文之死影響甚鉅。在小鬼奮力與失去摯友的心理創傷搏鬥之際，他媽媽塔莎計畫要帶著四個孩子搬離泰勒社區，越遠越好。塔莎與某些「街角兄弟」成員的爸媽不同，她很積極地在使用社群媒體。她再三看到揚言要殺掉小鬼的推特文，也在臉書上看到敵人大放厥詞，說會查出她家地址，殺了她們全家。此外，她對於警探上門施壓要小鬼指認兇手，感到無比厭倦。她清楚知道，小鬼若是跟警方合作的話將會付出怎樣的代價。

因此，傑文死後三個月，塔莎把全部家當打包進「U-Haul」自助搬家的卡車，準備前往芝加哥北區。她姪女同意讓她們一家五口暫時借住在她家，那裡離泰勒公園大概有十英里遠。塔莎鬆了好大一口氣，她的孩子總算可以待在安全的地方，小鬼亦有同感。他們搬家前夕，我跟小鬼兩個人坐在我的車上，追憶傑文。小鬼坦率地承認他想放棄他的鑽頭音樂夢。

「我因為鑽頭音樂這些事被人開槍，」聊到一半，他這樣說，「然後我還是沒有拿到唱片合約！」雖然小鬼在槍擊事件發生後的幾個月間，收到其他一心想成名的鑽頭歌手蜂擁而來的跨刀邀約，但他自問以失去最好的朋友為代價是否值得。傑文的死對於小鬼來說是「覺醒時刻」——這正是社會學家瓊斯（Nikki Jones）所說的「由外來事件所觸發的反思時刻，為時短暫，促使一個人去思考（就算只是超縱即逝）是否要改變生活方向。」[20]「鑽頭這些東西對我來說沒用了，」小鬼繼續說，「我受夠了。音樂、幫派、所有的事，甚至是我那些兄弟，我不幹了。我只想要完成學業然後離開他媽的芝加哥。」

我發現自己跟小鬼還有塔莎一樣樂觀，也認為此次搬家終於能夠讓小鬼與泰勒公園、「街角兄弟」還有他們一長串的南區敵人保持一點距離。小鬼總算可以在新的社區與學校，展開全新的人生。

我們全都錯了。

小鬼在新家門口爬出搬家卡車的那一刻，便領教到了網路上的名聲是如何緊黏在他身上。據他所述，有一群年輕人從附近的門階朝他走來。雖然他不認得他們，但其中一人喊出了他的名字。那個陌生人講話時，用手指比出了「A」與「K」，表示他隸屬於「萬能騎士」（Almighty Knights）——這是「謀殺鎮」的「母公司」，也是與「街角兄弟」競爭最激烈的對手。看樣子，「萬能騎士」當中顯然有一個小支派掌控了小鬼剛搬來的這個社區。

小鬼與塔莎驚慌失措，趕在其他「萬能騎士」成員到達之前，快速地把其餘的家當卸下。小鬼一進到屋內，就重新擬定了他的計畫。目前看來，學校的事暫時得等一等。在沒有「街角兄弟」夥伴的保護下，這個新社區對他來講甚至比泰勒公園**還要危險**。他認爲自己需要一把槍來防身，於是打了電話給「街角兄弟」某個成員，請他把槍一路送到北邊來。此後，小鬼只要一出門，必定會把槍掛在腰間。他告訴我說，他不過初來乍到幾個禮拜，就有兩次得把槍「亮」（up）出來給「萬能騎士」看。

若說小鬼差點被殺一事說明了微網紅名聲如何把年輕人拉進意料之外、有時甚至致命的新型態衝突之中，那麼「萬能騎士」大喇喇地站在小鬼新家門口威脅他，則顯示出微網紅名聲對於想要擺脫數位內容生產、幫派與犯罪行爲的鑽頭歌手來說，如何造成了新的障礙。對於在數位社群媒體普及之前就已成年的年輕人來說，街頭法則受到時間與空間限制的特性，讓犯罪學家常說的「老化減失」（ageing out）成爲可能。「絕大多數反社會的小孩不會變成反社會的成年人。」這是社會學家戈夫（Walter Gove）在三十多年前所說的至理名言。[21]大多數的年輕人在進入成年時會經歷關鍵的「轉捩點」，像是搬到新的社區、有小孩、結婚、工作穩定或追求更高的學歷。他們與家庭、工作或學業間會形成全新且更強烈的情感連結，中斷了他們之前惹事生非的模式，並且由於成年人的社會網絡所形成的非正式社會控制逐漸增加，有利於社會的往來對象與身分取代了之前爲非作歹的同儕與自我認同，導致街頭法則的影響力因而下降。[22]如同瓊斯所言，這些重要的轉捩點發生之前，幾乎全都有所謂的「覺醒時刻」，就像小鬼所經歷的一樣。「覺醒時刻」就像是某種預先發生的轉捩點，讓年輕人事先做好準備，面對改變，並且創造出情感面、社會面與實質面的條件，好讓轉捩點能夠扎根。[23]

可惜的是，數位生產與微網紅名聲讓這個過程發生短路，揮之不去的網路名聲切斷了「覺醒時刻」與「轉捩點」之間的連結。年輕人的暴力行爲與外表永遠存檔在社群媒體平台上，使得鑽頭歌手就算經歷了覺醒時刻，決定要離開之前待的社區、重新回到學校、建立家庭、找一份正式的工作，他們都得處理「之前的線上內容持續甚至是無限期存在」這件事。就算他們關閉社群媒體帳號，不再參與線上活動，他們的敵人與潛在的攻擊者可能已經記住了他們的長相與其他辨識資訊。事實上，這段有望因爲年齡增長而擺脫犯罪的期間，正是年輕人最容易受到攻擊的時刻，因爲此時他們很可能會在手無寸鐵且缺乏幫派保護的情況下，從事與幫派無關的活動與社會角色。在社群媒體時代，「覺醒時刻」可能會讓一個年輕人就此喪命。

在「街角兄弟」的成員當中，大概沒有哪個例子比史提夫所經歷的事更適合拿來說明這種困境的了。十九歲的史提夫是「街角兄弟」最令人聞風喪膽的槍手，他在網路上的人設讓他無法改變跑道，往更傳統與安份守法的路上前進。他改變心意大概是我在泰勒公園待了一年左右時的事，當時我注意到他在社區裡鬼混的時間變少了，而且出現時比以往更加保守。「街角兄弟」錄製新的音樂影片時，他常常站到一旁，閃得遠遠的，或乾脆就躲到鏡頭之外。

不過，一直到我載他去與緩刑監督官進行每週例行會面的路上，我倆在車上獨處時，我的猜測才得到證實。大約開到一半的路程時，他伸出瘦長的手指，把車上的音響轉小聲。

「我有事要告訴你，」他坦承，而我可以感覺到他很放鬆。他深吸一口氣，然後長長地吐氣，「老哥，我小孩快要出生了，我就要當爸了。」

「太棒了！」我對他說，並且恭喜他。

我們討論了一下預產期、他跟孩子的媽之間的關係、以及他對於要當爸爸的感想。他告訴我說他很興奮，但是對於突如其來的責任感到不知所措。「我不能再繼續待在街區弄那些幫派的事了，」他信誓旦旦地說，「我小孩就要出生了，我得要照顧他們母子倆。我要是死了或坐牢，會沒辦法照顧他們。」

史提夫說他很努力要離開「街角兄弟」。他已經搬離泰勒公園，去跟他祖母住。他祖母住在遠南區，離他小孩的媽更近。他找工作找了幾個禮拜，總算在一家離芝加哥約有一小時車程的冷凍食品倉庫找到大夜班的工作。他說，通勤時間超長，但公司每天提供兩班往返於市區與倉庫之間的接駁巴士。史提夫沒有高中學歷，工作經驗也是坑坑疤疤，所以他很感激能找到這份收入穩定的工作。我聽到他說他打算成爲「顧家好男人」時，非常開心。根據犯罪中止的相關研究所示，史提夫正是在做爲了建立遠離暴力與犯罪的新生活所需要做的事。在「覺醒時刻」之後，他開始遠離爲非作歹的同伴，爲自己建立了有利於社會的新身分認同，而且他也開始花更多的時間在家庭與工作上。他的轉捩點即將到來。

然而，由於史提夫在社群媒體上大量曝光，使得金盆洗手的路比他所想像的還要更崎嶇。他沒辦法擺脫自己過去在網路上曾苦心經營的名聲。新工作開始後沒幾個月，有一天他跟同事站在接駁巴士站牌前，巴士很快就來了，前一班的員工疲倦地下車，其中有一個人注意到了史提夫。那個陌生人朝史提夫走來，信心滿滿地問他是否就是「街角兄弟的史提夫」。史提夫對於傑文之死記憶猶新，因此拒絕回答，但他的反應正是那名陌生人所需要的答案，於是那名陌生人臉上帶著滿意的笑容走開。

這個短暫的互動讓史提夫很緊張，而他的擔憂確實很有道理。「我不認識他，」史提夫一邊回想，一邊這麼說，「但他認識**我**。大家因爲（音樂）影片所以認得我，他們一直在研究那些東西。」史提夫沮喪地嘆了口氣，「從他看我的樣子判斷，我敢說他肯定是哪個仇家，現在他知道我在哪工作了，知道我每天都會在**同一時間**出現在**同一個**站牌。」史提夫很擔心下班後會被偷襲，於是那天就沒搭上接駁巴士，之後也沒有。雖然他很努力想要跟「街角兄弟」劃清界線，但他依然是敵人眼中值得趁虛一試的攻擊目標。「我才不會讓仇家在我下車時堵到我，」他發誓，「我才不會讓他們堵到我手無寸鐵。」這份低薪工作不值得他拿命來換。

還好，史提夫花了不到一個月的時間就找到另一份工作，這次是在芝加哥郊區的某個倉庫做體力活。但是，新工作開始後才一個禮拜又有另一個陌生人因爲「街角兄弟」的社群媒體內容而認出他來。史提夫再一次因爲害怕遭到偷襲而離職，他不想冒任何風險。

幾個禮拜之後，史提夫無法逃離自己的線上身分這件事變得更加明顯。他回泰勒公園時，有一輛路過的車朝他開火。事後，他打電話給阿傑、薩維爾與小鬼，提出一項大膽的要求：時時刻刻保持警覺讓他覺得很累，所以他拜託他們每一個人刪掉或重錄顯示出他與「街角兄弟」有關係的近期照片或音樂影片。他打電話給阿傑時，我正好在場。阿傑想都沒想就拒絕了史提夫的請求，甚至說他這麼害怕被攻擊，根本就是個「婊子」。就目前的討論來看，阿傑的反應很合理，因爲他若想要維持自己作爲街頭暴徒的眞實性，就需要史提夫以及史提夫身爲勇敢無畏的槍手的名聲。幫助史提夫「改過向善」等於是剝奪了阿傑身邊最有力的資源，讓他無法證實自己貨眞價實。

阿傑拒絕史提夫的請求，反映出鑽頭歌手與他們的同儕試圖擺脫暴力名聲時所面臨的另一層困難：大多數有他們長相在內的線上內容，實際上並不歸他們所有。我們之前提到過，由於這群年輕人相對而言缺乏資源，因此得仰賴錄影師、部落客與YouTube頻道主持人等各種第三方人員協助上傳、存放與散播他們製作出來的內容。這一點讓他們幾乎不可能刪除網路上流傳的關於槍枝、毒品與犯罪行爲的圖像。只要還能繼續吸引點擊數、觀看次數與錢，螢幕上的這些內容就仍然會留在網路上，一切都由內容擁有者來決定。與幫派無關、「主流」的個人以這種方式，造成了微網紅名聲所帶來的潛在致命後果。

這些第三方有時候無可否認地造成了負面影響。今日，越來越多的部落格與YouTube頻道致力於提供幫派戰爭與饒舌歌手間「較勁」的即時新聞給好奇的觀眾看。最新的挑釁事件或槍擊事件當中的煽動性內容會帶來點擊數，而點擊數帶來的是廣告收入。為了讓利潤源源不絕地流進來，部落客會密切關注知名鑽頭歌手的社群媒體帳號。當他們注意到正在醞釀之中的衝突時，便會上傳最新消息到自己的網站與頻道上。最常見的技巧是拍下幫派之間在社群媒體上火爆交鋒的截圖，把這些影像剪輯成簡短的系列影片，再搭配上氣氛不祥的鑽頭音樂節奏，然後上傳到他們自己的YouTube頻道。他們替這些影片下了「推特較勁」（Twitter Beef）的標題，並且列出每個人的名字與他們所屬的幫派。隨著這些衝突升溫，頻道主還會上傳更多影片，加上最新的推特發文與後續報復行動的相關報導。

就外人看來，這些部落格與頻道似乎只是在記錄正在進行當中的衝突，但這些第三方實際上正積極地挑起新的敵對意識，同時針對已經發生的衝突煽風點火。事實上，拜其中某個頻道所賜，「街角兄弟」發現自己竟意外陷入與「年輕惡棍」（Young Thug Entertainment, 簡稱「YTE」）間的戰爭。「年輕惡棍」掌控了離泰勒公園超過二十個街區遠的一小塊地盤，叫做「迪鎮」（Dee Town），用來紀念他們被殺害的其中一個成員阿迪。過去五年間，有幾個「年輕惡棍」的饒舌歌手獲得全國矚目，好幾支YouTube影片爆紅，觀看次數超過兩百萬次。

雖然「街角兄弟」與「年輕惡棍」之間的戰爭後來快速升溫，但起因卻是一段隨便拍攝的手機影片所造成的無心結果。「街角兄弟」跟無數青少年一樣，很喜歡拍下自己正在抽大麻的樣子。他們瞪著鏡頭，深吸一口大麻捲菸，然後讓細細長長的濃煙從口中逸出。在某個悠閒的午後，薩維爾與瑞奇坐在鄰居家，上傳自己嗑到嗨的影片。在他們高聲嘻笑之間，鏡頭捕捉到瑞奇漫不經心地說他正在「抽『迪牌』菸」。這句話對於芝加哥幫派年輕人來說非常嚴重。我訪談過的每一個芝加哥青少年都說，這大概是最高等級的不尊重與侮辱，意思是他們把亡者（在這裡指的是阿迪）的骨灰混進大麻捲菸中拿來抽，一想到那人的死就很嗨。薩維爾與瑞奇不經大腦的言論很快就帶來惡果，不到幾分鐘的時間，這段影片在社群媒體上流傳，傳到了「年輕惡棍」那邊。他們對於無緣無故遭到冒犯覺得很不爽，於是貼了一段毀謗班奇（「街角兄弟」被殺害的朋友之一）的話當作回應。接下來的幾天，「街角兄弟」與「年輕惡棍」繼續在社群媒體上叫囂互罵。

那週接近尾聲之際，很多第三方部落格與YouTube頻道跟上了這場戰爭的進度，包括「芝拉克野蠻人」頻道也上傳了影片，詳細紀錄這次口舌之爭的始末。在我寫下這段文字的時刻，其中一支影片已有二十萬個觀看次數。接下來的那個月，衝突升溫，粉絲與旁觀群眾紛紛留言支持自己最喜歡的「團隊」。雙方在這段期間都用了激將法，挑戰對方才不敢「溜」來他們的地盤親自送上侮辱。「年輕惡棍」叫「街角兄弟」有膽就放馬過來，他們還開車穿過泰勒公園，試圖想堵到手無寸鐵的「街角兄弟」

成員。雖然「年輕惡棍」的出擊行動沒有成功，但攻擊威脅在社區中盤旋，導致大家越來越疑神疑鬼與焦慮。這場衝突達到頂峰時，幾個「街角兄弟」表達了他們對薩維爾與瑞奇的不滿。

有一天晚上，我跟他們一群人站在一起，聽多明尼克、阿傑與迪孟特幹譙薩維爾與瑞奇。一夥人教訓起他倆，說根本就沒有必要跟「年輕惡棍」打這場仗，「街角兄弟」在網路上的確是贏得了一些關注沒錯，但現在整個社區都陷入了不必要的戰爭。當我聽到瑞奇開口道歉時，非常震驚，他可是整群人當中脾氣最硬的傢伙。

「這是我們的錯，」他懊悔地對其他人說，「事情**真的**很快就失控了。」

薩維爾也道歉了，但辯稱若非第三方部落格介入，衝突不會升溫到這種程度。「我們哪知道事情會像這樣爆開？大家嗨了之後都會講些屁話，我們不是**真的**要diss『年輕惡棍』，我們只是在瞎鬧。」

多明尼克繼續罵，「但你們不能這樣給我們惹麻煩。」

「是沒錯，」薩維爾勉強承認，「但這都是因爲他媽的『芝拉克野蠻人』，兄弟！他們一旦插手，我們也沒辦法啊！」

「是啊，」瑞奇在一旁幫腔，「現在大家都在看我們要怎麼辦，那**你**要怎麼辦？那群混蛋在diss班奇欸，講的全都是『去他媽的班奇』之類的話。我們必須講點**什麼**！要是我們不講點什麼，看起來就會弱爆〔foo，意指弱〕。」

第三方網站把鑽頭歌手明目張膽的表現播放給成千上萬的觀衆看，使得鑽頭歌手沒有辦法在網路爭端擴散到街頭之前，讓衝突降溫甚至彼此達成和解。拜「芝拉克野蠻人」之類的部落格所賜，薩維爾與瑞奇隨口說出的一句話，在更大且風險更高的公共舞台上被播送與遭到放大。整個鑽頭世界都在看，因此薩維爾與瑞奇知道若他們認錯，可能會傷害到「街角兄弟」每個人的名聲與集體名譽。結果，他們為了維持眞實性所付出的努力，再加上第三方部落格的介入，把整個社區推入了險境。「街角兄弟」很快就會明白，這些為了維護網路人設而不得不付出的努力，會以其他方式造成反效果，尤其是當這些線上表現落入刑事司法單位的手中時。

成為微網紅的法律代價

當我們談到鑽頭歌手的線上表現時，很難想像還有什麼樣的觀衆比警察、檢察官與法官更讓人意想不到但卻握有強大權力的了。自二十世紀中期「向犯罪宣戰」（War on Crime）的政策宣布以來，對於都市貧民來說，警方頻繁積極的接觸已是家常便飯。[24] 自一九九〇年代起，全美各地的警察部門採行巡邏政策，指示警員攔阻並搜身盤查看似可疑的路上行人。黑人居民遭到拘留的機率比白人多上兩倍。[25] 到了二十世紀接近尾聲之際，自一九七〇年代以來坐牢的人數已增加五倍之多，有超過兩百萬人在坐牢，另有四百萬人處於緩刑或假釋的狀態。[26]這些驚人的統計數字清一色是黑人居民，尤其是年輕的黑人男性。[27]身上有案底帶來了一大堆連帶後果，包括：被排除在公共與政府補助的住屋方案之外、求職受限、失去申請公共福利措施的資格、投票資格受限、遭到驅逐出境。[28]

都市貧窮社群被界定爲罪犯的狀況與隨之而來的諸多不利影響，在今日數位時代更形惡化。刑事司法人員利用社群媒體，更積極地偵查起訴被視爲幫派份子的年輕人，將他們定罪。[29]事實上，到了二〇一四年時，據稱約有百分之八十一的專業執法人員使用社群媒體作爲偵察工具，[30]當中最常見的狀況是，執法人員手動搜尋各嫌疑人在社群媒體上的個人資料，找尋目標對象涉及或將來可能涉及暴力活動的潛在證據。如同某個臥底的緝毒人員在二〇一六年時曾信誓旦旦地說：「如果有人要我現在挑出一個偵查工具……我每次都會選臉書……事實上，在過去兩年間，我還眞想不到哪一個案子我沒使用到社群媒體。」[31]爲了改善偵查行動的規模與速度，相關部門也轉而使用機器學習的演算法，並且與科技廠商簽約，徹底搜查社群媒體上的激進言論、槍枝圖片與其他可能與暴力相關的內容。法院人員同樣也仰賴社群媒體來起訴與定罪。事實上，幫派組織犯罪的案件中，現在有將近半數的證據來自於社群媒體。[32]

所以，即便鑽頭歌手與其所屬的幫派將他們的音樂影片與社群媒體上的其他內容想得很美好，認爲自己可以藉此途徑擺脫貧窮，但事實上這些東西卻更可能讓他們遭到逮捕與坐牢。遺憾的是，大多數人沒有學到教訓，直到一切爲時已晚，直到他們已建立了堅不可摧的線上名聲。事實上，我跟「街角兄弟」相處的大多數時間裡，我看起來是**唯一一個**擔心他們的線上行為會帶來法律後果的人。我最初跟「街角兄弟」進行訪談時，問過他們每一個人是否會擔心警察利用他們上傳的內容來對付他們，結果所有人都不認為有這種可能性，他們說警察「太忙了」，根本不會有閒工夫認真監視他們在線上的活動。當時，他們確實沒有理由往反方向去想，因為他們上傳的內容未曾害他們因此被捕或坐牢，也沒有誰因為這樣得跑法院。不過，這種情況並沒有一直持續下去，隨著時間過去，有跡象顯示他們已經引起了芝加哥警方的關注。我與「街角兄弟」認識後不到幾個月，薩維爾與阿傑走在街上時被警察羈押。警察攔下他們時，用他們在鑽頭世界中的化名稱呼他們，顯示出當地執法單位已開始在看他們的音樂影片。不久之後，一群國中生轉述警探在他們上學途中把他們攔下，逼迫他們說出「街角兄弟」下一支音樂影片的拍攝時間與地點。

然而，「街角兄弟」還是不把這些早期警訊當作一回事。「重點是，」阿傑的語氣一如往常地狂妄，「他們只是想要在我們拍影片時把我們抓起來。他們知道拍攝時我們手上有**槍**，這才是他們真正的目標。老哥，他們才不管我們怎樣咧，他們只在乎**槍**。」對於阿傑與其他人來說，只要他們對於接下來的影片拍攝保密，在錄製場景時小心一點，就沒什麼好擔心的了。由於線上活動或許可以帶來報酬，因此「街角兄弟」把「被界定為犯罪行為」的可能性拋諸腦後。除此之外，大多數的鑽頭歌手也認為與他們之前所從事的賺錢勾當（像是搶劫與販毒）相比，他們現在在做的事遠稱不上犯罪。

然而，隨著時間慢慢流逝，「街角兄弟」明白了他們在網路上的名聲與表現出來的樣子有多麼容易緊跟著他們進入刑事司法體系之中。多明尼克是第一個經歷「微網紅身分如何使得懲戒變得更加嚴重，逃也逃不掉」的人。他被警方指控持有槍械，而我陪他出庭。六個月之前，他站在自家公寓建築前時被警察攔下搜索，他們發現幾英尺遠的地方藏了一把槍，於是將他逮捕。與我所看到的所有槍枝案件一樣，法官判了多明尼克十二個月的密集觀護，包括每晚七點的宵禁限制與每週例行性毒品檢測。接下來的幾個月，警察隨機出現在他家門口，確定他有乖乖待在家遵守宵禁規定。雖然他很感激無需坐牢，但緩刑條件讓他無法繼續維持自己的鑽頭音樂事業。有案在身雖然讓他看起來貨眞價實，網路上的追蹤者也因此激增，但同時也讓他無法參加日落之後得待在外面的任何活動，包括到外地跨刀、在城市另一端錄影錄音或是在社區拍攝影片。

當多明尼克獲邀前往離芝加哥幾小時車程的大學城舉辦他這輩子第一次的演唱會時，他的失望之情變成了消沉沮喪。這是他等待已久的重大突破。當他告訴我這個壞消息時，整個人心煩意亂。他沮喪地咒罵，絞盡腦汁想找到辦法，看能不能在演唱會上表演，然後趕在緩刑官來他家進行每晚例行檢查前衝回家。多明尼克講得越多，我越是擔心他的計畫可能會害他去坐牢。當我建議他何不打電話給律師看看時，他立刻照做。律師的聲音從iPhone低音質的喇叭中傳來，他建議多明尼克可以寫信給法官，請求法官暫時解除晚上七點的宵禁規定。倘若多明尼克可以證明自己眞的是音樂家，且該場演唱會是他固定收入的重要來源，那麼法官可能會寬限個幾天。當律師跟他解釋整個流程時，他滿懷希望地笑了。

但是多明尼克掛上電話後沒多久，又再度愁眉苦臉了起來。這個新計畫有個重大瑕疵：到目前為止，法官只知道多明尼克的眞名，但不知道他充滿暴力的線上內容與他的鑽頭音樂化名「魯格」（Ruger）——取這個名字正是爲了向他最喜愛的槍枝品牌致敬。倘若多明尼克按照律師建議，那他就得把演唱會傳單的連結寄給法官，甚至可能還要加上他在YouTube上的一些音樂影片。他若眞的這麼做，法官對他的印象就會截然不同——一個著迷於武器的年輕人，公然吹噓他所宣稱的槍枝犯罪與謀殺未遂。多明尼克擔心法官不只會拒絕他的請求，甚至可能會撤回他的緩刑。最後，多明尼克決定不向法官請求寬限。他打電話給演唱會的承辦單位，請他們把自己從演唱會陣容中移除。他在線上的誇張表現已經變成了累贅。

多明尼克後來會很感激自己做了這個決定，沒有讓法官看到他的線上內容。不久之後，警方與檢察官開始在偵查與起訴中，更有系統地利用「街角兄弟」的YouTube影片與社群媒體貼文。有一次，阿傑在拍攝影片時，警察正好開車經過，他們趁機搜索了阿傑與其他四個站著當背景的「街角兄弟」成員。警方發現，有一把槍就藏在離其中一個年輕人不遠之處。那個年輕人名叫德龍，是「街角兄弟」的邊緣成員。他們當場逮捕他。接下來的幾個月，我從德龍的親朋好友那邊聽到關於他的最新消息。據他們所言，警方找到了那天的YouTube影片，並且把它當作證據，用來駁斥德龍辯稱那把槍不是他的。面對如此罪證確鑿的定罪證據，德龍決定不打官司對抗指控，這是他與律師一開始就做好的打算。相反地，他決定認罪協商，乾脆去坐牢。

「街角兄弟」的線上內容出現在法庭上的所有情況當中，小鬼的遭遇最讓人感到洩氣。傑文死後那一年對於小鬼來說很難熬，但他不知道的是，情況只會變得更糟糕。對小鬼來說，獨自一人走在社區街道上是很恐怖的事，所以每當他離開新家時總是槍不離身。由於在芝加哥街頭遭到盤查搜身的頻率之高，沒過多久小鬼就被警察攔下搜索且立刻在他身上找到武器。小鬼跟多明尼克一樣，也被判處密集觀護。對他來說，這是另一個「覺醒時刻」。他下定決心要完成緩刑相關規定，不要去坐牢，於是他避免與泰勒公園及「街角兄弟」有所接觸。此外，他也重新對懷孕的女友許下承諾、重新註冊上學、甚至在附近的速食店找到一份基層工作。讓小鬼感到非常沮喪的是，緩刑條件——來回花上三個小時去見緩刑官、強制接受毒品檢測——讓他很難完成學業、工作與家庭義務。即便如此，他還是堅持住了，成功地遵守了他的承諾。

幾個月之後，我載小鬼去法院。他很緊張，但態度樂觀。由於他表現良好，因此他預期法官可能會提早結束他的緩刑，或至少放寬監控標準。畢竟，他徹底避免了再次被逮捕、通過了每一次的毒品測試、他的英語老師稱讚他在學校確實很認眞，還爲他寫了支持函。然而，即便有這麼多的證據證明小鬼的自我轉變，他的緩刑官卻建議**不得減刑**，理由如下：從最近一系列的臉書貼文看來，小鬼與幾個仇家相互侮辱，內容挑釁且髒話連篇。緩刑官一直偷偷地在監視小鬼在網路上的行爲，在他眼中，小鬼最近上傳的內容再清楚不過地證明了他品德不良，還會繼續犯罪。這一點蓋過了其他所有能證明小鬼清白的證據，包括他在學校的傑出表現、新工作與支持函。

小鬼在整場訴訟當中保持沈默，隱藏怒氣，直到我們回到我的車上。他知道他說出口的任何話，都會被用來打擊他的品格。在我們總算返程的路上，他一股腦兒全部發洩出來，咒罵緩刑官完全誤解了他在社群媒體上的活動。據小鬼所言，那些言論固然激烈，但實際上他是爲了避免未來發生暴力事件所以才這樣做——嚇阻敵人，讓他們別伺機而動、別做出妨礙他努力「向善」的致命攻擊。

「他〔意指緩刑官〕到底要我怎樣？」小鬼反問，「我又不會對那些蠢蛋做什麼事〔意指實際攻擊〕。我正試著在做對的事，但我不能讓那些傢伙一直講幹話，自己卻一個屁也不吭。如果我眞的那樣做，我就死定了。我又不能永遠都待在我媽家裡，我得要出門工作、出門上學。如果這些傢伙在公車上看到我，以爲我又軟又甜〔sweet，意指軟弱〕，那他們肯定會把我撂倒〔get down，意指攻擊〕。但如果他們以爲我手上還有鐵仔〔poled up，意指擁有武器〕，就不會動手！」

接下來的幾個月，小鬼很難在緩刑條件與其他責任間取得平衡。他心想，何必呢？他的緩刑官與法官自以爲已經了解他是怎樣的人。他們要求的事，他全都照辦了，結果還是沒什麼不同。過沒多久，他就開始不去上學，最後連工作也放棄了。

＊＊＊

像是小鬼這樣的年輕人，很努力想在網路上建立「冷血無情的都市惡煞」的名聲，但一旦他們達成目標，卻很難準確預測別人將會做何反應。一方面，他們面對的是質疑並且挑戰他們真實性的競爭對手與仇家，那些人試著想要堵到人氣鑽頭歌手處於脆弱狀態的時刻；另一方面，他們面對的是數量龐大的專業執法人員，那些人也把這些社群媒體上的表現當作是真的。這群觀眾不會戳破鑽頭歌手的線上人設，反而是把這些內容當作是道德品格的直接表現，讓鑽頭歌手深陷刑事案件的糾葛之中。

就後者而言，年輕黑人男性在線上的表現太有說服力且太過於真實了。最新的研究結果顯示，百分之七十五的專業執法人員表示他們「自學」利用社群媒體來做犯罪偵查。[33]他們跟小鬼的緩刑官一樣，根據自己的主觀意識與對於社群媒體內容不正確的解讀（至少小鬼的案子是如此）來行動。治安懲治的相關研究長久以來皆指出，執法人員通常缺乏理解都市年輕人的文化實踐（無論是線上或線下）所需的文化能力與知識，[34]相反地，他們所憑藉的是「年輕黑人男性都是冷血無情的犯罪者」這種常見的刻板印象。

最近發生在紐約的事可謂是最糟糕的例子：一個名叫亨利（Jelani Henry）的青少年遭非法逮捕且被判處監禁在里克斯島（Riker's Island）長達十九個月（包括九個月的單獨監禁），主要理由是他在社群媒體上的活動，包括在臉書上對涉及幫派的貼文按讚。[35]美國各大城市（包括芝加哥與紐約）的警察部門越來越常根據人們在社群媒體上的活動（有時甚至僅根據此項資訊），把居民們納入幫派與犯罪資料庫中。[36]此舉對於黑人居民尤其會造成不成比例的傷害，他們可能遭到誤判的情況比白人居民多上七倍。[37]除了嚴重違反憲法人權之外，被納入資料庫亦使得失業、遭驅逐出境與失去住所的情況更加惡化。

到頭來，無論是史提夫努力斬斷自己之前與幫派間的關係、或是小鬼專注在工作、學業與家庭上，變得一點也不重要。對於任何正在瀏覽YouTube或ＩＧ的人來說——無論是今日還是四年之後——這群年輕人可能看起來就跟他們青少年時期一樣涉及幫派活動，貌似凶惡。第三方部落格與YouTube頻道致力於紀錄芝加哥的暴力事件並且從中獲利，使得整體情況變得更加嚴重。值得注意的是，出身較優渥的年輕人卻不會遭受如此僵固的線上身分所苦。隨著他們上高中、大學、正式進入職場與培養出各種成年人的興趣後，他們的成就與成功終將會抹去他們年少時在社群媒體上所發佈的不當內容，讓他們感到狼狽的內容會落在谷歌搜尋結果的最底層。但是，在泰勒公園這種地方長大的年輕人卻沒有如此餘裕。由於他們在起跑點上就處於劣勢，因此不太可能創造出夠多的數位足跡，好抹去他們在青少年時期所製作的煽動性內容。他們在網路上的過往，未來仍會陰魂不散地糾纏著他們。

這也正是「數位弱勢」最具傷害性的面向。不同的社群媒體使用者之間長久以來存在著不平等與道德層級，形塑了外部觀衆將會如何評價他們的線上內容，並且據此行動。當中產階級白人使用者貼了槍枝與其他危險武器的照片時，警方、檢察官與社會大衆完全無動於衷。二〇一八年我寫完這本書時，正好看到了這樣的照片。那年五月，肯特州立大學（Kent State University）的畢業生班奈特（Kaitlin Bennett）在推特上貼了一系列的照片，內容是她神態自若地揹著AR—10自動步槍穿梭在校園中。[38]照片中的她身穿一襲白色短洋裝，金色捲髮飄逸散落在大型突擊步槍的槍托上。她手拿畢業方帽，上頭寫著：「有種就來拿」（COME AND TAKE IT*），以此警告與挑釁不贊同她這麼做的人。不出所料，班奈特並沒有面臨任何刑事司法後果，真要說的話，她還因此受益，成爲了《美國憲法第二修正案》與「自由放任主義」相關運動中最新的寵兒。她甚至還利用她在網路上的惡名，取得了極右翼新聞網站「資訊戰爭」（InfoWars）的通訊員職位。與此同時，年輕黑人男性只因爲出現在內含槍枝的照片中，就面臨遭到逮捕、起訴與列入幫派資料庫中的處境，無論那些槍是否有塡裝彈藥、是否堪用，或根本就是假槍。班奈特可以任意威脅警方與其他政要，無須擔憂後果；但是像小鬼這樣的人要是對敵人講話強硬，所付出的代價就是自由，即便他這麼做是爲了避免實際上發生暴力衝突。

儘管危機四伏，每年還是有越來越多的都市年輕人正在加入線上注意力經濟的行列。他們的行動證明了他們渴望向上流動、拒絕接受其他選項，也證明了微網紅名氣確實很有吸引力。當他們偶爾與處境更優渥且更有權勢的崇拜者互動、有機會好好看一眼都市貧民窟之外的世界時，追求網路上的惡名對他們而言，甚至變得更具有誘惑力。這樣的時刻讓這群年輕人覺得主流世界中的功成名就彷彿就在眼前——只要他們能夠躲掉牢獄之災與敵人槍枝上的十字瞄準線，稍微再撐一下。

＊ 譯註：這是美國擁槍派人士經常使用的口號，源自於一八三五年時的德州獨立戰爭。當時，德州仍隸屬於墨西哥，當墨西哥軍隊要求德州居民交出手上持有的一門加農砲時，他們剽悍地回應「come and take it」，以此表示自己準備為自由而戰。

第六章

數位獵奇，體驗貧窮

小鬼跟我坐在燈光昏暗的機艙裡，飛機正停在洛杉磯國際機場的停機坪上，準備返回芝加哥。小鬼坐在我隔壁，睡得很沉，他的頭靠在薄薄的塑膠折疊桌上。他一身全新行頭，價格不菲：紅色的洛杉磯道奇隊棒球帽、羽絨夾克、True Religion牛仔褲與相搭配的Timberland麂皮靴子。他屁股後面的口袋鼓鼓的，很顯眼，那是一大疊全新的百元鈔票，總共二千一百塊美金。這些東西全都是他的忠實粉絲——二十五歲的查德（Chad Campbell），白人，很有錢——送給他的禮物。一個禮拜之前，查德邀請小鬼搭機前往他位在比佛利山的家，他想要認識一下他最喜歡的鑽頭歌手，了解更多關於芝加哥幫派戰爭的事，而且若一切順利的話，他還想學習如何成爲一個超人氣的鑽頭歌手。我在這趟旅程中了解到，查德對芝加哥鑽頭世界以及他們過於張揚地表現街頭那些事，**非常著迷**。過去幾年，他每天都花好幾個小時在看YouTube上的鑽頭音樂影片，剖析部落格上的文章，時不時就刷ＩＧ看最新消息。

查德並非唯一一個從遠處追星的人。我跟「街角兄弟」待在一起的那段時間裡，認識了四個曾被有錢的粉絲邀請去加州玩的年輕人。事實上，鑽頭歌手最讓人印象深刻的成就之一，就是他們抓住了芝加哥社區以外的觀衆的注意力與喜愛。拿「街角兄弟」最受歡迎的YouTube影片來說，分析數字顯示大約兩百萬次的觀看次數中，僅有百分之十四來自伊利諾州。[1]雖然伊利諾州的佔比還是最高，但其餘百分之八十六的觀看者來自美國其他各州與世界各地。紐約佔了百分之九，加州將近百分之八，加拿大與英國則分別是百分之七與百分之三。

像查德這樣的人作爲鑽頭音樂的粉絲，顯示出某些最忠實的外地消費者居住在看起來完全不像泰勒公園的地方。然而，鑽頭歌手在上傳充滿威脅感的照片與影片時，正是希望能讓這群主要受眾印象深刻。我們不得不問：爲什麼這些消費者如此深受鑽頭歌手涉及幫派的暴力內容所吸引，即使他們之間的實際距離與社會距離相差如此遙遠？[2]

要回答這個問題，我們必須仔細研究鑽頭歌手與他們製作的內容在消費者的日常生活中具有什麼樣的功能，也就是鑽頭音樂對查德這樣的人「做」了些什麼。[3]我在比佛利山這樣的地方看到了消費過程如何展開，開始理解到鑽頭音樂爲處境優渥的消費者帶來了踰越常軌、近距離但又安全的機會，讓他們可以跟貧民窟文化與典型的貧民窟居民互動。鑽頭歌手在滿足消費者窺視慾望的同時，也讓查德這樣的人有機會建立新的身分認同，覺得自己是別人所渴望的對象。[4]

這種模式的文化挪用並非新鮮事。芝加哥作爲美國種族隔離情況最爲嚴重的城市，長久以來一直都是所謂「貧民窟探險活動」（slumming）的中心。生活較爲優渥的居民持續不斷地在這些空間中探險，找尋純正的都市體驗、豔遇與其他刺激。從二十世紀早期開始，位於南區、由黑人所經營的俱樂部就開始販賣關於黑人貧困生活的幻想與刻板印象給有錢的白人顧客。根據歷史學家希普（Chad Heap）所言，「種植園咖啡館」（Plantation Café）與其他恰如其名的小酒館爲了取悅獵奇者而策劃的表演中，盡是些「加強版的滑稽黑人保姆、遊手好閒的都市花花公子與妖豔蕩婦。」[5]。這項傳統一直延續到二十世紀晚期，爵士樂俱樂部把貧窮黑人充滿種族意涵、普遍常見的形象變成商品——性慾旺盛、靈魂樂、天生節奏感強烈——販賣給希望能在南區小旅行當中「鬆一下」的白人狂歡者。[6]事實上，俱樂部老闆、經理與宣傳人員會故意僱用擅長演出種族刻板印象的表演者。

文化生產工具的大衆化，開啓了「貧民窟體驗」的新紀元。拜社群媒體所賜，貧民窟居民與獵奇者之間的關係變得更爲直接。YouTube、臉書與ＩＧ之類的網站讓那些希望能將個人與集體污名變成商品的人，不再需要透過經理、音樂表演場地、唱片公司與其他中介者，就能夠與想要「狂野一下」的人建立連結。同樣地，今日的獵奇者只需敲一下鍵盤，就可以看到如此道地的串流內容，數量多到幾乎數不清，而且還不必花任何一毛錢或挪動屁股離開沙發。當他們想要更多的時候怎麼辦呢？就跟其他形式的網路商業活動一樣，消費者可以讓他們最喜歡的商品（此處是指鑽頭歌手）直接送上門來，在家中安全又舒適地享受獨一無二的客製化體驗。

關於由社群媒體所主導的新型態「貧民窟體驗」，我跟在泰勒公園的居民身邊，記錄下了三個彼此相關卻又截然不同的形式。第一個例子是出身富裕的年輕人，藉著與刻板印象中的都市惡煞結盟，希望能脫穎而出，戰勝平庸。第二個例子涉及新興的性旅遊變種形式，富裕的女性找上鑽頭歌手，希望能得到新奇的性經驗。在第三個例子當中，中產階級黑人找來了鑽頭歌手，作爲他們展示體面（respectability）、道德與虔誠時的道具。重要的是，雖然這些跨種族與跨階級的交流在性質上可能是種手段，但未必充滿惡意。事實上，我所看到的互動絕大部分充滿善意。這些消費者通常把自己定位成慷慨的贊助人，爲了支持鑽頭歌手蓬勃發展的藝術事業而提供金錢、熱情與影響力。不過，撇開善意不說，此等消費行爲在社會學上具有重要的衍生後果。如同「街角兄弟」的經驗所示，這些關係具體展現出社會差異，使得污名遭到正當化且破壞了長久以來被理論所討論的跨文化交流優點。

鑽頭歌手作爲貧民窟大使

表面上，查德邀請小鬼前往洛杉磯是爲了錄製新歌跨刀，但隨著這趟旅程展開，此次合作顯然遠不只是音樂。事實上，小鬼一週後回到芝加哥時，根本沒錄下任何一句歌詞或任何一個影片場景。無論如何，查德確實有所斬獲，他利用小鬼待在比佛利山的時間，無論是在線上還是線下都鞏固了自己作爲「正港鑽頭歌手」的新身分。我們啓程之前，我本來很擔心自己的出現可能會讓查德覺得不自在，但我顯然是多慮了。在查德眼中，「身爲大學教授的我正在寫一本關於小鬼的書」這件事，只是更加提高了小鬼的身價，甚至爲他提供了更多正當性。我的出現讓查德對於自己請小鬼搭飛機來他家的決定，表現得更加興奮。

打從查德開始自我介紹的那一刻起，他對於芝加哥幫派文化的迷戀就溢於言表。他身上穿著精心搭配過的單色系服裝，看起來詭異地類似「街角兄弟」在他們某些影片中會穿的那種：亮白色的耐吉高筒鞋、全白T恤、True Religion的白色牛仔垮褲，褲頭落在屁股的位置，露出大約十五公分的格子花紋棉內褲。他用某個小配件來完成整體的色彩搭配，而我很懷疑我會在「街角兄弟」的任何內容中看到——一隻名叫「哈利」（Harley）的白色博美犬。我們拜訪查德的整個過程中，他一直把牠抱在腋下。雖然查德對小鬼與我講話時會做作地使用芝加哥俚語，但他一直充滿感情地用高八度的語調，像是跟嬰兒講話那樣哄著哈利。

查德跟我們打招呼時，立刻把小鬼拉進某個冗長且步驟繁複的握手流程，他們把食指彎曲成各種形狀，做出各種動作。我並不熟悉這個變化動作，不過稍後查德去接電話時，小鬼跟我講得更仔細。

「你看到了嗎？」小鬼低聲道，語氣強烈，但同時也很困惑。「他剛剛竟然用『K』握手！那是『萬能騎士』的握手方式！他到底他媽從哪學來這鬼東西的？難不成他是『騎士』還是什麼？」

小鬼疑神疑鬼，而這是有原因的，因為「街角兄弟」與「萬能騎士」的幾個分支正處於交戰狀態。在芝加哥，用敵人的握手方式「握一握」（shaking up）會被當作是故意無禮的行為，甚至可能會引戰。但這裡不是芝加哥，而且查德顯然毫無察覺他以為是無害的打招呼方式，背後竟蘊藏了如此重大的意義。他從鑽頭音樂影片中汲取了一大堆與幫派相關的行為、語言與美學，挪為己用，而這還只是開始而已。待在比佛利山這裡，查德看似無法理解這些東西在小鬼、「街角兄弟」與其他芝加哥年輕人的生活中眞正代表的意義。

當我看到查德興奮地挪用芝加哥鑽頭音樂文化時，我想起了黑人女性主義學者胡克斯（bell hooks）的著作，她在其深具啓發性的文章〈吃掉他者〉（Eating the Other）中認為，在我們所處的當代世界中，富裕的白人年輕人與其他處境優渥的族群開始感受到某種後現代隱憂，特點是平凡無趣的生活與毫不起眼的身分認同。[7]然而，在我們的商品文化中，與「他者」密切接觸——尤其是跟貧窮黑人——提供了「某種全新的喜悅感，比平常的行事方式更激烈也更讓人滿足。」[8]種族與階級變成了胡克斯所謂的「香料」，是「可以為主流白人文化這道無聊菜色增添滋味的調味劑」。[9]遭到邊緣化的社群的文化與身體變成了「另類的遊樂場」，被當作樂趣、自我滿足甚至是轉型的資源來消費。查德的例子有助於說明：至少某部分處境最優渥的消費者之所以深受鑽頭音樂所吸引，是因為鑽頭音樂能夠幫助他們克服安全舒適的日常生活所造成的無聊感。

我們抵達後沒幾分鐘，查德就開始抱怨他在比佛利山的生活有多無趣。

「跟芝加哥很不一樣吧？」查德開口問小鬼，希望能引起他的注意。小鬼正坐在查德車上的副駕駛座，臉貼著窗戶，把羅迪歐大道（Rodeo Drive）經典的富麗堂皇景象盡收眼底。

「靠，對啊！」小鬼回答，心思全放在瑪莎拉蒂（Maserati）經銷商門口所停放的豪華轎車上。

「對啦，」查德沒好氣地說，「兄弟，這些東西一開始很酷，但過沒多久就老套的嚇死人。相信我，我這輩子都住在這，這些東西**真的很無聊**，不像你們芝加哥！街區看起來一直都很刺激！」查德又開始用芝加哥俚語講話，「一直都有事情在發生，盛宴〔Fi-fi，意指派對〕之類的，還有溜到敵人地盤上，我想要跟你一起在**芝拉克**混！」小鬼沒回話，繼續瞪著窗外。我坐在後座，用筆記應用程式打字，盡可能地記錄下查德所說的話。我坐在小鬼後方的位子，可以看到他對查德所說的話翻白眼。我知道他會非常樂意跟查德交換——他在整趟旅程中再三對我表達出這樣的情緒。

查德藉由挪用幫派文化，找到辦法開始讓自己的生活充滿了他認為屬於「幫派之地芝加哥」的刺激、危險與不可預測性。那天下午，我們回到他的獨棟別墅，就在我們下車時，他突然變得很慌張，焦躁地對我們發號施令。

「快點，」他命令我們，「快進屋裡去。賤貨正在附近要當抓耙仔！」他看向小鬼，同時刻意使用更多芝加哥俚語，「他們如果看到你，會以為我這裡是毒窟，會叫電仔〔twelve，意指警察〕過來。」在查德聲聲催促下，我看了看四周。附近街道幾乎空無一人，除了有位年長女性正在西班牙風格的豪宅前講手機，以及一個拉丁裔男人正在把割草機裝到小貨車的後車廂上。查德趕我們進門時，他們似乎都沒注意到。

我們回到他家客廳，坐在大型皮沙發上，沙發後方的牆上掛著裱了框的現代藝術作品。「重要的事擺第一。」查德一邊說，一邊打開藍色罐裝的藥用大麻。他捏了幾撮放進水煙斗，然後遞給小鬼。他整整吹噓了五分鐘大麻的品質有多好，然後起身走到窗戶邊，拉開窗簾往街上瞧。突然間，他往後跳，一臉不爽。「幹，」他悄聲說，「仇家〔opps，意指敵人〕出沒。」我很擔心，立刻衝到他身旁，跟著他的指引從窗簾縫隙間偷看，不太確定我會看到什麼樣的情況。在泰勒公園，「仇家出沒」的警示響起不是可以拿來開玩笑的事。一聽到這句話，附近的每個人都會立刻採取行動，有人會在車子或建築物後面找掩護，情況允許的話，有人會跑去拿槍；但這裡不是泰勒公園，人行道上只有一個苗條的棕髮女性，看起來大約四十歲出頭。她穿著黑色瑜珈褲與萊卡材質的紫色運動上衣，推著要價不菲的嬰兒車。「那就是仇家，」查德又說了一遍，「她會聞到我的大麻味，然後又跑去跟我爸講。」他一臉怒氣，砰的一聲重重把窗戶關上，希望大麻煙不要飄到人行道上。「去他媽的仇家。」

整趟旅程中，查德擴大了「仇家」這個詞的定義，幾乎把它用在所有讓他不爽的人身上。口風不緊的鄰居？仇家。比他搶先一步佔到停車位的BMW駕駛？仇家。拒絕相信哈利**真的**是服務犬的餐廳經理？仇家。我們必須記得，對於小鬼這樣的年輕人來說，樹敵既是好事，也是詛咒。一方面，想要證明自己確實是暴力幫派份子就必須得要牽扯進公開的衝突之中；但另一方面，正是這些衝突讓他們的日常生活變得危機四伏。無意間碰到仇家所帶來的威脅揮之不去，使得他們每一次搭公車上學與到雜貨店買東西時都可能會因此丟了性命。查德在社群媒體上看到這件事，渴望體驗看看在他幻想之中因爲樹敵所帶來的社會地位與緊張刺激感，所以他乾脆自己創造出敵人，帶著情緒注入不具傷害性的敵意。

小鬼與查德接下來兩個鐘頭都待在客廳，輪流抽大麻菸，看YouTube影片，討論哪些芝加哥鑽頭歌手「最夯」。查德跟我們說他打算走鑽頭歌手這條路，「衝一下熱度」。他說，他有個妙計：首先，他會跟「街角兄弟」當中的某人錄一首歌，然後跟不同的幫派錄一首，接著再找另一個幫派做同樣的事，諸如此類，如此一來他就可以憑藉這些幫派的熱度，打入他們的忠實粉絲群當中。他吹牛說自己是第一個想到這個策略的人。然而，這只是更加證明了查德並沒有完全了解芝加哥年輕人追求名聲、相互競爭背後的動力。像小鬼這樣的人不是沒想過用這種戰術，但在他們所處的世界中，跟別人互加好友與合作會把鑽頭歌手自動推進新一波的敵對較勁之中，因此進行如此廣泛的合作實在非常不明智。在芝加哥，查德的計畫會讓他面臨出乎意料的全新攻擊。

查德毫不知曉這件事，他不假思索地列出了幾個他接下來打算邀請跨刀的芝加哥鑽頭歌手。他已經迷上了小鬼，所以邀請小鬼一起參加接下來的這些音樂影片。當他完成這張清單時，提到了一個與「萬能騎士」有往來的鑽頭歌手的名字。

「兄弟，」小鬼打斷他，並且放慢語速以強調重點，「那是。我的。仇家。」

查德搞不清楚狀況，「但他不是**我的**仇家。」他反駁，「**我**跟他之間又沒有過節。」

「兄弟，」小鬼嚴厲地再說一遍，然後快速吸了一口大麻菸，「如果你跟我一起錄歌，他**就會是**你的仇家，你跟他之間**就會**有過節。」他們兩個人你來我往地講了幾分鐘，小鬼試著跟查德解釋芝加哥幫派衝突背後的動力，但顯然徒勞無功，讓他越來越氣餒。雖然小鬼試了好幾遍，但就是無法讓查德明白，所以他終究放棄了。「算了，」小鬼最後說，「兄弟，你嗑到太嗨，已經茫了。」

小鬼說的沒錯，查德的確是嗑到茫了，但他倆之所以產生誤會背後的原因並非藥物，而是文化。對於這兩個年輕人來說，參與鑽頭音樂所代表的意義與後果截然不同。當小鬼與芝加哥其他年輕人在社群媒體平台上貼鑽頭音樂影片、比出代表幫派的手勢、表面上看起來與知名槍手為伍時，他們所面對的是幫派暴力的報復行動、刑事司法案件的糾纏以及遭到老師、保全人員與其他成年人的不當對待。相比之下，對於查德來說，美學層面與實際層面仍是清楚切割開來的，他可以用同樣的這些風格表演，卻不用害怕隨之而來的後果。套句社會學家帕提尤的說法，查德正陷入「貧民窟迷幻狀態」（ghetto trance）。他與其他處境優渥的消費者可以「實踐他們的貧民窟風格，講述貨眞價實的都市貧民窟故事，一身貧民窟風格的穿著打扮」，卻很有把握「沒有人會把他們誤認爲眞正的幫派份子，把他們的表演變成危險的現實。」[10]

當查德總算聽懂小鬼的意思時，他的「貧民窟迷幻狀態」甚至變得更加明顯。在煙霧繚繞的一陣靜默中，查德突然從他的豪華眞皮躺椅中坐起身來。「等一下，」他驚呼，好像突然明白了什麼，「我懂了，我懂了，你的意思是如果我們一起做這首歌，『萬能騎士』就會變成我的仇家？」

「沒錯，」小鬼回答，一臉煩躁但感到滿意。

當我看到查德得知這點後居然變得更興奮時，實在很訝異。「媽的，我現在有仇家了？」小鬼點點頭，表示沒錯，然後又抽了一口菸。「我有仇家了！」查德甚至更加興奮地又說了一遍。他站起來，穿過走廊跑進他的臥室，脫下T恤，換穿上防彈背心。「第二型防彈背心（Type 2-class），」他慢慢走回客廳，對我們說，「電仔也穿這種。」他手上還拿著一把帶著鋸齒的大型軍刀，「小鬼，你看，」他把軍刀拿到小鬼面前，「我一直都有準備。我懂你的意思了。你跟我在一起的時候，啥都不用擔心。」查德似乎故意要讓他在社群媒體上的追蹤者知道他加入了哪個「隊伍」，因此接下來的幾分鐘，他擺出姿勢自拍，一把攬住小鬼，並且揮舞著刀刃。我看到他們身後的書架上，擺放著福克納、海明威與馬克・吐溫的小說選集，一時之間覺得這個場景實在太詭異了。

為了能更了解這個場景到底是怎麼回事，我問了幾位同事，看看他們是否也曾碰過或讀到過類似的狀況。他們的回答讓我了解到查德的行為或許讓人很驚訝，但並非個案。其中一名同事要我去看看《洛杉磯時報》（*Los Angeles Times*）的一系列相關報導，內容是關於某個家境富裕的白人青少年，同樣著迷於幫派生活，最後卻造成了致命的結果。二〇一八年時，就讀於貴族學校「帕洛斯貝爾德斯高中」（Palos Verdes High School）的高三學生特瑞爾（Cameron Terrell），遭控涉及與南洛杉磯幫派槍擊事件有關的謀殺罪與兩次謀殺未遂罪。[11]據檢察官所述，特瑞爾加入了位於帕洛斯貝爾德斯莊（Palos Verdes Estates）北方二十多英里遠的「滾動九〇痞幫」（Rolling' 90s Neighborhood Crips），而該起槍擊事件是他「過度沈溺於洛杉磯黑幫生活」的一部分。特瑞爾是在二〇一六年時開始與該幫派分支建立關係，他把自己的豪華轎車與衣服借給他們。隨著他與幫派間的關係逐漸密切，他以「牛奶」（Milk）作為綽號，在胸前刺上了代表該幫派的「W」刺青，還戴著淡藍色領巾、比出代表該幫派的手勢，出現在他們的YouTube音樂影片背景當中。[12]二〇一七年時，據說他開著他爸爸的黑色賓士休旅車，載兩名「瘸幫」同夥殺進敵人的地盤，朝三人開槍，殺死了其中一人。檢察官認為，特瑞爾想藉由這次槍擊事件，在幫派內贏得地位。

雖然新聞報導詳細記載了特瑞爾如何努力地想要融入組織當中以及最終所造成的槍擊事件，但對於他背後的動機卻沒有太多著墨。為什麼像他這樣的人會想要如此深入地捲進幫派生活當中？我在比佛利山的經驗提供了可能的答案。在那裡，我看到像是查德與卡麥隆那樣家境優渥的消費者找上真正的黑幫份子來幫他們重新塑造自己的身分認同，把自己從充滿都會風格的上流社會份子變成地痞流氓。如同胡克斯所提醒我們的，「吃掉他者」的過程不僅涉及身體接觸與精神狀態，處境優渥的消費者在自我轉變的過程中，經常會與「他者」有所牽連；他們渴望透過相遇而在某種程度上被改變，並且為了轉換自己的身分認同而利用「他者性」（otherness）。「他們寄望『他者』在這個轉換過程中，同時做為見證人與參與者。」胡克斯如此寫道。[13]

「沒有人懂我，」有一次，在我們開了一個小時的車去接凱莉（Kelly）下班的路上，查德這樣抱怨。凱莉是他的女友，個子嬌小，一頭淺金色頭髮，在谷區的芳療中心上班。「我老爸、朋友、甚至凱莉，他們都無法理解我正在過的這種饒舌生活。他們滿腦子都是公司那類的生活方式，但那是魯蛇才做的事，我才不幹。我比較喜歡街頭跟搞錢這些事情，我沒辦法整天坐在辦公桌前。他們要我好好唸書之類的，我才不要。」

我在車上聽到很多關於查德的生命故事，因此能夠理解他的家人朋友爲何如此擔心。查德勉強從高中畢業之後，曾兩度從大學輟學。然而，在他爸爸爲他提供了財務安全網的情況下，他把學業丟一邊，與最好的朋友克利夫（Cliff）一起做生意，在IG上便宜販售中國製的iPhone手機殼。眼下他的公司已經超過一年不賺錢了，他爸爸正打算斷他金援。他說，克利夫拿走了他的公司信用卡，凱莉似乎也打算跟他劃清界線。我跟小鬼來找他的這段時間裡，他與凱莉不停地吵架。當他們倆發生激烈口角時，小鬼跟我已經很習慣安靜地坐在查德車後座，假裝在睡覺或滑臉書。

查德的家人與朋友已束手無策，而他似乎想利用小鬼的來訪來說服他們，說他這個新的職涯規劃並非失敗、懶惰或毒品成癮後的結果，不是他們所認爲的那樣，而是他自己刻意且有正當理由的抉擇。我們在洛杉磯車陣中龜速前進時，他與凱莉間的爭論明顯表現出他的態度。當凱莉猛烈批評他缺乏上進心時，他的反駁方式是指著（有時候真的用手指去指）小鬼，拿小鬼來證明成功的鑽頭歌手應該如何表現。就以他倆爲了查德每日抽大麻這件事大吵特吵來說吧，凱莉很氣查德與小鬼每天都處在抽大麻與服用贊安諾（Xanax）之後的迷亂狀態，這是她與查德常起衝突的主要原因。

我記得有天下午我們去接凱莉下班時，她立刻察覺到查德嗑藥磕到很嗨，於是罵了他一頓，質疑他到底有沒有工作倫理。

「饒舌歌手都是這樣做的，」查德回答，「我們寫歌的時候會抽個兩口，這樣才能進入狀況，寫出歌詞。」他轉頭向小鬼求證，小鬼簡短地回答說是。「妳就是不懂，」他轉頭回來跟凱莉說，「我可不是閒閒沒事做。這是工作！小鬼與他的夥伴也都會抽，這對創造力很有幫助。妳看，現在他們是全芝加哥數一數二的知名饒舌歌手了。我正試著往他們的境界前進，妳就是不懂。」

我看到查德用這種邏輯來回應凱莉的諸多抱怨。跟小鬼在一起，他的深夜派對變成是「跟經紀人、製作人與藝術同行建立關係的機會」；他瘋狂買了一堆昂貴的東西，是「為了造型所需」；他在IG上誇張的貼文，是「為了拓展粉絲群與凝聚他的品牌力」。所有看起來不負責任的行為，都是鑽頭歌手日常工作的一部分，至少查德是這樣說的。在面對查德的朋友與生意夥伴時，小鬼本人也發揮了類似功用，被用來正當化查德的種種行徑。小鬼出現在比佛利山，尤其是作為被查德邀請來的客人，暗示著兩人間的合作關係非常密切（雖然實際上並不是）。當查德分享「街角兄弟」的IG貼文與YouTube影片給朋友看時，他重新改造了兩人合作關係中的種種細節，故意不提他付了好幾千塊錢給小鬼，好讓小鬼跟他一起出來鬼混。

在大多數時候，查德的策略確實奏效，有些朋友恭喜他近來獲得的成功。查德告訴我說就連克利夫也解除了公司銀行帳戶的限制，他們全都被小鬼迷住了。眼見情況如此，查德在談及小鬼與「街角兄弟」的時候，變得越來越不切實際與誇張可笑。他吹噓說這群暴力、目無法紀的歹徒對於泰勒公園的毒品生意握有生殺大權，他們在社群媒體上的貼文被他拿來當作鐵證。[14]我看著查德一邊展示一邊說故事的時候，不禁想起我無數次聽到小鬼承認他那些誇大其詞的上傳內容是如何讓他陷入新的困境之中。他被搶過、被開過槍、常遭到不當對待，因為別人看到他在網路上的照片便以為他很有錢、全副武裝、很暴力，雖然實情並非如此。

這趟旅行進行到一半的時候，我問小鬼他對於查德這樣歪曲事實作何感想。「我不喜歡，」小鬼回答，「但這樣會讓他給我更多錢，很有效。」小鬼繼續提醒我說，這段新的「友誼」純粹就只是種手段，查德不過就是個蹭熱度仔。「我只是在扮演我的角色，」他提醒我，「就這樣，只是在扮演我的角色。」

看起來，查德非常想要認識真正的黑幫份子，而小鬼也非常想要讓他覺得自己就是。對於雙方來說，這意味著簡化小鬼的身分，忽視他身上的多元面向。這件事在我不小心洩漏了關於小鬼近期煩惱當中會讓他很沒面子的資訊時，變得十分明顯。我們待在洛杉磯的最後那幾天，查德、小鬼、凱莉與我坐在梅爾羅斯大道（Melrose Boulevard）上一家時髦的餐廳裡。小鬼說他要把握最後時間去隔壁服飾店買幾樣東西，於是起身離開。他不在場的時候，查德大聲讚嘆說小鬼有個奇特的本領，他注意到小鬼無論身處何處都能夠瞬間睡著，讓他覺得不可思議。小鬼經常在查德車上、餐廳裡、甚至在藥用大麻診所外的路邊等待查德取得每日供給時打瞌睡。查德把這種睡眠習慣想像成是芝加哥惡名昭彰的毒品經濟所培養出來的某種必備技能。

我想都沒想，就提出了另一個看起來不那麼光彩的解釋。「其實眞的很悲哀，」我開始說，暫時忘記了這趟旅行背後的動機，「他在奇怪的地方能睡得很好，是因爲他很長一段時間都無家可歸。樓梯間與車後座並不是什麼舒服的地方，所以要嘛像他這樣，不然就乾脆別睡。」

查德臉上的表情從讚嘆變成了不高興，而我立刻知道我犯了錯。

「等等，他**無家可歸**？」查德問我，顯然不是很開心。

我暗自咒罵自己。我剛剛講出來的事情，與查德對於小鬼的印象完全相反，於是我趕緊改口，「呃，我的意思是，他現在狀況好多了。」我咬了一大口三明治，希望能拖延一下時間。

但查德沒有要放手的意思，「我以爲他很有錢，他不是有自己的地方可住嗎？」查德指的是小鬼在社群媒體上的貼文。「我在照片中看過，他在那裡販毒，賺大錢。」

我試著回答地模稜兩可，希望能趕快結束這個話題。「你知道，」我說，「這你得問他。這群傢伙眞的很不喜歡別人講他們的事，有點違反了他們的規矩。」查德逼我提供更多資訊，但我只是一直說要我代替小鬼發言不太好。查德最後讓步了，態度趨緩，但接下來的一整天，我都很擔心他可能會去質問小鬼，若眞的那樣，小鬼會覺得我講的那些話背叛了他。

謝天謝地，出乎我意料之外，查德沒再跟小鬼提起這件事。現在回想起來，查德閉口不提是有道理的。他剛找到的身分認同、街頭名聲與成就感全都取決於小鬼是否貨眞價實。倘若查德承認小鬼是個騙子，那他得想一想或許他自己也是。尤有甚者，查德利用小鬼來重新定義他自己的生活軌跡——一連串叛逆的選擇，而不是令人失望的失敗——所需的是小鬼選擇刻意「使壞」，所以才參加幫派、暴力活動與鑽頭音樂，而非貧窮、種族差別待遇或其他社會弱勢下的結果。我們不妨想一想：倘若小鬼的行爲不過是生存策略，是因爲他缺乏比佛利山這種地方所提供的安全、舒適與機會，那麼，查德究竟可以用什麼藉口來表現得跟小鬼一樣？

查德面臨的兩難困境，說明了這種新型態的「貧民窟體驗」當中某些令人擔心的隱含意義。雖然鑽頭音樂使得處境優渥的白人與貧窮黑人間的社會互動增加，但這些新的社會聯繫未必有助於拉近橫亙於兩者間的鴻溝。就某些方面來說，雙方的差距甚至變得更深更堅固。查德擁抱鑽頭音樂的行爲，爲充斥在大衆想像與保守派競選演講中關於黑人貧民窟的普遍認知，注入了新的活力，但我猜查德終究會向家人屈服。將來某一天，他會把對於街頭生活的迷戀拋諸腦後。當他接下父親的事業並且沿著公司的組織位階一步步往上爬時，他與他的朋友很可能只會把他當年對於鑽頭音樂的一時興趣看作是年少輕狂所致，而他註定會長大。當然，問題在於他們可能會疑惑小鬼爲什麼不也這樣做，質疑爲什麼「街角兄弟」與他們的同夥繼續「選擇」過暴力犯罪的生活。

「街角兄弟」並非不理解這樣的互動關係。雖然這些互動振奮人心，而且對他們的經濟狀況很有幫助，但同時也讓他們覺得很累，有時也會覺得遭到羞辱。不過，如果鑽頭歌手希望能拿走錢、衣服與其他報酬，那麼他們在面對過度簡化與無禮的對待時，就得閉上嘴巴，雖然這種對待方式在泰勒公園可能正是以暴力途徑解決事情的理由。

當然，「街角兄弟」不會用如此憤恨的眼光看待每一個需要花時間陪的消費者，有些顧客帶來的樂趣可多了。他們最期待的請求，莫過於來自想要來場豔遇的女性。

鑽頭歌手作爲性觀光客獵豔的對象

芝加哥的夏日最不缺的就是魔法。整座城市鬧哄哄的，滿街都是來自世界各地的遊客。芝加哥著名的音樂祭、美食體驗、爬滿常春藤的棒球場、近來還有與「眞正的黑幫份子」睡一晚所帶來的越界快感，讓他們慕名而來。在我認識「街角兄弟」的第一年中，正當這座城市渡過了漫長的冬天、人行道上的積雪逐漸融化之際，我開始收到阿傑的清晨簡訊，他請我到市中心載他回泰勒公園。我很清楚他若是搭乘大眾交通工具，一路上會經過許多敵對幫派的地盤，而他將會面臨怎樣的危險，因此我立刻同意了。三十分鐘後，我抵達他所指定的十字路口。他站在那，一身全新行頭，一手拿著購物袋，另一手則是牽著一個三十多歲的白人女子。他們倆吻別時，我坐在車裡裝忙。那名女子坐進她的灰色豐田Corolla轎車，阿傑則是打開我的車門，一屁股坐進副駕駛座，整個人笑得合不攏嘴。

接下來的四十五分鐘，他鉅細彌遺地告訴我過去二十四小時內他都在做什麼。幾個月之前，他在IG上認識了這名女子，他說服她從密爾瓦基市（Milwaukee）郊區的家，一路開了兩小時的車到芝加哥來。他們倆白天在著名的「壯麗大道」（Magnificent Mile）上散步，她請阿傑吃午餐，還買了新衣服給他。之後，他們回到「密西根大道」（Michigan Avenue）附近的旅館共度春宵。接下來的幾個月，這名女子數度回到芝加哥來進行這種二十四小時幽會。我更加頻繁地收到阿傑與另外兩個「街角兄弟」成員在一夜春宵後發來的清晨簡訊，與他們幽會的女性包括：阿傑那位來自威斯康辛州的牙醫助理、來自明尼亞波里斯的零售店經理、來自多倫多的行政助理。

我們開車回泰勒公園的路上，我連珠炮地問他們這些關係是怎麼來的，以及當中的互動情況。接下來兩個夏天，我從他們口中聽到了他們與這些來自外地的情人之間的最新進展。隨著我看到這些關係萌芽、達到巔峰、然後逐漸破滅，我難得有機會可以一窺性旅遊當中某種逐漸興起的模式。我承認，在我所發現關於鑽頭音樂的事情當中，到目前為止這件事最出乎我意料。不過，倘若我們從歷史角度來看待這些關係，便會發現它們並不如乍看之下那麼不尋常。如同希普所提醒我們的，無論是一個世紀之前還是今日，我們在論及「貧民窟體驗」的時候，不可能不討論到「性」。[15]無論是過去還是現在，女性——尤其是中產階級白人女性——長久以來一直把到芝加哥黑人區進行性探險當作是抵抗傳統性別角色與重新定義性別規範的手段。用胡克斯的話來說，「貧民窟體驗」讓參與者可以「把白人的『單純天眞』（innocence）拋諸腦後，進入『體驗』（experience）的世界。」[16]

事實上，這種需求如此普遍，以至於跨國性旅遊產業現在從泰國一路延伸到哥斯大黎加，提供超越種族、階級與國籍的豔遇給以西方白人為主的消費者。[17]但是，當涉及幫派的年輕人變成了慾望投射的對象時，情況又是如何呢？當處境優渥的女性消費了背負著污名的貧民窟住民所提供的陪伴與親密關係時，這一切意味著什麼？我們必需謹記，性旅遊在本質上永遠都不只是「性」，性交很少是拿來交換的主要商品，[18]眞正的重點反而是眞實且「禁忌」的體驗，是提供給顧客他們想要的情感、身分認同與角色。[19]比方說，在牙買加，被稱爲「出租髒辮頭」（rent-a-dreads）的男性性工作者會表現出拉斯塔法里文化（Rastafarian）中超級陽剛的刻板印象給歐洲遊客看；[20]在越南，性工作者誇張地表現出貧困農村與第三世界充滿依賴性的戲劇化形象，以迎合西方背包客想要行善的渴望；[21]在多明尼加共和國（Dominican Republic），性工作者則是假裝跟想要發展浪漫關係與移居到加勒比海地區的德國遊客「眞的談起戀愛」。[22]無論在哪裡、使用何種具體策略將異國風情變成商品，這些表演**一直**都在利用既有的種族與階級階層，並且深受其影響。

「街角兄弟」一心一意在網路上誇大化他們作為地痞流氓的刻板印象，過沒多久就發現了「貧民窟體驗者」的喜好，並且學會了予以滿足。對他們而言，這些交流是從社群媒體上開始的，他們開始發送調情簡訊（sexting）給在網路上認識的女性，與她們視訊聊天。在阿傑那次傳清晨簡訊給我的幾個月之前，我們聊到他最喜歡身為微網紅的哪些面向。他提到，關於YouTube與ＩＧ上的人氣，最棒的部分莫過於他從白人女性那邊最新獲得的性關注——他之前從未與這種人有過任何情愛經驗。

「老哥，」他的聲音聽起來很嚴肅，讓我準備好聽他接下來要說的話。「現在，所有的白人妹子都很哈我。白人妹子欸！現在就是有這麼多人愛我們！」

「什麼意思？」我問他，希望他再多說一點。

「沒騙你，老哥，」他繼續說，「他們用FaceTime聯絡我，脫的精光之類的。」

「不可能。」

「真的沒騙你啦，老哥，」阿傑眉開眼笑，掏出手機跟我說，「你等著看。」

我坐在阿傑身旁的沙發上，看他進行例行公事。他打開推特，發了一則新貼文。他打上自己的手機號碼，同時還有簡短的說明：

「我會在視訊上待一個鐘頭，粉絲們敲我吧！」（im on FT 4 da next hour. fans hml）

他對推特追蹤者發出邀請：接下來的一個鐘頭，他將會透過iPhone的視訊（FT）應用程式接電話。他告訴粉絲，要是他們想聊天的話，「就敲我吧！」（hml）

「看著，」阿傑發出訊息時，又說了一遍。他把iPhone放在我倆面前，敦促我好好盯著看，好像在表演魔術一樣。不到三十秒的時間，手機開始震動，熟悉的FaceTime鈴聲在他公寓空蕩蕩的牆壁間迴盪。他看著我，笑著說：「你看吧！」

接下來的五分鐘，阿傑忙著接電話，我算了一下大概有十五通不同的來電，但確切數字很難算得清楚，因為電話進來的速度飛快。來電通知的鈴聲不斷響起，以至於我聽不太到電話另一端的人在說什麼。太多人同時打來，導致阿傑的手機一度當掉。重開機之後，他繼續從一通電話跳到下一通電話，只花幾秒鐘的時間跟每一個打來的人打招呼。我盡可能地在阿傑接聽之前，看看手機螢幕上所顯示的來電者位置。前幾通電話是來自印第安納州、紐約與伊利諾州鄉下地區的黑人青少年；有一通電話是一群白人男性打來的，他們坐在看起來像是大學聯誼廳裡的沙發上。阿傑立刻掛斷電話，現在他在每個來電者間切換的速度越來越快，仍試著想要向我證明他之前的說法。就這樣過了大約十五分鐘之後，他找到了他想要找的東西：一個白人女性從加拿大安大略省（Ontario）打來，她看起來大概二十多歲。阿傑從螢幕上抬起頭來看我，眉毛一挑，彷彿在說：「就跟你說吧！」

接下來五分鐘，他跟那名女子調情，試著滿足她對微網紅的渴望。阿傑問了她關於她自己的事情，稍微揶揄了一下她，並且考考她知不知道他的歌名、他的槍手的名字與其他關於鑽頭音樂的最新消息。她的反應很靦腆，但顯然對於阿傑與這些主題都很熟悉。阿傑狡詐地朝我這邊又看了一眼，然後開始展開行動，我後來才知道這是他的標準策略。他開始讚美那名女子，說她很漂亮，他想要「看看」她，所以請她站在鏡子前，好讓他可以仔細地看遍她全身。那名女子最後照做了，於是阿傑用更多的阿諛奉承來表達他的感謝之意，很明顯他此時正想辦法要讓她慢慢脫掉衣服。然而，在他開口要求之前，她說她得掛電話去上班了。他們約好了隔天再用FaceTime通話，阿傑告訴她說他想要看看她的「全部」，她同意了，說她也想要多瞭解他一點。

「我就說吧，老哥！」通話結束後他大叫，並且刪掉了稍早發的推特文。接下來的半個小時左右，電話還是一直進來，但阿傑一律拒接。「就是這麼**簡單**，」他繼續說，「他們愛死我們、**愛**死芝拉克這些東西了。他們根本沒來過這裡，但**愛**死這裡了，尤其是那些住在郊區的人，你講這裡的事給他們聽，他們就很有感覺。」

從那時起，阿傑一直想要證明給我看這些女性有多麼著迷於幫派生活之類的事。那次FaceTime過後的一個禮拜，當我們一群人正在夏蔓的公寓後面玩骰子時，阿傑接到了一通電話，是他最近在FaceTime

上聊天的外地女子打來的。他們快速打了招呼之後，她問阿傑正在做什麼。

「我們在街區，」他回答，「幫派勾當，妳知道的。」

「讓我看看。」電話那頭傳來要求。

阿傑滿足了她的要求，他把鏡頭快速轉向骰子賭局。「妳看，」他說，「我們這裡就這樣，擲骰子之類的，就在街區。我要把這些尼哥的錢全都贏過來。」

「那是誰？」那名女子問。

「妳不曉得他們是誰啦，」他揶揄她，隨後把手機朝向他的槍手屎仔。他朝屎仔走近，好讓屎仔臉上的監獄刺青變得更加清楚。「這就是那個野蠻人，屎仔，妳最好了解一下他是誰。」

屎仔很清楚這是阿傑慣用的伎倆，於是配合著一起演戲。他彎曲手指，比出代表「街角兄弟」的手勢。「黑幫！黑幫！黑幫！」他大喊，在鏡頭前上下搖晃他的手。

「好了，妹子，」阿傑說，「我已經給妳看了，現在換妳給我看點什麼了吧？」

接下來的五分鐘，阿傑哄騙她，讓她脫到只剩下內衣褲。這時候，骰子賭局完全停了下來。屎仔、齊波與其他兩個人都圍在阿傑的手機旁邊，輕聲地咯咯笑，小心翼翼地站在鏡頭看不到的地方。

「讓我再多看一點，」她要求阿傑。她的要求很含糊，不太確定她是想要再多看一點社區的街頭景象，還是要求阿傑也脫掉衣服。阿傑照辦，不管是哪一個都給她看了。他從人群中走開，朝夏蔓的公寓走過去。他再一次改變鏡頭方向，讓她看看附近街區的全貌。阿傑躲到屋內之前，我聽到他又說了些「兄弟們」、「仇家」之類的話。他在二十分鐘之後出現，大肆吹噓那名女子有多喜歡剛剛的電話性愛。其他人求他多講一點，他當然樂意照辦。那天下午其餘的時間，他成了眾人關注的焦點。

除了享受到性愛的愉悅與拿來當作炫耀的本錢之外，阿傑也學會了利用這些交流取得金錢與其他禮物。過沒多久，他就開始要求這些女性幫忙。每過一陣子，他會說服她們來芝加哥，說這樣子她們就可以看到他本人與「街區」。[23]我親眼看到阿傑成功地對布莉安（Breanne）使出這些招數。她是名二十多歲的白人女性，剛搬來芝加哥準備上法學院。與阿傑其他的情人相比，布莉安更加吸引我的注意，因為她剛搬進去的公寓離我在芝加哥大學的辦公室只有幾個街區遠。他倆第一次在網路上互動後沒多久，布莉安就開始用她手機上的優步（Uber）網路叫車程式，把阿傑從泰勒公園載去她家。有時候，我會在結束了一整天在大學裡的工作後，於傍晚時分載阿傑回泰勒公園。他們倆的關係發展，我從頭到尾都很清楚。我對於布莉安的認識大部分來自阿傑口中，她在東岸某個以白人為主的郊區中長大，想要挑戰自己的成長背景，所以打算成為庭審律師或公設辯護人。現在，她就住在芝加哥南區，那些她在課堂上第一次聽到的主題——都市貧窮、種族、暴力犯罪——活生生地在她眼前上演，而她完全著了迷。她在搬來之前就已經聽過鑽頭音樂，於是她聯繫了她最喜歡的鑽頭歌手。

阿傑利用了布莉安對於芝加哥黑幫世界的迷戀。他們倆大多數時間都窩在她家鬼混、抽大麻，而她會問他關於毒品、暴力與鑽頭世界的事。雖然阿傑常覺得她的問題很煩且一直重覆，但他知道這些事情會挑起她的興趣。他知道，只要讓她覺得他在泰勒公園的生活很聳動，他就可以確保他們之間的互動會繼續下去，而他也可以從中索取更多好處。因此，每當她看起來失去興趣的時候，他就會用「街區正在發生的事」背後的某些內幕消息，把她給拉回來。

有一次，阿傑用FaceTime跟布莉安通話時，我正好跟他一起待在社區的某條後巷裡，其他人在附近賭骰子。阿傑輸光了所有的錢，所以正在努力請求布莉安讓他「拿」一些現金在手上。最近，他開始擔心他們倆之間的關係就快走到盡頭了，所以他在電話當中暗示自己正身處危險之中，需要離開社區幾個小時。

「現在這裡簡直是瘋了！」他們開始通話後沒幾分鐘，他就這麼說。

「什麼意思？」她問他。她的聲音從iPhone小小的喇叭中傳來，聽起來很空洞。

「情況很糟，」他回答，「我現在不能待在這裡，我可以去妳那邊躲一下嗎？」

「什麼意思？」

「仇家。」他回答得很簡短，「他們溜過來了。」我立刻知道阿傑在說謊。我一整天都待在社區裡，沒有人看到有任何敵人出沒，也沒有消息顯示槍戰即將發生。

「喔，我的天啊！」她的聲音聽起來很擔憂，「你沒事吧？他們正在開槍嗎？有人受傷嗎？現在情況怎樣？」

「我暫時沒事。」阿傑用充滿戲劇性的口吻回答，但沒多說些什麼。與此同時，布莉安聽起來越來越擔心，「到底怎麼回事？」

對於阿傑來說，是時候提出要求了。「妳，呃，妳可以，呃，妳可以叫優步來接我嗎？我到妳家的時候可以跟妳講，我可以當面告訴妳到底發生了什麼事，但我現在沒辦法談，妳可以幫我叫優步嗎？」

布莉安迫切想要知道更多資訊，但阿傑一直迴避她的問題，兩個人你來我往了幾分鐘之後，布莉安終究還是妥協了，答應幫阿傑叫車。阿傑掛斷電話後，扭動屁股跳起了勝利之舞。他之前跟布莉安說話時的語氣聽起來充滿感情又脆弱，但他現在卻厚顏無恥地跟其他在賭骰子的年輕人吹噓，說他會帶大把大把的錢回來，然後再賭一把，把之前輸掉的通通贏回來。

想要體驗貧民窟的人對於貧民窟的著迷以及鑽頭歌手藉機操縱的情況，在阿傑邀請布莉安到泰勒公園來看看時尤其明顯。秋天來臨之際，布莉安看起來已決定要結束這段關係。她不常打電話給阿傑，也很少回覆阿傑的簡訊。阿傑希望能重新點燃她的興趣，於是決定使出殺手鐧，答應了她一直想親眼看看「街角兄弟」地盤的要求。布莉安前來泰勒公園的時候，大家正好聚在街上舉辦街區追思餐會，紀念某個被槍殺的居民。從她抵達的那一刻起，阿傑就擔任起了導遊與大使。

接下來的行程主軸非常明確：阿傑把社區介紹成一個完全不同的世界——飛車槍擊與警察突襲的威

脅始終籠罩著這裡，使得這裡的居民不得不發展出另類的社會世界。阿傑向布莉安介紹了把自家公寓當作「商店」、在那裡販賣香菸、雪茄與零食的女人，還介紹了「大哥們」與當地的藥頭；布莉安也認識了負責在每一場為了遭殺害的居民所舉辦的紀念餐會上烤肉的老人。阿傑從頭到尾都把社區形容得像是場達爾文式的戰爭，唯有強者才能存活下來。

「在『計畫國宅』（projects）這裡，」阿傑透露，「你得幹些非法勾當，否則就是死路一條。」我聽到他使用這個字眼時，非常震驚。我待在社區的這段時間裡，這是我第一次、也是唯一一次聽到阿傑或任何一個居民把這裡稱作「計畫國宅」。他們通常會說「公園」（the Park）、「街區」或甚至「低收入戶」（low-incomes），但**絕對不會說**「計畫國宅」。對於泰勒公園大多數的居民來說，「**計畫國宅**」專指這座城市中那些蓋得很高、惡名昭彰的公共集合住宅，像是「卡布里尼格林」（Cabrini Green）或「霍納之家」（Henry Horner Homes）那樣的地方。對他們來說，那裡道德淪喪，是都市窮人當中的「老鼠屎」住的地方。在社區會議或日常對話中，居民們很快會把泰勒公園的問題——從垃圾到幫派——歸咎於「計畫國宅居民」的湧入。然而，阿傑現在卻用如此貶抑的字眼來指稱自己的社區，看起來對布莉安達成了他想要的效果。彷彿嫌整趟行程還不夠聳動似的，阿傑與他的「街角兄弟」同夥決定利用餐會上很多人出席的機會，錄製新的音樂影片。於是，一大群年輕人跟他們的鄰居一起聚集在停車場，隨著鏡頭啓動，其中一個人掏出手槍，充滿威脅感地在空中揮舞。

「吃掉他者」的概念有助於我們理解爲什麼阿傑如此興奮與驕傲地面對這些跨種族與跨階級的交流，亦有助於解釋他爲什麼如此激烈地貶低自己的社區與相處了一輩子的鄰居。如同胡克斯所寫道，「遭到邊緣化的群體被視爲是『他者』，一直以來都遭到忽視且處於不被看見的狀態。強調『他者性』與把它變成商品對他們來說很有吸引力，因爲如此一來他們便有希望獲得認可與和解。」[24]簡言之，阿傑與布莉安之間的關係不只讓他**覺得**（feel）很特別，更證明了他確實**是**（is）很特別。阿傑提醒我，他的鄰居與同儕當中很少有人曾經被布莉安這種人獻過殷勤。

「這裡的蠢蛋們沒有住過旅館，沒有在市中心瞎拼過啦，」他大肆吹噓，「普通的社區小子哪有辦法上白人妹子。我可是幹了**白人**妹子，**眞正的**女人喔，還是專業人士，才不像街區上的那些婊子（thots，意指行爲放蕩的女性）。這些女人有工作、有地方住，而且很乾淨，她們住的地方才沒有蟲咧。」

我們不應該忘記，像是阿傑這樣的年輕人，住在一個種族與階級界線極爲分明的城市裡。在大多數的社區中，跨種族的友誼甚是罕見，更別說是跨種族的愛情了。不過，拜阿傑在網路上藉由展示街頭生活與幫派暴力所建立起來的微網紅知名度所賜，他感覺自己好像跨越了芝加哥的都市種族藩籬。

鑽頭歌手作爲中產階級用來展示體面的道具

橫亙在鑽頭歌手與處境較爲優渥的白人觀眾之間的鴻溝固然很深，但這些交流之所以帶著「貧民窟獵奇」的色彩，不單只是因爲地理區域或種族的距離。諷刺的是，鑽頭歌手成功建立起來的暴力犯罪人設，竟催化了他們與當地黑人教會之間的新連結，這種情形發生在中產階級牧師與其會眾進行歷史學家希金柏坦（Evelyn Brooks Higginbotham）所謂的「體面政治」（the politics of respectability）時。[25]由於種族藩籬牢不可破，再加上污名全面籠罩了黑人社區當中的所有人，因此中產階級黑人在與更窮、受到污名化的情況更嚴重的鄰居們劃清界線時，面臨諸多挑戰。克服此困境的最新技巧就是把鑽頭歌手找來，以證明自己的正派與不同。如同帕提尤在針對整個芝加哥南區所做的深入研究中所述，「中產階級黑人具有美德的行爲，需要拿道德敗壞的貧窮黑人作爲對比。」[26]

當芝加哥某個大型黑人教會找上「街角兄弟」時，這群年輕人並不知道他們將在教會的「體面政治」中扮演多方面的角色。他們不曉得該教會的領導人——演講起來激情四射的威金斯（Steven Wilkins）——正打算利用「街角兄弟」在網路上的形象，處理自己在組織方面所面臨的困境。我與威金斯的會眾聊過，得知他近來飽受批評，因爲他所帶領的教會越來越少參與當地涉及社會正義的相關活動，包括最近幾場譴責芝加哥警察造成年輕黑人死亡的抗議行動。教會的行動力減弱，主要原因是人口變化所導致的結果。會衆年齡層逐漸偏高，因此越來越不積極參與具有爭議性的社區議題。隨著教會趨向保守，威金斯也越來越難吸引到年輕族群的加入與留住他們，這讓他與教會領導階層想要開發新的外展與社區參與策略，並且將策略宗旨放在把更積極參與社會議題的族群及年輕人帶進教會來。按照某個資深成員的說法，他們的計畫是要「主動走向年輕人所在之地」。實際上來說，這意味著擁抱數位社群媒體、饒舌音樂以及在地年輕人文化，好讓教會的參與與行動看起來很「酷」。該是時候擁抱未來了。

「街角兄弟」於是登場。

威金斯的女婿——受教會栽培、四十多歲的凱文（Kevin）——負責帶頭做外展工作與重塑形象的活動，若能成功，他將可以鞏固自己未來在教會的地位，或許還能繼承他岳父的衣缽。凱文告訴我，他發現「街角兄弟」純屬偶然。當時，他正前往泰勒公園訪友，注意到有一群青少年正跟著附近車上大聲播放的歌曲，興奮地搖頭晃腦。他看到這群年輕人有多麼熱愛「街角兄弟」的音樂，於是找了他朋友幫忙安排與這群鑽頭歌手碰面。他提議讓「街角兄弟」爲教會寫首歌，但歌詞內容不是他們經常寫的關於槍戰與販毒獲利，而是描述黑人社群所面對的困境。倘若一切按計畫進行，這首歌不只能吸引到年輕族群，同時也能重申教會致力於社會正義的決心。這首歌或影片最後並沒有製作完成，但無論如何還是有助於教會重塑形象。

對於教會與當紅鑽頭歌手逐漸發展出夥伴關係，威金斯的會眾群間看法不一，分歧很大。一群較爲年長的重要成員批評這個計畫公然與暴力、幫派、看起來不思悔改的年輕人爲伍，而且他們也很擔憂，若是採取這種相對而言可能引發爭議的立場，不知道芝加哥警局與市府管理階層會怎麼想。這樣的異議並非史無前例，正如希金柏坦所指出，激進派與保守派對於虔誠的中產階級黑人所採取的體面政治，看法壁壘分明。[27]威金斯奮力將教會帶往前者的同時，教會中的年長成員則打算持保留態度。面對異議，威金斯再一次號召「街角兄弟」，邀請他們以他個人貴賓的身分，參加一場大型的主日聚會。我陪阿傑、薩維爾、多明尼克與亞當等五名「街角兄弟」成員一同前往。他們一身垮褲與T恤，在一大群筆挺的西裝與糖果色洋裝中顯得格格不入。我感覺到整個房間的人都用懷疑的眼光盯著這群年輕人看，他們自己也感覺到了，他們在威金斯在講壇前爲他們保留的座席上顯得坐立不安。

打從佈道開始的那一刻起，威金斯就很明顯打算利用「街角兄弟」來幫助他改變教會的公共形象。他充分利用了他們出席的機會。首先，他利用與「街角兄弟」之間即將展開的合作，來爲自己召募與加強年輕人參與的新策略辯護。他請「街角兄弟」們站起來，並且引導了整個房間的會眾給予他們爲時稍長的掌聲，感謝他們同意與教會合作；接著，他介紹了幾個新的社群媒體活動，活動宗旨在於吸引更年輕、更熟悉網路運作的族群。彷彿要讓他所謂的「守舊派」閉上嘴巴不再批評似的，他堅稱，與其對那些貌似難以管束的年輕人嗤之以鼻，教會需要做的其實是接納他們，不是因爲作爲精神領袖的**他**如此要求，而是因爲這是神的旨意——依威金斯所言，他僅不過是用世俗形式執行神的旨意。

其次，威金斯利用「街角兄弟」的出席，強化自己作爲教會合法精神領袖的地位。他說，儘管像是「街角兄弟」這樣的年輕人經常涉及暴力犯罪行爲——他們充滿暴力的線上影片清楚顯示出這點——但他有辦法說服他們暫時放下槍，把他們的怒氣導向種族歧視與壓迫等更嚴重的問題上。雖然他們曾「在街頭迷失」，但他拯救了他們，引導他們走向贖罪之路。威金斯號召會眾原諒他們過去的踰越之舉。

最後，威金斯採用更咄咄逼人的語氣訓示會衆，說**他們**可以從「街角兄弟」身上學到很珍貴的一課。他讚美「街角兄弟」天不怕地不怕，「因爲他們在貧民窟長大，」他以傳統「呼喊與回應」的方式說，「**他們什麼都不怕！**」他承認，「街角兄弟」什麼都不怕確實使他們做出暴力行爲，但他以「要是種族歧視與壓迫太過嚴重，確實該使用暴力」作爲佈道內容。彷彿要更進一步訓斥保守消極的會衆，威金斯講了一個自己親身經歷的小故事：他的白人鄰居曾經因爲種族歧視，想要把他與家人趕出他們所居住的中產階級社區，於是他強硬地站出來捍衛家人。他教導大家，有時候有必要「街頭」一點。

隨著威金斯的佈道一步步往前推進，我感覺到整個屋子裡的氣氛被炒熱了起來。跟凱文坐在一起的一群中年男子很有共鳴，開始喊出「阿們！」、「傳福音！」年紀較大的會衆雖然一開始反對又懷疑地皺緊眉頭，但現在也開始點頭表示贊成。威金斯就像是交響樂團的指揮，把他的佈道帶向最後高潮，並號召大家行公義。整個教堂裡的人都站起來鼓掌，包括那群年長者；會衆看起來被說服了，他們大聲吶喊，吹起口哨表示贊同，興奮的情緒感染了所有人。「街角兄弟」站在人群之中拍手，臉上掛著驕傲的微笑，這種表情我只有在極少數歡欣鼓舞的場合中看過。我加入歡聲雷動的掌聲中，對於一大群人的熱情洋溢，我們都沒有抵抗力。

我們開車回泰勒公園的路上，薩維爾與阿傑幾乎坐不住，鉅細靡遺地重述過去兩個小時中所發生的事。他們的事業正在起飛，他們現在**眞的**「紅了」。

我也很興奮。我從以前就一直溫和地鼓勵他們不妨試著做做看更「具有社會意識」的內容，而不要總是誇張地談論殺戮。我心想，教會接納他們當然足以證明：就算沒有暴力人設與暴力影像，他們仍然可以贏得讚美與認同。

「看吧，」我說，我再次在研究者與暴力防治工作者的角色間求取平衡，「我說過，你們不用爲了觀看次數，到處揮舞著槍！現在有這群新粉絲了，今天你們簡直就是明星！他們想要你們幫教會做音樂，這可是件大事！」

車裡突然變得靜悄悄。

薩維爾戳破了我的希望。「老哥，」他說，「那件事玩完了。我們搞的是幫派音樂，簡單直白，我們才不會試著去做那種軟趴趴的東西。」薩維爾對於我建議他們遠離鑽頭音樂的暴力內容另闢蹊徑，接受度向來最高，但他說明了我的想法會讓他們付出什麼樣的代價。擺脫暴力內容不只會讓向來期待看到他們談論槍戰的既有粉絲脫粉，還會讓對手把他們形容成懦弱的傢伙，而這可能導致攻擊事件變多，甚至讓對手更努力想要堵到他們手無寸鐵。

彷彿要對我的提議給予最後一擊似的，阿傑帶著我回顧了他們與威金斯間的關係是怎麼開始的，以及那場佈道背後所隱含的訊息：打從一開始，暴力與涉及幫派正是讓他們如此深具魅力的主要原因。

「告訴我，老哥，」阿傑插嘴，「你眞的以爲要是我們只唱些和平之類的鳥事，我們還會在那裡嗎？天殺的當然不會！老哥，他們跑來找**我們**！你也聽到他說『這群是眞正的尼哥，他們眞的有槍，做的事情都是眞的。』老哥，我們是眞貨。他說我們天不怕地不怕，你也聽到了。他說他需要像我們這樣的傢伙，保持眞本色。那些人得要學學**我們**！所以我們現在**當然**不能改變啊！」阿傑素來是這群人當中思維最具策略性的，他固執地堅持威金斯的說法，說「像『街角兄弟』這樣的年輕人應該被視爲是正義之火的楷模，而這正是他試著想要灌輸給教會當中年長與保守成員的東西。」

薩維爾與阿傑是對的。正如「街角兄弟」拿自己辛苦贏來的熱度，在同儕與粉絲間換取物質報酬與獲得社交地位，威金斯也利用同樣這些形象與名聲，在會衆間鞏固自己的權威。

當「街角兄弟」與威金斯間的關係終究證實是曇花一現時，很奇怪地，我覺得鬆了一口氣。雖然威金斯給過承諾，但他並沒有進一步推動雙方之間的合作，也沒有再邀請「街角兄弟」參加任何佈道。看來雙方都已經達成各自的目的，不過他們之間短暫合作所造成的影響仍延續了下去，眞要說的話，「街角兄弟」這次在教會中所歷練到的事，只是讓他們再次確認自己應該致力於製作充滿爭議與暴力的內容。這次經驗讓這群年輕人證實了自己長久以來的信念——即便是中產階級黑人，在內心深處依然羨慕他們天不怕地不怕、無法無天的行事風格。

＊＊＊

鑽頭歌手與處境更優渥的贊助者之間出人意表的關係，只是再次證明了社群媒體的威力，能夠使相距甚遠的群體相互接觸。「街角兄弟」藉由數位內容生產，與泰勒公園之外更具優勢地位的消費者發展出新的關係。對於許多觀察者而言，這是真正可以樂觀看待的理由。社會學家威爾森在其過去半個世紀以來最具影響力的著作中指出，都市貧窮居民與「主流」的個人及機構之間缺乏互動是造成都市貧窮與相關問題最重要的原因。[28]他寫道，窮人在這種社交孤立（social isolation）的情況下生活，無法發展出「主流榜樣」，也無法讓「教育是有意義的、穩定的工作是獲得社會福利的可行選項、家庭關係穩定是常態而非例外」的認知保持下去。[29]年輕人落入「惡性循環」，他們在認知、語言與社會層次所發展出來的傾向，把他們更進一步推入犯罪、幫派與毒品的深淵。[30]

自威爾森寫下此論點之後，很多政策制定者開始認為，若是我們能夠在窮人與中產階級間創造出更多連結，就可以緩解貧窮的狀況。但是，如同「街角兄弟」與查德、布莉安及威金斯牧師間的互動，我們可以看到這些交流並非萬靈丹。在所有關於「主流榜樣」的討論之中，我們很常忘記這些所謂的「主流個體」在進入這些關係時，本身就帶著慾望、興趣與要求。由於關係當中的雙方所握有的權力有所差距，因此弱勢方所在乎的事在整個過程中最容易遭到忽略、被噤聲或被利用。就我親眼所見，「街角兄弟」與有錢的贊助者之間的關係並沒有創造出什麼有意義的向上流動。這些連結確實為鑽頭歌手帶來了維持日常生活所需的資源以及大量的希望與樂觀情緒，但一旦快錢、讚美與新衣服所帶來的興奮感消退，這群年輕人通常就會被打回原點，有時甚至還處在更危險的境地。匆匆一瞥美好生活的這些瞬間讓他們渴望更多，於是他們開始找尋下一個可能的贊助人。鑽頭歌手心中雪亮，知道吸引贊助者最好的方式就是繼續製作極端的內容。這群年輕人在這些交流活動中汲取教訓，下定決心要「更強悍」——只要能在喧囂的網路世界中殺出一條血路，做什麼都可以。

當然，推動線上暴力與犯罪行為市場的並非只有處境優渥的外地消費者，芝加哥南區同樣也有一群飢渴的觀眾。當地青少年是我們討論鑽頭世界時的最後一塊拼圖。跟有錢的消費者一樣，鑽頭歌手的鄰居與同學也幫忙推動了對於真實內容的廣泛需求，儘管是基於非常不同的理由。

第七章

家鄉英雄或在地威脅？

在芝加哥一個漆黑的夜晚，我與將近一百名泰勒公園的居民手挽著手，一起站在當地的主要街道上。爲了紀念一名在最新的槍擊事件中喪生的少女，我們聚在一起，參加燭光守夜。該名少女的摯友用閃爍的小蠟燭，在人行道上排出了她的名字。我們背後的停車場上停了一輛車，引擎未熄火，車門被撐開，車上正播放著「街角兄弟」最受歡迎的歌曲。在一片眞摯的追思、祈禱與社群團結聲中，聽到如此赤裸裸地討論犯罪與殺戮的歌，讓我覺得很怪異。倘若有任何人也注意到這個奇特的組合，那麼他們肯定沒有表現出來。大多數人都默默地跟著音樂節奏點頭。活動接近尾聲之際，有一個焦慮不安的年輕女子朝多明尼克及其他兩名到場的「街角兄弟」成員走過去，她忍住哭泣，懇求他們幫忙，請他們利用他們在網路上的人脈搜尋一下，看看能否找出兇手並彰顯正義。她跟泰勒公園大多數的居民一樣，都知道「街角兄弟」在網路上有當地幫派的人脈，因此是最有可能看到兇手在線上大肆吹噓犯行的人。多明尼克與其他兩個人答應了她的請求。

時間快轉到那一年稍後的時候，我參加了傑文的葬禮，當時我就坐在小鬼身旁。教堂很小，很快就擠滿了人，但我們很幸運地找到位子坐。阿傑、薩維爾與「街角兄弟」其他人也來了，他們默默地坐在冷硬的教堂長椅上，拉起連帽衫蓋住臉，低頭瞪著自己的腳，希望能避開鄰居們憤怒的眼光。鄰居們把傑文之死怪罪到這群年輕人頭上，是他們害他現在躺在房間前方的棺木當中。當傑文的家人輪流站在麥克風前悼念他時，氣氛變得很緊繃。他們對於傑文的讚美之詞，變成了直接衝著小鬼及其他人而來的鄙視，而牧師說的話更是火上加油。

「這個男孩是因爲這些傢伙的饒舌音樂而犧牲的，」他對著整個房間的人大喊，並且直直地瞪著阿傑與薩維爾，「他們都會下地獄！」追悼會結束後，傑文的一個親戚揮拳揍了某個「街角兄弟」成員，爆發了一場小小的衝突。

這兩個截然不同但同樣情緒化的場景，捕捉到南區居民（尤其是年輕人）以相當矛盾的方式與鑽頭歌手互動及消費他們製作出來的內容。有時候，鑽頭歌手與他們上傳的內容象徵了集體奮鬥、團結甚至是希望；但在其他時候，他們遭到鄙視，大家把困擾著社區的暴力與其他問題怪罪到他們頭上。

鑽頭音樂對於當地觀衆而言所代表的意義非常不同於那些較具優勢的消費者——像是查德那種待在安全的比佛利山別墅裡迷戀鑽頭音樂的人。那些不住在芝加哥的人離鑽頭歌手身處的社區很遠，因此他們只要闔上電腦或關掉手機，就可以避開鑽頭世界裡的紛紛擾擾。相形之下，「街角兄弟」的鄰居沒得選，他們與鑽頭歌手上同一所學校，搭同一班公車，走同一條路。不管他們喜不喜歡，他們都是鑽頭世界的一分子。他們可以降低鑽頭音樂所帶來的影響，但不可能徹底逃離，鑽頭音樂已經與他們的日常生活深深交織在一起。

就某些面向來看，芝加哥年輕人與富裕的外地聽衆消費鑽頭音樂的理由很類似。這種音樂類型很刺激、引人聯想，而當地年輕人用它來變出他們渴望獲得的情緒狀態、人際互動與身分認同。不過，相似性僅止於此。對於當地年輕人來說，他們在日常生活中越來越依賴鑽頭音樂作爲資源，引導他們穿越在貧困暴力的社區中所面臨的無數障礙。當他們在傳統道路上奮力前進時，會利用鑽頭音樂來激勵自己；他們用鑽頭音樂來調整自己的狀態，讓自己能夠在不採取暴力報復的情況下，處理受害的狀況或避免成爲受害者；他們也利用鑽頭音樂來發展當地幫派網絡之外的同儕關係。當然，天下沒有白吃的午餐，當地青少年在消費鑽頭音樂內容時若是粗心大意或狀況外，就會讓自己暴露在可能遭到攻擊的風險當中。倘若他們在錯誤的地點與時間放了錯誤的歌，附近的幫派可能會因此誤以爲他們與仇家有關，或甚至把這種行爲當作是直接挑釁。青少年回應這種困境的方式，通常是更加投入鑽頭世界，讓自己變得更聰明、更小心。芝加哥年輕人透過在線上與鑽頭歌手保持密切聯繫，讓自己在線下更能躲開與鑽頭相關的暴力。諷刺的是，這種情況最終造成了點擊數、觀看次數，以及其他支持鑽頭歌手以聳動手法展現暴力的相關指標隨之上升。當地受衆希望能減低鑽頭音樂所帶來的負面效應，但卻在無意間助長了火苗，導致他們更有必要保持每天消費這些內容的習慣。

鑽頭音樂讓人意想不到的可供性

由於我在青少年課後輔導計畫中工作，因此早在認識「街角兄弟」之前，我就不得不處理「鑽頭音樂在當地青少年生活中扮演重要角色」這件事。由於這些輔導計畫的目標很明確——爲青少年提供安全的空間，讓他們可以在這裡處理心理創傷、建立自信、避開暴力——因此我們非常擔心這種高度暴力的媒體內容像這樣一直出現，可能會抵銷我們的工作成果。然而，隨著時間過去，我們了解到自己並未完全理解鑽頭音樂對於年輕人而言的意義。事實上，儘管他們興奮地迷戀這些談論槍與毒品的內容，但在輔導計畫進行的過程中，他們在個人、學業與專業成就上的投入程度不斷提高。帕提尤在她針對中產階級黑人青少年所做的深入研究中，亦觀察到類似的情況，她寫道，即便是表現最優秀、與爲非作歹完全沾不上邊的青少年，時不時也會利用教會或社區中心這類安全的地方，實現他們對於街頭那些勾當的幻想。[1]如同帕提尤所指出，消費挑戰社會禁忌的內容可以帶來很強的愉悅感，無論是中產階級還是貧窮的黑人青少年，對於裝模作樣假扮成「正港黑幫份子」所帶來的樂趣都沒有抵抗力，即便他們其實很少、甚至從未跨過那條界線。

爲了理解鑽頭音樂在青少年生活中的可供性，我們必須認知到它如何提供了社會學家德諾拉（Tia DeNora）所謂的「自我技藝」（technology of the self）。換言之，鑽頭音樂提供了「創造、強化、維持與改變主觀狀態、認知狀態、身體狀態與自我概念狀態的方法。」[2]當青少年消費鑽頭音樂時，他們挪用了聲音、歌詞、視覺效果與鑽頭歌手的生命故事，用來指涉他們在更廣闊的生命歷程中心靈與身體想要抵達的地方。

讓我「嗨」

讓我們看看以下這個場景：好幾個月以來，很多參加輔導計畫的青少年常常圍坐在社區中心的塑膠折疊桌旁，一邊聽著自己最喜歡的歌，一邊完成當天的作業。我記得有一天下午，他們把手機放在練習簿旁邊，連續播放YouTube上的當地鑽頭音樂影片，整群人就這麼安安靜靜地坐了大約一小時。耳機像是黏在他們耳朵上似的，每個人都在座位上跟著節奏搖擺扭動。每隔幾分鐘就會有人用手指比出槍的形狀，瞄準放在他面前的紙張，朝著才剛解決的數學難題或作文題目發射虛擬子彈。在看到鑽頭音樂、模擬槍枝暴力與認眞做功課這三件事放在一起有多奇怪之後，我把幾個青少年拉到一旁，問他們這個出乎我意料的做功課儀式究竟是怎麼一回事，結果他們的回答竟驚人地一致。

十五歲的少年瑞吉（Reggie）形容：「當我得要『嗨』（get T'd）一點面對數學題目時，鑽頭音樂很有幫助。」「嗨」（getting T'd或turnt）在俚語當中指的是變得很興奮、積極、充滿自信。[3]「我討厭數學，」瑞吉繼續說，「我的數學很爛，數學眞的很難，但我還是得面對。」對於瑞吉來說，這件事尤其麻煩，因爲他的夢想是從事醫學領域的相關工作，所以他必須在數學與科學項目上拿高分。「我得要想辦法克服。但這個音樂，不知道欸，它讓我覺得我好像可以往前衝，沒有人可以擋住我，我好像變得無所不能。」瑞吉自顧自地笑了起來，彷彿第一次把這些事大聲講出來似的。[4]

「你可以再多講一點嗎？」我試探地問他。

瑞吉立刻回答，且正好呼應了鑽頭歌手經常拿來形容他們自己的歌的方式。「你就聽聽看吧。」他請我聽聽看他的耳機裡正在播放的YouTube影片，標題是〈芝拉克混音版〉（Chiraq Remix），這是知名的南區鑽頭歌手「蒙大拿三〇〇」（Montana of 300）的作品。當時，這支影片在YouTube上已經累積了超過一千萬次的觀看次數。我把耳塞式耳機塞進耳朵後，瑞吉按下了他手機上YouTube應用程式的播放鍵，沒過多久我就開始懂他所說的意思。

節奏一開始相當簡單，只有三或四個鋼琴音符重複循環，不和諧的小調開始讓我覺得緊張不安，聽起來非常像卡本特（John Carpenter）的經典恐怖片《月光光心慌慌》（*Halloween*）的主題曲；持續而低沈的大鼓聲更加放大了壞事即將發生的暗示效果，低頻部分在廉價耳機中聽起來爆音失真；電腦合成的小鼓聲很粗糙，在毫無預警的情況下出現，穿透了旋律；小鼓以快速連續的方式編排，模仿的是城市街道上響起的槍聲。「蒙大拿」狂躁且速度很快的饒舌唱腔，更是增添了急迫的氣氛。節奏像這樣持續進行了大約一分鐘，一個元素接著一個元素地出現。「蒙大拿」加快了他的速度與音量，直到整首歌到達高潮。對我來說，這個聲音聽起來勢不可擋，讓人無處可逃，確實夠狠。當節奏終於結束時，我發現自己已無意識地喘了一大口氣。

「天啊，」我一邊說，一邊把耳機拿下來，我的心跳明顯加快，「這東西好強烈！」

「我就說吧！」瑞吉回我，臉上掛著大大的笑容。「你也『嗨』了吧？你可以感覺到胸口有點什麼，覺得自己所向無敵，對吧？」他指了指放在桌上的手機，說：「我在這些功課上『鑽孔』（drilling），蒙大拿有**他的**敵人，我也有**我的**。」瑞吉笑得很開心——他默默地意識到自己的比喻有點不倫不類。

像是瑞吉這樣的青少年積極利用鑽頭音樂中讓人內心澎湃、引發情緒的節奏，讓自己處在特定的心理與身體狀態。我沒有刻意引導瑞吉，他自己就清楚注意到「蒙大拿」的歌所召喚出來的街頭非法勾當與黑幫形象。當瑞吉在生活中遭遇困難時，他會把自己想像成鑽頭歌手，彷彿自己也「在街區站崗」，在生死決鬥中打敗敵人。

不過，鑽頭音樂的聲響特質與歌詞內容，僅部分解釋了其獨特的可供性。青少年們非常熟悉鑽頭歌手背後的故事與每天所面臨的艱難處境，而這一點就他們的消費行爲而言也同樣重要。每一首鑽頭歌曲與每一部影片都有上百則貼文、更新與留言作爲補充，讓消費者可以把某個特定場景、某段音樂或歌詞所描述的情況拼湊起來。鑽頭歌手跟這群年輕的消費者來自同樣的社區、認識同樣一群人、同樣經歷過造成心理創傷的事件，使得這群聽衆可以出於自己的目的，把鑽頭歌手的生命故事拿來用。威爾（Will）的狀況便是如此，他是另一個很喜歡對著每日作業發射虛擬子彈的少年。他的消息很靈通，對於鑽頭歌手與他們所屬幫派的最新消息，無論好壞他都知道的很清楚。他特別喜歡一個當地的饒舌歌手

「浪多九號」。浪多曾在ＩＧ上貼過一張他手持軍隊規格的大型火箭發射器的照片，從此之後他的微網紅名氣直衝雲霄。在警察指控他開車闖入敵對幫派的地盤且開槍導致一人死亡後，他的人氣持續攀升。二〇一六年夏天，浪多因槍擊致死被判處三十九年的有期徒刑。就像鑽頭世界裡經常出現的情況，判決結果將浪多的人氣推向另一個高峰。雖然他沒有再創作出任何新作品，但他在獄中接受了YouTube頻道與鑽頭音樂部落格的專訪。[5]

雖然威爾最剛開始是因爲火箭發射器事件而跑去搜尋浪多、聽他的音樂，但當他發現浪多的生命故事與他自己的有多麼相似之後，他變成了鐵粉。威爾與浪多都因爲槍枝暴力失去了摯友。浪多在他的歌、影片與社群媒體貼文中深深紀念被殺害的朋友與幫派同伴，他不斷地表達哀悼之意，以及他渴望藉由尋仇與販毒賺大錢，讓自己與倖存下來的朋友能夠脫貧，以此向死者致敬。

「浪多最好的朋友也被人開槍，」威爾解釋，「我是因爲這樣所以開始聽他的音樂，他知道那是怎麼回事。」威爾的朋友過世後的那幾個月，他調適得很辛苦，晚上失眠，白天在學校也無法專心。威爾形容那種感覺就像是整個人籠罩在一團憂鬱的「雲霧」當中，讓他幾乎沒辦法想其他的事情。然而，浪多的堅韌鼓舞了他，照他自己的話講，讓他「穿過雲層」。他在浪多身上看到自己的影子，於是他決定，向朋友致敬最好的方式就是克服自己所面臨的所有障礙，而一切就從戰勝學校功課開始。

對付無力感

除了拿鑽頭音樂來自我激勵與處理失去摯友的心情之外，年輕人也常會利用鑽頭音樂的內容來重新調整自己的精力與情緒以**遠離**肢體暴力。有一年夏天，我與一群泰勒公園居民組成了非正式的舉重「俱樂部」，在整個夏天的相處過程中，我了解到鑽頭音樂的這種用途。除了我之外，這個團體的成員多半是十八歲到二十一歲的年輕男性。雖然他們與「街角兄弟」的關係密切——身為表兄弟、以前的同學、鄰居——但他們試著走在完全合法、不涉及暴力的道路上。他們當中有三個人斷斷續續地在職業學校與社區大學上課，其中兩人之前在高中時籃球打得很好，現在正在伊利諾州下州與印第安納州美國大學籃球第三級別的球隊中打球。他們從青少年時期開始就是好朋友，整天窩在一起打電動、照顧年幼的弟妹、以及在泰勒公園當中慢慢晃個幾圈，藉機搭訕年輕女子。面對酷熱漫長又無聊的夏天，他們當中兩個人問我是否能幫忙他們鍛鍊身體。於是，一群人坐上我的車，我們一起開車前往幾英里遠的社區中心練習舉重，每週大約三次。

在鍛鍊的過程中，鑽頭音樂——包括固定會出現的「街角兄弟」的歌——填補了學業、舉重技巧與生活瑣事等話題之間的空檔。我們相處的時候，我注意到他們有個非常明顯的聽歌習慣——在舉起特別重的重量之前，他們會找出特別暴力的歌，將音量開到最大，並且把耳塞式耳機深深地塞入耳朵中；沒有耳塞式耳機的人會把手機放在離耳朵很近的運動器材上。他們繃著臉，重重吐氣，充滿決心且專注地完成動作。我們一起運動的時候，他們一次又一次地重複這個儀式，直到身上的白色坦克背心浸滿汗水，雙腳因爲疲憊而顫抖。一開始，我以爲這些年輕人跟瑞奇與其他人一樣，拿鑽頭音樂來召喚出某種特定的心理與身體狀態，鑽頭音樂肯定可以在這些費力辛苦的時刻幫他們「嗨」起來。然而，隨著時間過去，我發現他們想要召喚的不只是幹勁。

有一次，我注意到手長腳長、脾氣溫和的年輕人阿倫（Allen）運動時特別激烈。他在每組動作間稍微跳起舞來，在臉前方揮舞著想像中的槍，並且跟著耳機中正在播放的歌對嘴唱，看起來像是憤怒地在跟某個人說話。我立刻認出那是哪首歌，那首歌的歌名是〈喬登〉（Michael Jordan），創作者是當地最紅的鑽頭歌手「路易王」（King Louie）。我聽到阿倫不斷重複唱著四行歌詞：

那些尼哥沒啥本領
讓我開幾槍試試行不行
做些吹噓胡謅的事情
現在卻跟阿甘一樣跑不停

在這段歌詞當中，「路易王」點名批評敵人很弱（他們「沒啥本領」），接著形容當自己掏出槍對他們開槍時，他們害怕地逃走、毫不反擊的樣子（「現在卻跟阿甘一樣跑不停」）。[6]

運動結束之後，我把阿倫拉到一旁，問他最近過得好不好，也問了他稍早之前的舉動。在我稍微施加壓力後，他坦白跟我說前一天晚上有幾個與「謀殺鎮」分支有關係的人拿槍指著他的頭，搶劫他。他們認出阿倫是某個「街角兄弟」成員的表親，因此決定利用這個機會堵到他手無寸鐵。阿倫盯著他們的槍口，沒有反抗便放棄了他的錢包。此次痛苦事件發生之後，他發現自己變得非常緊張焦慮，以至於沒有辦法告訴任何人。他知道，如果他的親戚與「街角兄弟」其他成員發現了這件事，他們會覺得被迫要復仇，畢竟他們得維護自己的名譽。他也知道，他的親戚在試著為家族成員復仇時可能會遭遇怎樣的後果——可能被槍打中、被殺或遭到逮捕。所以，他現在待在健身房裡，在鑽頭音樂的協助下，把怒氣與沮喪發洩在舉重上。

「我昨晚一直在放這首歌。」阿倫說，並且向我形容他在聽這首歌時的心境。「就像是電影。我一直在想我希望可以對他們做出什麼事。我想要**他們**感受到**我**的感覺，你懂嗎？像是如果**我**手上有槍，他們就會知道不能對我做那些事；就像是，如果**我**開始開槍，情況會變成怎樣，我猜他們大概就不會那麼野蠻了。」我注意到阿倫在講這些話時的臉部表情變化。像是對於自己所說的話突然覺得很丟臉似的，他深吸了一口氣，冷靜下來。「不，我不是那種人，不會真的去做那些事。那是『街角兄弟』跟他們那些人，那是他們的生活。我只想遠離這些，好好弄學校跟自己的事。」

阿倫所說的這種應對策略，這群年輕人當中的每一個人在那個夏天至少都用過一次：在經歷過暴力傷害之後，接下來的幾天他們聽音樂與運動的強度都會提高。藉著這樣做，他們有效地利用鑽頭音樂，重新找回在互動過程中被迫交出的東西——也就是他們對於男子氣概、權力與控制力的感受。[7]他們待在健身房裡，讓鑽頭音樂在耳朵裡炸開，藉此把自己帶回那些讓他們害怕的場景。他們情緒高漲，腎上腺素飆升、心跳加快、呼吸加速、手心出汗，彷彿那些困難時刻重現。他們幻想著自己的反應變得不一樣——這一次，他們無所畏懼地對抗敵人。他們在腦海中重播並修改那個場景，把自己想像成像是「路易王」那樣的鑽頭歌手，而（他們相信）他會掏出槍來懲罰攻擊他的人，而不是放棄錢包逃走。阿倫與他的好友們非常清楚，他們的生活以及在學業、運動、非犯罪活動上的持續表現，必須仰賴自己在面對暴力攻擊時一直默默地屈服。無法反擊讓他們覺得充滿無力感，覺得自己被打倒，但是用這種方式消費鑽頭音樂——藉由創造出自己作為侵略者的虛擬實境——讓他們不用透過報復行動，就可以一次又一次地撐過那些屈辱且失去男子氣概的時刻。

鑽頭代理人

有時候，當地年輕人會利用鑽頭音樂內容來組成與調整自己的朋友圈。雖然不合常理，但這又是另一個他們用鑽頭音樂把自己導向正途的策略。過去一個世紀以來的社會學與犯罪學研究皆顯示，同儕團體是影響年輕人態度與行為最重要的因素。[8]青少年若是與年紀較長的不良少年交朋友，比較容易做出犯罪行為，且更容易跟幫派、濫用毒品與酒精扯上關係，在學校裡的表現也會變差。根據社會學家哈定（David Harding）所言，「同儕挑選」（peer selection）通常受到更廣泛的社區條件所影響。[9]在弱勢且充滿暴力的地區，年輕人前往離家太遠的地方會覺得不安全，因此常會與當地社區中較年長的人為伍；相反地，比較不害怕在城市中到處亂走的年輕人，有更多機會跟與自己年紀相仿、不是不良少年的同伴交朋友。這些研究成果啓發了數十年來的課後輔導計畫（我自己所工作的計畫也是），使得這些計畫試著在青少年從事不涉及犯罪的活動時建立安全的空間，讓他們更容易與年齡相仿、來自不同社區的人交朋友。不過，問題在於：年輕孩子可以與同齡人往來，並不代表他們就會這麼做；如果他們彼此之間沒有形成強而有力的連結，他們很可能乾脆就不去這些地方，反而回頭去找社區當中較年長的人作伴。所以，儘管社區條件確實扮演重要角色，但我們也得注意同儕互動時的實際狀況與品質。倘若同儕團體能提供刺激且令人滿足的交流，青少年比較可能留下來。

鑽頭音樂作爲芝加哥青少年生活中最流行也最容易取得的文化產品，爲年輕人提供了最具威力的媒介，讓他們可以藉此交朋友與建立團結感，同時也確保了便宜的娛樂消遣。[10]社區中心的青少年藉由展現出自己對於鑽頭歌手最新的英勇行爲、衝突與死亡事件很熟，不停地搶奪團體內部的地位，爭取同儕的重視。這是「競爭性的社會交際」（competitive sociability）相當普遍的形式。[11]青少年們花很多時間相互爭論自己最喜歡的鑽頭歌手的熱度，以及他們是否貨眞價實。

這些互動通常開始於某個青少年分享意見、最新消息或他最喜歡的鑽頭歌手新發佈的影片，然後其他人在接下來的爭論中，貶低那個鑽頭歌手，同時宣稱其他鑽頭歌手（通常是敵對的）更棒。他們唇槍舌戰，評論各個鑽頭歌手的音樂才華與他們認爲那名歌手有沒有「眞的做出他在唱的事」。他們一邊爭論，一邊利用網路上所能找到的所有相關資訊。就這樣你來我往了幾分鐘之後，當所有容易取得的資訊都已用完，他們會低頭回去看手機，看能不能找到更多資訊以支持自己的論點。要是誰偶然發現了新證據——比如說YouTube上的舊影片或以前的推特文——就會叫大家過來看。接下來的幾分鐘，一整群人會圍著手機擠成一團，檢查這個新發現。用不了多久，就會有人提出新的反對意見，然後整個流程又再重來一遍。

有天下午，我看到這樣的過程在我面前展開，當時我與四名青少年正一起走去當地的籃球場。他們的互動一開始很單純，其中一個十五歲、身材矮壯的少年安湯（Antwan）唱起了當地饒舌歌手「泰伊六〇〇」的〈點鈔機〉（Money Counter）這首歌當中的某幾行歌詞，他帶著旋律唱起了饒舌：

我需要一台點鈔機
槍就在我身邊
我在街上堵到仇家
他最好閃遠一點

安湯唱完最後一句時，臉上露出大大的笑容。「兄弟！」他大叫，轉身面向我們其他人，「『泰伊六〇〇』真他媽的酷。他說疊太多銀兩〔stacking so hard，意指賺大錢〕，需要一台點鈔機。我決定要跟他了，他好炫。」

安湯話還沒說完，另外兩個青少年就打斷他，開口抨擊。熱愛耐吉高筒球鞋、十七歲的戴文（Devan）充滿自信，他一秒鐘也沒浪費地說「泰伊六〇〇」根本不是正港的鑽頭歌手，「他是爛咖，」戴文開始說，「他根本沒在場上，他是抓耙仔！」

「他才不是抓耙仔，」安湯反駁，「你根本不知道自己在講什麼。」

另一個十七歲的高個子少年夏奇爾（Shaquir）加入戴文的陣營。「沒錯！」夏奇爾大喊，「他**就是**

抓耙仔啦！他告發了自己的幫派，就是他害浪多被關！他才沒有在疊銀兩，他甚至沒有槍。他們在追捕他。」

夏奇爾說話的時候，戴文拼命在手機上打字，上網搜尋證據來證明他之前所說的話。不到二十秒鐘，他就找到了一則相關的部落格貼文，那是泰伊所屬的幫派「六〇〇小隊」（Team 600）中的成員所發佈的一系列影片與推特文。這個部落格宣稱泰伊提供了證詞，導致浪多在謀殺案件中被起訴。夏奇爾說的沒錯：「六〇〇小隊」確實放逐了「泰伊六〇〇」，公開聲明與這個名聲很差的鑽頭歌手斷絕關係。

「我就說吧，」戴文洋洋得意，把手機拿起來給大家看。

「浪多，那才是**眞正的**野蠻人，」夏奇爾說，並且轉移話題開始讚美起**他**最喜歡的鑽頭歌手。「他**眞的**在場上，而且他還有那個火箭發射器。泰伊如果在那邊搞些告密的事，浪多就算在牢裡蹲，也會找到辦法讓他閉嘴。」

「才不是這樣呢！」安湯小聲地回話，不過沒有再進一步爭辯，他暫時讓步了。

彷彿要對「泰伊六〇〇」是否貨眞價實這個問題下定論似的，在場的第四名年輕人——就讀高中二年級的肯揚（Kenyon）——補上了最後一刀。肯揚時常吹噓他跟「六〇〇小隊」的人有親戚關係，此刻他又再度提起。「我表哥說他們從來就不想要泰伊加入，他們讓他入幫只是因爲他很會唱饒舌。我表哥說他**就是個**爛咖！他現在甚至不能再去他們那邊了。」

他們站在籃球場邊的時候，戴文與夏奇爾花了幾分鐘的時間，催促肯揚多說一點關於「六〇〇小隊」的事，像是幫派內的衝突，以及在他們地盤上發生的種種瑣事。安湯最終還是加入了大家，於是他們四個人繼續比較他們最喜歡的鑽頭歌手，直到下一場籃球比賽開始。

這次互動有兩個值得注意的面向。首先，每一個年輕人都根據生命經驗及社群媒體上的內容，選定了一個與自己產生共鳴的鑽頭歌手來代替自己。[12]用「代理人」來相互競爭，讓他們可以在不必親身參與暴力或犯罪活動的情況下，角逐地位、爭取酷炫感與男子氣概，同時也讓他們可以把競賽侷限在友善且不針對個人的範圍之內。雖然戴文、夏奇爾與肯揚猛烈地批評「泰伊六〇〇」也等同是間接批評了安湯（居然分不出「正港」饒舌歌手與「爛咖」之間的差異），但這種間接性確保了安湯絕不會完全被排除在群體之外。[13]

其次，芝加哥青少年把自己對於鑽頭歌手與當地幫派相關事件的詳盡知識當作是某種形式的社會貨幣，或稱「文化資本」。[14]對於鑽頭歌手的知識是入場費，同時也讓他們可以形成並且強化團體內的階層、界線與地位。[15]與此同時，要是有人無法適當地選定、捍衛與討論作爲「代理人」的的鑽頭歌手，實際上就等於被排除在這樣的群體之外。十五歲的凱文（Kevin）用功好學，他剛搬來這個地區時，發現自己很難融入安湯的朋友圈。最剛開始的幾個禮拜，凱文經常安靜地站在一旁，看他們熱烈討論最新的鑽頭音樂與幫派八卦。凱文有輕微的說話障礙，以至於他不太敢跟新認識的人互動。幸運的是，安湯常常會跑去找凱文，通常是問他對於與鑽頭音樂相關的最新事件有什麼看法，以此當作破冰的工具。但是，凱文每次都說不出個什麼所以然來，他承認自己不知道安湯到底在說誰或在說哪件事。過沒多久，安湯小圈圈裡的其他人就開始捉弄凱文，叫他「蠢蛋」與「遜咖」。不過，在凱文每天加強接觸鑽頭音樂的內容後，這些侮辱就停止了。他花了幾個禮拜的時間，在YouTube與推特上仔細研究當地鑽頭歌手與他們之間的恩怨，把幫派戰爭的來龍去脈與結果拼湊起來，甚至也選定了作為「代理人」的鑽頭歌手。沒多久，安湯的小圈圈對他的態度就改變了，他在很短的時間內往每日鑽頭音樂討論的核心靠近。有一次，我跟凱文聊天時，提到他最近開始喜歡鑽頭音樂這件事，以及隨之而來的友誼。

「我剛來這裡的時候，」凱文很興奮地跟我分享，「根本不知道那些饒舌歌手，我以前只會聽我媽在車裡放的音樂。這裡的每個人都一直在講酋長基夫、小喬還有其他人，我想看看他們到底在講啥，所以開始看影片。」現在，每當凱文看到自己最喜歡的鑽頭歌手人氣飆升時，都覺得心滿意足，「他真的很棒，」凱文誇耀，「他會成功的，等著看吧！其他人都不喜歡他，但我很喜歡。」

看到凱文成功地融入社區中心最受歡迎的小圈圈，我鬆了一口氣。我本來很擔心這個社交笨拙的男孩可能會覺得自己格格不入，因而跑去跟其他不像安湯這群人這麼想在學業與工作上有所成就的人交朋友。與我直覺的預期相反，凱文最近迷上與幫派相關的暴力線上內容為他開啓了一條道路，讓他可以融入積極地避免在線下涉及幫派暴力的同儕網絡當中。

不當消費所帶來的危險

儘管鑽頭音樂內容具有這些充滿威力但出乎意料的優點，但年輕人並不可以隨心所欲地在任何地點或任何時間享受這些東西。對於南區青少年來說，不恰當的消費可能會引來非常嚴重的麻煩。數十年來，當年輕人使用與當地幫派有關的文化產品、風格與符號來打扮自己時，所冒的風險是看起來像是敵人、潛在威脅與容易受到攻擊的目標。帕提尤在一九九〇年代的研究中觀察到，「當年輕人身上單純只是用來展現風格的標誌被眞正的幫派份子誤會時，他們可能會成爲受害者。」[16]今日，隨著黑幫越來越常把鑽頭音樂當作工具來宣傳他們與其他幫派間的關係以及藉此挑釁敵人，誤讀身分的狀況也因此越來越常發生。有時候，鑽頭歌手與他們所屬的幫派會在經過中立的公共空間時，用手機播放他們自己的歌，或是大聲唱幾句饒舌歌詞，讓旁邊的人聽見。這種「用聲音作爲識別」的新模式，是過去二十年來幫派組織大幅改變所直接造成的結果。隨著公司型幫派持續分裂成更小型、以街區爲單位的分支，其成員越來越難使用幫派所選擇的官方顏色自報家門。今日，幫派份子多半就只是穿著黑T恤與牛仔褲。他們在衣著上的轉變讓年輕人在公車上、等紅綠燈時、或電影院裡更難判斷身旁的那個人是否與哪個幫派有關／無關。然而，藉由密切觀察陌生人選擇看或聽什麼樣的鑽頭音樂內容，年輕人學會了如何快速辨識出周遭的人可能跟哪個幫派有關係，以及可能會帶來什麼樣的威脅。

在「年輕人一直在監視彼此的消費習慣」這樣的社會環境中，與幫派沒有關聯的年輕人承受著因爲被誤認而遭受攻擊的風險。如同外向活潑的十九歲少年雷伊（Ray）所言，當幫派份子聽到某個人正在聽仇家的音樂時，他們可能會選擇「先開槍，然後才發問。」

「沒有人可以阻止你聽你想聽的音樂啦，」雷伊說，「不過，你不能……一邊聽『街角兄弟』的音樂，一邊開車經過『謀殺鎮』的地盤。你不能這樣做……要是他們聽到，當然會以爲是他們（意指「街角兄弟」）來了，所以開槍打你的車，完全不管車上是誰，車上可能還有你媽欸！」

住在泰勒公園的少年安東尼歐（Antonio）分享了他遭到誤認的恐怖經驗。跟社區裡絕大多數的年輕人不同，他很少聽「街角兄弟」的音樂。他是故意這樣做的，因爲他下定決心要離當地的幫派分支遠一點。相反地，他受到芝加哥其他鑽頭歌手所吸引，像是酋長基夫，因爲這些人已經取得主流地位，相對而言比較少陷入正在進行中的幫派戰爭。不過，即便是這樣的策略也非萬無一失。安東尼歐告訴我說，有一天下午他從市中心搭火車回家時，因爲選錯音樂而被誤認。當時，他手握吊環站著，全神貫注地在聽耳機裡播放的歌。那是酋長基夫的diss曲〈除掉土卡〉（Off the Tooka），最初是寫來侮辱對手「聖羅倫斯兄弟」（St. Lawrence Boys）的成員土卡（Tooka）。酋長基夫在合唱部分不停地吹噓自己正在「嗑」（smokin）土卡——意思是，把土卡的骨灰混在他的大麻捲菸裡抽，慶賀土卡被殺。打從這首歌發佈以來的這些年裡，像是安東尼歐這樣的聽眾受其吸引，但沒有深入探究它原初充滿敵意的目的。據安東尼歐所言，他被合唱的部分「帶走了」，以至於在火車上開始心不在焉地跟著唱了出來。突然之間，另一個乘客站起來，當面對他叫囂。安東尼歐立刻意識到這個人是「聖羅倫斯兄弟」的成員——他們在摯友死後，把自己的地盤改名為「土卡鎮」（Tookaville）。

「他以為我是哪個仇家，」安東尼歐回想起來仍驚魂未定，「他聽到我唱那首歌，問我是哪個幫派的。他整個人氣到抓狂。我一直說我沒加入幫派，但他就是不信。後來他準備要揍我時，我跳下火車，三步併兩步地跑下樓梯。」安東尼歐用手掌快速地拍打大腿，模仿他奮力奔跑時腳掌踩踏在地上的聲音。「我回頭看，他就在我後面緊追不放，速度很快，我那時心裡只想著他就要對我開槍了。」安東尼歐離開月台之後，躲進了一家生意很好的商店裡。那個人在外頭等著，透過窗戶看他。安東尼歐很害怕那個人會把他的幫派同夥都叫來，還好幾分鐘之後他就走開了。安東尼歐總算可以離開那家店，重新搭上火車。在這個事件之後，他開始避免在公共場合跟著任何鑽頭歌曲一起唱，並且小心地把音量轉小，就算是用耳機聽音樂也一樣。「你不知道站在你旁邊的是誰，」安東尼歐警告，「你正在聽的歌可能是在幹譙他的表兄弟或嗑他兄弟的骨灰，那些都在音樂裡，但那個音樂跟他的幫派有關！所以他就跟你沒完沒了。」[17]

有些人在年紀非常小的時候就碰到因爲聽音樂習慣而被誤認的情況，對此我甚感詫異，因爲就連小學生與國中生都得要小心選擇他們在公共場合聽的音樂。我在與泰勒公園居民所進行的諸多訪談中，聽到這樣的故事：一個十三歲的少年走去靠近「謀殺鎭」地盤邊界附近的麥當勞吃東西，吃到一半時他的手機鈴聲響起。他跟當地很多人一樣，都把手機鈴聲設定成他最喜歡的「街角兄弟」的歌。鈴聲只響了幾秒鐘，但已足以引起附近顧客的注意，當中包括了一群與「謀殺鎭」有關係的青少年，他們就坐在隔壁幾張桌子。那個男孩所選擇的鈴聲被他們解讀成他可能是「街角兄弟」的成員，所以他們把他趕出餐廳，一路趕回「街角兄弟」的地盤。

有時候，就算只是跟當地幫派的歌曲、影片與其他線上內容沾上一點點看似無害的關係，都可能導致被誤認的狀況發生，因而遭受攻擊。十五歲、住在泰勒公園的克里斯（Chris）曾經歷過慘痛的教訓。由於很有運動天賦，所以他把時間全都放在體育活動上，高一時就被指定爲美式足球校隊的先發線衛。克里斯很投入在足球與課業上，因此他跟「街角兄弟」一起出去混的時間大幅縮減。與「街角兄弟」那群人保持距離對於他自身的安全來說，至關重要，因爲他每天上學時都不得不穿過「謀殺鎭」的地盤。剛開學前幾個月，他靠著這麼做安然度過。然而，當「謀殺鎭」的人把他誤認爲「街角兄弟」的成員時，情況徹底改變。他們在二十四小時內對克里斯公開宣戰，並且精心策劃，打算在他上學途中偷襲他。

這場誤會對克里斯來說實在是無妄之災，事情是這樣開始的：他跟很多同年紀的人一樣，開始花很多時間在年輕女生身上，女朋友一個換過一個。有一天下午，他跟一個女生站在阿傑的公寓前自拍。那個女生很想要在網路上炫耀自己的新男友，所以把照片貼到臉書上，結果引起了某個「謀殺鎮」成員的注意。那個人很迷戀她，一直有在看她的臉書照片。他立刻認出了那棟公寓建築獨特的磚造門廊，因為「街角兄弟」的音樂影片常常拿那裡當作背景，這已足以讓他假設克里斯是「街角兄弟」的人。消息很快地傳到其他「謀殺鎮」成員那裡，於是他們開始在社群媒體上威脅克里斯。克里斯當然是嚇壞了，所幸他的足球隊上有一個學長與「謀殺鎮」有些親戚關係，那個學長看到網路上的威脅，再三向「謀殺鎮」的人保證克里斯真的不是「街角兄弟」成員，並且促成了雙方溝通，澄清這場誤會。不過，克里斯又花了足足兩個禮拜，才敢再次走路去上學。

不幸的是，不是所有的青少年在遭到誤認的時候，都可以找到能夠有效地幫忙斡旋的親朋好友。很多年輕人不像克里斯，他們必須另外想辦法，才能避掉因為與當地鑽頭歌手扯上關係（無論是真的有關係或是被認為有關係）而導致的後果。

用鑽頭音樂內容來保平安

有些聰明的青少年發展出了極具創意的辦法，利用與鑽頭音樂相關的內容來躲避可能遭害的情況發生。我之前已詳細說明了鑽頭歌手與他們所屬的幫派如何透過監控對手在網路上的行為，取得對手目前下落與行動等相關情報。與幫派無涉的年輕人同樣也會蒐集情報，不過不是用來偷襲敵人，而是為了讓自己更能避開那些可能會傷害他們的人。他們藉由消費鑽頭音樂、影片與其他內容，創造出了整座城市的認知地圖，並且修改得很細緻。依都市社會學家薩托斯（Gerald Suttles）所言，認知地圖是居民們加在實體地圖上的「創意疊加」（creative impositions），目的是為了「控制在空間上的移動，以避開敵對團體間所發生的衝突。」[18]這些地圖「提供了一套社會分類，把可以或不可以安全往來的人區別開來。」[19]

隨著近年來大型的公司型幫派分裂成以鑽頭音樂為中心的小型幫派分支，芝加哥年輕人變得更迫切需要發展出認知地圖。我跟南區青少年相處的那段時間裡，請他們參加了我所設計的繪製地圖活動。我在他們面前放置了一張空白的南區實體地圖，要他們畫出自己所知道的所有幫派地盤界線。我對於他們能夠說明幫派地盤密密麻麻的分佈狀況——不只是他們家裡附近的街區，甚至是他們從未親身去過的遙遠社區——一直感到印象深刻。雖然有些青少年一開始是從叔伯、兄長與其他有過親身經歷的大人那邊聽到這些資訊，但他們對於幫派活動在空間上的知識，大多數來自於他們每天所消費的鑽頭音樂內容。

以住在泰勒公園、十四歲的少年馬凱爾（Markell）所畫的認知地圖爲例，雖然他與「街角兄弟」或任何幫派都沒有關係，甚至連邊緣人物都稱不上，但他詳細畫出了他所住的社區方圓三英里內九個不同幫派分支的地盤界線。我問他怎麼會知道這麼精確的界線，他告訴我說他所上的高中位在「街角兄弟」地盤外數英里遠的地方，所以他一上高中，就很有意識地在消費鑽頭音樂的內容，希望能找到最相關的幫派邊界。

「反正我就開始看所有的影片，」馬凱爾告訴我，「如果你有在看，就會知道他們（意指不同的幫派分支）在哪、現在發生什麼事。我一直有在注意他們在哪條街上、有什麼樣的標誌。我聽到他們在談論仇家，就會跑去看他們仇家的影片。因爲這樣做所以我知道哪裡不能去。他們正在開戰的時候，如果我正好走進他們的社區，他們可能會以爲我是仇家。」

像是馬凱爾這樣的青少年重新利用了鑽頭音樂影片當中隨處可見的元素。鑽頭歌手在展現自己貨眞價實的時候，常會強調自己與特定的南區社區間的連結。因此，他們經常會站在醒目的路標下、低收入計畫住宅前或其他可辨識的地標附近拍攝音樂影片，而這些風格鮮明的視覺元素讓馬凱爾之類的青少年可以很快地把鑽頭歌手及其幫派與特定的街區連在一起。

有些青少年除了辨認出幫派實際上的地盤與彼此之間可能的競爭關係之外，還會蒐集更多的情報，他們藉由監測音樂影片與社群媒體上的其他內容，取得了某個幫派是否有能力施暴的資訊。另一個名叫史考帝（Scotty）的少年畫下附近幫派地盤的地圖時，我問他覺得哪裡最不安全，他立刻指向附近的「法老幫」地盤。

「你爲什麼會覺得去那裡不安全？」我問他。

「他們有大隻的槍，」史考帝回答，語氣很嚴肅，「有ＡＫ〔意指AK-47衝鋒槍〕、擴充仔〔extendos，擴充彈匣〕那些大型的槍。」

「你怎麼知道？」

「我在他們新的影片中看到的，」他回答，「他們管子大〔piped up，意指全副武裝〕，媽的我才不要去那裡咧！」

「那這裡怎麼樣？」我指著地圖上被他認定爲是「皇冠鎮」地盤的區域問道。

「嗯，」史考帝開始說，態度恢復成他向來漫不經心的樣子。「那邊沒什麼好擔心的，他們那邊現在很安靜，所有的槍手都在牢裡蹲，他們現在沒啥事可幹，正在重建。」

「你怎麼知道？」我問他。

「我在臉書上看到的。」他立刻回答，「他們一直在講『釋放槍手』之類的東西，意思就是他們現在沒有武力。所有的槍手都被關的情況下，他們啥事也不能幹，所以那個街區現在很安靜。」

接下來的十五分鐘，我一一指向史考帝在我倆面前的地圖上所畫出的各個幫派地盤。針對每一個幫派，他都提及了特定的YouTube影片、臉書上的交流、推特上的對話或關於鑽頭音樂的部落格，當中揭露了每一個地區關於幫派的關鍵資訊。[20]透過消費與鑽頭音樂相關的內容，史考帝因此得以蒐集到足夠的資訊，讓他覺得自己好像能夠安全地造訪周遭社區。

對於常常得橫跨數個幫派地盤（例如只是去上學）的青少年而言，只具備關於不同幫派的地盤邊界與施暴能力的一般性資訊可能還不夠。[21]他們幾乎每小時就會查詢一下與鑽頭音樂相關的內容，鉅細彌遺地彙整出可能會傷害他們的人目前的行蹤與處於怎樣的心理狀態。很多青少年早上一起床就開始做這件事：拿起智慧型手機，打開社群媒體應用程式。十六歲的少年埃文（Evan）跟克里斯一樣，每天上下學時至少有兩次得要走路穿過「謀殺鎮」的地盤。雖然埃文不是「街角兄弟」的人，但因為家人的關係以及他們在網路上跟「街角兄弟」間的連結，導致他成為「謀殺鎮」瞄準的對象。他們在各種不同的場合威脅、追趕、搶劫過他。埃文下定決心要降低變成受害者的機會，因此開始在ＩＧ與推特上追蹤每一個「謀殺鎮」的鑽頭歌手、槍手與幫派成員，甚至還在臉書上加他們為好友。他每天早上的例行公事之一，就是查看這些人在網路上的個人帳號，這樣他才可以找出穿越他們地盤時最安全的路徑。

舉例來說，有一天早上七點，當埃文正準備離開家門時，看了一下某個「謀殺鎮」成員在推特上的動態，他就住在埃文前往學校時最直接的路徑上。埃文看到這個傢伙幾分鐘前上傳了一張照片，裡頭展示了幾把手槍整齊地放在咖啡桌上，並且附註了一條讓人怵目驚心的說明：

我今天要來獵仇家，堵那些手無寸鐵的軟弱尼哥

埃文很怕這個傢伙正持有武器尋找適合的目標，因此他決定繞道而行，改往北走兩個街區。不過，他在這麼做之前，得要確認一下另外兩個「謀殺鎮」成員在推特上的動態，這兩個人就住在他想改道的路途上。當埃文看到這兩個人都無法執行任務（至少從推特上看來如此）時，著實鬆了一口氣。其中一人前一晚在推特上發文，說他被卡在郊區；另一個人則是在清晨時發文，說他狂歡了一整晚，總算要去睡覺了。雖然埃文新選擇的路徑會讓他多花五分鐘才能走到學校，但他平安無事地到校上第一節課。最後一節課結束後，埃文再一次查看「謀殺鎮」成員在網路上的動態，想辦法找出最安全的路徑回家。

雖然這種策略對於住在幫派交戰地區當中與附近的青少年來說是家常便飯，但究竟能夠幫他們避免掉多少危險卻很難計算得出來。如同我在本書中一再強調，鑽頭歌手及其所屬幫派所上傳的內容多半誇大不實，有時完全是捏造出來的。埃文在「謀殺鎮」成員的社群媒體動態上所發現的資訊——例如槍、派對與實際位置——很可能都不是眞的。然而，倘若過去的研究所言屬實，那麼即便有些資訊不正確，像是埃文這樣的青少年還是能處於較爲安全的狀態。像是埃文這樣的青少年努力建立認知地圖並畫出安

全路徑，從而發展出了「街頭效能」（street efficacy）——也就是社會學家夏奇所說的「在社區中避開暴力衝突與找到辦法保持安全的感知能力。」[22]「**感知**」在此處是關鍵字。相信自己能夠有技巧地避開暴力的青少年——即便暴力看似無所不在——比較不會尋求當地幫派的保護，也比較不會參與先發制人的暴力行動，或是訴諸其他爲非作歹的形式來建立自己的社會地位。[23]

＊＊＊

埃文、瑞吉與其他當地青少年在觀看暴力影片、聽挑釁歌曲與瀏覽關於幫派的照片時，或許能體驗到踰矩的快感，但他們同時也出於其他更爲複雜的理由消費這些內容。事實證明，最剛開始迫使鑽頭歌手參與數位生產活動的那些社區條件——人身不安全、缺乏向上流動、渴望受到認可——同樣也推動了當地的消費行爲。別的不說，鑽頭音樂內容爲南區青少年提供了重要資源，讓他們可以處理失去親友的情緒、激勵他們用功、組成同儕團體以及確保安全。

鑽頭音樂不合常理的可供性，挑戰了我們對於媒體消費一般而言常持有的諸多假設。在學者與社會大衆的想像中，年輕聽衆經常被當作是被動且沒有力量的消費者，不知不覺就被流行文化牽著鼻子走，做出盲目且自我毀滅的行爲。綜觀歷史，人們針對年輕人不良行爲所產生的道德恐慌，通常會拿音樂來當作代罪羔羊。一九六〇與一九七〇年代時，成年人指責吉米・罕醉克斯（Jimi Hendrix）或死之華樂團（Grateful Dead）之類的音樂人，認爲他們助長了很多人認爲是受到毒品影響的反主流文化；後來到了一九八〇與一九九〇年代時，他們又把都市動盪不安與仇警的情緒，怪罪到NWA、冰塊酷巴（Ice Cube）與其他幫派饒舌先鋒身上。科倫拜（Columbine）校園槍擊屠殺事件發生之後，父母們把矛頭指向了哥德搖滾樂手瑪麗蓮・曼森（Marilyn Manson），認爲他疑似助長了青少年集體約定自殺與崇拜撒旦的風氣。從二〇一二年開始，他們找到了新的「妖魔鬼怪」——就是鑽頭歌手。我在社區會議、理髮店、幾乎每一個公共論壇上，都聽過這些充滿恐慌的說法，其中呼聲最大的批評是：這個新的文化產品正在腐蝕每一個聽它的青少年，說服他們輟學、拿起槍、到街頭尋找發跡的機會。

然而，如同我們在南區青少年的行爲中所見，這樣的論述誤解了青少年們**實際上**爲什麼以及如何消費像是鑽頭音樂這類充滿爭議性的音樂。我們必須記得，鑽頭音樂與相關的社群媒體內容並非只是在人們身上「發揮作用」；相反地，如同社會學家德諾拉所言，文化產品所造成的效果——無論是鑽頭音樂或是西部鄉村音樂——「來自於個人如何定位與解讀這些音樂，如何在個人的音樂地圖上、在音樂與音樂以外的關係所構成的符號網絡中放置這些音樂。」[24] 換言之，倘若我們想要理解鑽頭音樂對於當地年輕人眞正造成了怎樣的影響，就得要問問他們生活當中還發生了什麼**其他的**事情。我們必須實地去跟年輕人聊，找出他們的世界中究竟發生了什麼事。他們每天面臨什麼樣的困境與顧慮？消費這些東西如何與他們所考慮的解決方案融合在一起？

對於消費這些音樂與內容如何確切地影響了未來的暴力活動與犯罪行為，若是我們從上述這些問題開始問起，便會得到更爲複雜且精確的描述。我開始發現，整件事是以「反饋過程」（feedback process）展開的：像是史考帝與埃文這樣住在危險社區的青少年，他們消費鑽頭音樂內容是爲了能讓自己更安全地在實體與社會環境中找到方向。某個鑽頭歌手越是暴力，這群青少年就越會關注他，也越常點擊他的內容與追蹤他的社群媒體帳號。這群年輕的消費者這麼做，在不知不覺間助長了鑽頭歌手奮力以求的那些衡量指標，像是點擊數與觀看次數；當地觀眾這麼做，促使了鑽頭歌手更密集地進行數位內容生產活動，而這些活動讓鑽頭歌手深陷更多關於眞實性的爭端之中，結果使得周遭街道感覺起來更加危險。當地青少年希望能避開這些危險，因此覺得**更有必要**消費鑽頭音樂的內容。當他們這麼做的時候，反饋迴圈就關閉了，而整個循環又再一次從頭開始。

結論

芝加哥南區或許是鑽頭音樂的誕生地與震央，但迄今爲止據稱最成功的鑽頭音樂影片，是由住在約莫一千英里外德州達拉斯郊區的一個青少年所創作出來的。那支影片的人氣，見證了全世界對於鑽頭音樂這種以極度張揚的方式來展現暴力犯罪行爲的需求。在追求眞實性的線上注意力經濟中，很難想像還有哪個內容比這支影片更有力地抹去了藝術與事實之間的界線。

故事開始於二〇一六年七月二十五日的晚上，十六歲少年麥金泰爾（Taymor MacIntyre）夥同四名友人闖入二十一歲的沃克（Ethan Walker）家中。他們的計畫很簡單：搶劫沃克的毒品與錢。但事情出了差錯，導致沃克因爲槍傷死亡。警方沒花多少時間就確認此事是麥金泰爾所爲並逮捕了他。在法院尚未決定是否以成年人的身分起訴他之前，他被限制居家監禁。

以前，像是麥金泰爾這樣被控一級謀殺罪、可能面臨死刑的人，很難找到一線生機。但時代已經改變。在麥金泰爾遭到逮捕的一年前，他追隨了「酋長基夫」、「街角兄弟」與其他一大群想要成名的鑽頭歌手的腳步，用綽號「Tay-K47」（向耐用的蘇聯製突擊步槍致敬）上傳了他第一首自創歌曲到社群媒體上。雖然他大肆吹噓販毒與殺戮，但那首歌幾乎沒什麼影響力。網路上充斥著太多類似的內容，麥金泰爾的音樂看起來註定默默無聞，直到他強闖民宅導致他人死亡的消息登上新聞版面。一夕之間，他的點擊數與觀看次數一飛沖天，他總算得到了他所想要的關注。懸而未決的謀殺指控正好是想要成名的鑽頭歌手所需要的東西，他們用這一點來說服觀眾自己眞的在街頭混、**眞的**有做出自己所唱的那些暴力行爲。[1]

我跟「街角兄弟」相處了那麼久之後，對於麥金泰爾接下來的舉動一點也不感到驚訝。二〇一七年三月二十七日，他剪斷了腳踝上的監視器，開始逃亡。他用推特跟全世界的人宣布這件事：

幹他媽的居家監禁、幹他媽的電仔得到街區來抓我

就這樣，麥金泰爾在逃失蹤。隨著他的逃亡之旅如火如荼地展開，他的微網紅名氣也跟著一路飆升。粉絲蜂湧至他的社群媒體帳號，爲他加油打氣，並且熱烈地求他多唱一些歌。麥金泰爾遂了他們的心願。二〇一七年六月三十日，他與頗受歡迎的錄影師及擁有大量流量的YouTube頻道合作，發佈了一段音樂影片，紀錄他的逃亡生活。影片標題很貼切，就叫做〈賽跑〉（The Race）。開頭的場景是麥金泰爾站在自己的通緝海報旁，點燃捲菸，看起來一點也不害怕公開露面。影片剩下的部分則拍攝了他對著鏡頭揮舞著火力強大的手槍、比出代表幫派的手勢。這些影像證實了他在歌詞當中所傳達的訊息，描

繪了他的逃犯生活：

去他媽的節奏，打贏案子才是我想要
但我沒打贏，媽的我在賽跑
我一定會開槍，婊子一句都不用吵
我一定會開槍，看我臉色就知道

儘管這支影片在社群媒體上出現後不到幾個小時，麥金泰爾就遭到逮捕，但〈賽跑〉這首歌接下來成為了**史上觀看次數最多**的鑽頭音樂影片，光是YouTube上總計就有兩億次的觀看次數。這首歌僅有兩分鐘，首次發佈時就登上了告示牌排行榜上第七十名的位置，最終上升到第四十四名。主流嘻哈樂手——包括某些芝加哥鑽頭音樂先鋒——爭相利用麥金泰爾的街頭威望與人氣，發行了他們自己的混音版本。RCA唱片公司藝人與製作部暨行銷部的資深副總裁格蘭德（J Grand）把麥金泰爾簽進了自己的獨立唱片品牌「88 Classic」旗下。麥金泰爾才十九歲，但他的IG帳號已有高達一百四十萬的追蹤者。

全美各地最一貧如洗的年輕人越來越常從事數位內容生產活動，但麥金泰爾是當中很極端的例子。

大多數的鑽頭歌手並沒有涉及程度如此重大的犯罪行爲，也永遠不會吸引到這麼多主流人士的注意。但是，成功的步驟仍然是一樣的：這些年輕人在低薪服務業的正式經濟與販毒的非正式經濟中，體驗不到向上流動的途徑，於是打算在線上注意力經濟中試試手氣。由於社群媒體平台持續使得文化生產的方法越來越普及，因此像是麥金泰爾與「街角兄弟」這樣的貧窮黑人青少年正試著把自己身上的負面刻板印象——作爲超級惡煞與蓄意犯罪者——變成有利可圖的線上商品。

就算大多數的鑽頭歌手可以避免犯下像麥金泰爾那樣的一級謀殺罪，但當他們一心一意想追求微網紅名氣時，仍然面臨著一大堆的負面後果。從外人的角度來看，這些代價實在很不值得。畢竟，有一個像酋長基夫那樣名利雙收的鑽頭歌手，就有成千上萬個最後去坐牢、受重傷、或涉入街頭更深的人。然而，若我們靠近一點看，便會發現這些年輕人並不天眞，他們很清楚情勢對自己不利。這代表著他們持續從事數位內容生產的背後，其實有其他更務實的考量。對於那些生活已是赤貧狀態的人來說，累積網路上的人氣，哪怕只有一丁點，通常都是讓他們有飯吃、有衣服穿、有地方住最有效的辦法。他們或許無法負擔得起酋長基夫在洛杉磯的豪宅，但他們在YouTube影片中跨刀所賺到的幾百塊美金，對於維持每日生計很有幫助。

不過，若是因此認爲鑽頭歌手的動機僅僅是出於經濟需求，那就錯了。這些年輕人極度渴望獲得尊嚴與認可，這一點或許才是最重要的因素。我跟阿傑的某次互動凸顯了這件事。當時，我剛認識他沒多久，有天下午我倆在他的公寓閒聊，聊起「榜樣」這個話題。阿傑告訴我說，他一直以來都積極阻止年輕人追隨他的腳步進入鑽頭音樂的世界。我聽到他這樣說時，有點驚訝。阿傑在社區裡走動時總有成群的國中生跟他搭話、哀求想參加他下一支音樂影片，我每次看到都覺得無比驚奇。

「我不想要他們過這樣的生活，」阿傑說，語氣中帶著一絲罪惡感。他列舉了一些由於人氣攀升導致他現在正在面對的惡果：「謀殺鎮」越來越常試圖偷襲他、當地警探一直在探問鄰居關於他的YouTube影片中所出現的那把槍。

「那你爲什麼還要繼續做呢？」我問他。

一開始他沒說什麼，只是不可置信地看了我一眼，彷彿我應該了解自己問的問題有多荒唐。「我爲什麼要做這個？」他大概是想反問我，「如果不是因爲我在做這個，你會來低收入戶這裡嗎？你還會在乎我這個人存不存在嗎？」

阿傑的話狠狠地打了我一拳。我在思考要怎麼回答時，整個胃緊縮了起來。我沒有答案。他講的確實有道理。他所住的社區有上百個居民，但我找上他正是因爲他正在創作暴力的線上內容。畢竟，這是他的目標：讓全世界的人——同學、鄰居、外地粉絲、甚至還有充滿好奇心的教授——注意到他、看到他、覺得他很棒、是個値得關注的傢伙。阿傑跟「街角兄弟」其他人一樣，正想盡辦法從人群中脫穎而出，好讓自己與小鬼常說的「平凡的貧民窟小子」有所不同。

鑽頭歌手利用社群媒體來贏得掌聲與覺得自己很特別，其實沒什麼大不了。芝加哥北區的中產階級白人小孩會這麼做，美國最有權勢的政治人物也會這麼做，就連教宗都用推特帳號來展現他確實「比爾等更神聖」。身處在充滿千禧世代科技咖的大學校園當中，我周遭全都是社群媒體上的自我推銷。我寫下這段文字之際，正好是全美各地的畢業季。IG、推特與臉書很快就會塞滿了面帶微笑的畢業生身穿史丹佛樞機紅與哈佛緋紅色畢業長袍的照片，爲他們加油打氣的留言將會如潮水般湧進，親朋好友將會大肆讚美他們的聰明、毅力與傑出表現。

網路上這些充滿了愛與感情的表現，引發了我們在社群媒體時代所應提出的最重要問題：那些沒有**如此優渥機會與資歷**的人，可以做些什麼以獲得這種程度的讚美？

對於越來越多的貧窮年輕人來說，鑽頭音樂就是答案。我親眼見證了他們新獲得的關注是如何提供了罕見的鼓勵與樂觀情緒，讓日子不會那麼黑暗與難熬。在雜貨店排隊等著結帳時被熱情的粉絲攔下，感覺很棒；有錢白人女性請客，喝酒吃飯、跟她上床，感覺很棒；有人支付所有費用，讓你可以搭飛機在全國各地飛來飛去，感覺很棒。但是，這裡頭有陷阱，網路上的這些表演可能會點燃暴力的挑釁行動，讓年輕人深陷幫派紛爭之中。與此同時，在這座城市另一端較安全、經濟條件較穩定的社區中，條件優渥的年輕人可以任意在網路上瘋狂地自我推銷——貼自己的畢業照、上傳去歐洲度假時的影片、或是分享他們在著名的實習機會中所經歷的事——卻不必擔心這些內容將會威脅到他們的生命。他們毋須承擔全美各地最窮困社區的人經常得面臨的代價，就可以收穫龐大的社會收益。這條橫亙在雙方間的鴻溝正是「數位弱勢」，且差距日益擴大。

雖然我主要聚焦在芝加哥年輕人的生活，但是就利用這種近來開始普及的文化生產方法而言，他們並不是唯一的一群人。我跟「街角兄弟」相處時，認識了來自美國中西部、南方與東岸的青少年，他們同樣也投入鑽頭音樂的懷抱，把它當作出人頭地與向上流動的策略。我在泰勒公園的研究接近尾聲之際，收到了塔帕爾（Ciaran Thapar）寫來的電子郵件。他在倫敦工作，是一名傑出的記者，同時也是以年輕人為對象的社會工作者，曾記錄下今日所謂的「英國鑽頭音樂」（UK drill）的崛起。[2]最近，我前往他所居住的倫敦布里克斯頓區（Brixton），跟他碰面。

在倫敦最窮困的黑人社區中，有上百名遭到邊緣化、與幫派有所牽連的年輕人正在仿效「街角兄弟」與芝加哥其他鑽頭歌手，以類似的方式利用社群媒體平台來挑釁對手、宣揚暴力行為與建立自己的微網紅名聲。大西洋兩岸的情況驚人地相似。英國鑽頭歌手使用很多與芝加哥前輩們一樣的節奏，甚至也在歌詞中採用了同樣的街頭黑話——例如：嘲諷「仇家」（opps）、甚至吹噓自己有「鐵仔」（poles），即便在英國相對而言很難取得槍。英國鑽頭歌手的日常創作活動，同樣也在追求建立與捍衛自己作為暴徒的眞實性。如同塔帕爾在二〇一七年時一篇向倫敦人介紹這種音樂類型的文章中尖銳地寫道：「藝術家所說的話、他們可以表現出來的東西……已經成為決定音樂價值的主要因子。」[3]

都市貧窮問題的市場

無論我們在討論的是芝加哥南區還是南倫敦，鑽頭音樂都只是某種更普遍的現象——都市貧窮居民利用數位社群媒體，把自己身上的污名變成商品——的其中一個例子。自二〇〇〇年代早期開始，窮人越來越有機會利用中產階級的好奇心，策劃行銷看似可以一窺都市貧困眞實樣貌的活動。[4] 網路上各種名爲「貧民窟之旅」、「貧窮旅遊」、「黑暗之旅」的活動型錄，讓非貧困且以白人爲主的遊客可以安全且近距離地接觸看似危險、碰不得與陌生的社區。

這股潮流當中最驚人的例子目前正發生於洛杉磯——這個「建立在旅遊業與自我推銷上已超過一百五十年」的城市。[5] 二〇一〇年時，某個自稱「前幫派份子」的人推出了「洛杉磯幫派之旅」（Los Angeles Gang Tours），希望能好好利用一下這座城市另一個非正式的稱號：「美國的幫派首都」。[6]「洛杉磯幫派之旅」提供了三小時附導覽的巴士之旅，整趟行程貫穿洛杉磯中南部惡名昭彰的社區，當中包括在知名幫派的發源地洛杉磯郡監獄與著名的犯罪現場停留。據創辦人所言，要是沒有網路，「洛杉磯幫派之旅」幾乎不可能實現。由於該公司的預算相對低，因此相當仰賴公司網站與社群媒體曝光來維持營運。[7] 即使只是隨便看看該公司在網路上的內容，也可以看出他們明顯以街頭眞實性作爲訴求。該公司過度強調洛杉磯中南部的惡劣環境與危險情況，用各種詞彙形容該地區是「戰場」、「黑暗之地」、「艱困殘酷的街頭」。創辦人大肆吹噓，說「這個幫派之旅……全世界絕無僅有，深入活動頻繁的戰區。」[8]公司網站還宣稱他們的導覽人員跟幫派有點關係，因此可以在四個當地幫派的地盤間精心協調出一條停火的「安全通道」，讓導覽巴士開過社區時不會遭受攻擊。這些導覽人員在行程中常會撩起上衣，展示身上的幫派刺青與槍傷，藉此讓遊客們專注在都市貧窮與暴力問題上。[9]「洛杉磯幫派之旅」有效地把弱勢條件轉變成了偷窺快感，就跟其他同類型的旅遊行程一樣。

內容分享平台與手機應用程式（如YouTube）的出現，引發了這種所謂「貧民窟娛樂」（ghettotainment）的最新型態。想要出名的微網紅僅需透過手機鏡頭，就可以時常上傳修飾過的貧窮形象，以建立有利可圖的自我品牌。他們跟鑽頭歌手一樣，學會了盡可能地利用刻板印象來製作內容。來自洛杉磯中南部的中年黑人婦女歐戴爾（Felicia O'Dell）在網路上的事蹟，就是個很好的例子。大家都叫她「菲阿姨」（Auntie Fee），她藉著低預算、髒話連篇的烹飪教學影片，像是教大家做「貧民窟魚子醬」（沙丁魚、美乃滋與麗滋餅乾的組合）、「水槽雞」（在水槽而不是攪拌碗中醃雞翅）、「大女孩肉桂捲」（把葡萄乾塞進現成的派皮中，然後用奶油炸），在YouTube上吸引了上百萬的觀看次數，揚名國際。她憑藉著「豬油就是王道！」（"Lard is the Lord"）這句名言，成爲了主流明星，在「吉米夜現場」（*Jimmy Kimmel Live!*）與「史蒂夫・哈維秀」（*The Steve Harvey Show*）等節目中公開露面，同時也在《哈拉大髮師3》（*Barbershop 3*）之類的電影中跑跑龍套。菲阿姨製作內容的方式與鑽頭歌手有異曲同工之妙，她同樣也創作了一系列刻畫私人生活的迷你紀錄片〈生活中的一天〉，甚至還有饒舌音樂影片。她在二〇一七年意外過世後，媒體極盡所能地稱讚她很眞，並且不斷提到她身為青少年的母親、成功戒掉快克、以前是重刑犯等生命經歷。[10]

無論是鑽頭音樂、幫派旅遊、還是貧民窟魚子醬烹飪教學影片，把都市貧窮變成商品這件事在社會學的意義上有著影響深遠的後果。就最廣泛的層次而言，這些商品化的行為使得貧民窟對於人際互動、大衆想像與公共政策產生了深遠的影響。

首先，這些數位生產活動推翻甚至反轉了長久以來「科技帶來好處」的理論。都市社會學家在二十世紀時預測，通訊科技的進步將會逐步使得都市社群從空間界線與在地問題中「解放」出來。[11]如同社會學家威爾曼（Barry Wellman）在一九七〇年代時所指出，都市人將會形成「沒有地緣關係的社群」——也就是，以興趣與相似性為基礎的社會網絡，而非空間上的鄰近關係。這個論點成為了研究貧窮問題的學者與政策制定者保持樂觀態度的主要原因。若威爾曼的看法正確，那麼窮人將可以利用新科技，與非貧窮且工作穩定的人形成社會聯繫，而這些聯繫最終將會為他們帶來新的資源與機會，形成經濟、社會與居住流動性的潛在跳板。[12]

可惜的是，解放與地位改善的情況並未如預期般發生。至少在某些例子中，通訊科技在美國最貧窮社區中的傳播反而造成了完全相反的影響，把當地居民跟附近街區上的人、空間與問題牢牢綁在一起。

「街角兄弟」之所以能跟外地人發展關係，完全是因爲他們跟他們自己遭受污名化的社區之間有著很深且顯而易見的連結。他們從追蹤者與粉絲那邊得到越多關注，對於槍手與在地幫派成員就需要負擔更多的互惠義務。數位科技同樣也把與幫派沒有關係的年輕人綁在當地社區中。敵對的鑽頭歌手彼此互嗆，雙方陣營的敵意也波及到鄰里與旁觀者身上。沒有參加幫派的年輕人轉往社群媒體平台，找尋保障安全的方法，通常包括製作認知地圖，以限制自己別在社區以外的地方活動或是與社區外的人有所連繫。簡言之，社群媒體通常會讓社區地盤、實體界線與空間分隔變得**更加重要**。

其次，數位內容生產活動強化了社會學家安德森所謂的「典型黑人貧民窟」的重要性與污點。[13] 依他所言，貧民窟與黑人之間的歷史關聯性，把恆久不變的既定地位強加在**所有**黑人身上——無論階級或居住的社區。在社會大衆眼中，每一個黑人都**可能**來自貧民窟。這種關聯性使得年輕黑人男性看起來尤其可疑且危險，導致他們在貿然進入更寬廣的社交空間與機構時，「得要證明自己」。安德森如此寫道：「他們遇見一個又一個白人，每一次都得重新讓這些白人對於他們是能幹、正派、守法的正常人留下深刻印象。」[14] 拜網路平台（如YouTube）與內容創作者（如「街角兄弟」）所賜，貧民窟（或者應該說是「貧民窟的特定形象」）如今更加深入非黑人觀衆的客廳、辦公室與心中。儘管事實上絕大多數的觀衆永遠也不會踏入泰勒公園這樣的地方，但他們現在被幾乎可說是無窮無盡的串流內容所淹沒，裡頭全都是些無法無天、毒品氾濫、暴力社群的影像，看似零距離接觸且不摻雜質。由於這些內容是由當地居民自己創作出來的，所以這些扭曲的形象格外具有可信度。

於是，「以誇張手法展示都市貧窮」產生了某種反諷效果。業餘的文化生產者拿來作為商品、希望能藉此取得向上流動性的形象，變成了他們持續不斷遭到邊緣化的原因。[15]「街角兄弟」在泰勒公園以外的地方受到非常嚴重的歧視：餐廳經理不願為他們服務、零售商店的保全人員在店裡一路尾隨他們、過街時迎面而來的行人紛紛抓緊自己的錢包。我常常聽到阿傑、小鬼與其他人在抱怨這些事，但這些人所做的事，正好就是「街角兄弟」的線上內容要求他們做的——也就是把「街角兄弟」看作是暴力冷血的不良少年。「街角兄弟」包裝與販賣他們自己與社區的負面形象越是成功，他們在社會大眾想像中的這些刻板印象就越是穩固。當他們無法實現成為微網紅的夢想時，剩下來與他們為伍的正是這些他們自己也曾助長強化的同一種形象。

第三，這些內容生產活動為更廣泛的「貧窮知識」（poverty knowledge）提供了相關資訊——「關於貧窮問題的『成因』與『治療方法』的無實體知識體系」，且可以引導公共政策。[16]我待在都市貧困社區的那段時間裡，從來不曾碰到哪個政策制定者（或其團隊成員）為了制定出完善、富有同理心且有效的法律而來這裡進行嚴謹的基礎研究。讓人感到難過的事實是，大多數旨在「幫助」都市貧窮社群的政策，正是以大眾想像中典型貧民窟的扭曲形象為基礎。隨著越來越多蓄意犯罪者誇張的自製影像在社群媒體與晚間新聞上流傳，我們的政治領袖逮到更多證據，證明貧窮某種程度上是個人選擇、道德敗壞與文化上的弱點所造成的結果。[17]這些內容沒有創造出迫使政策眞正改變的憤怒力量，反而把都市貧窮問題變成了娛興節目。「街角兄弟」與「菲阿姨」粗糙的YouTube影片變成了好笑的梗，一再出現在大學兄弟會的萬聖節派對上。[18]

我們不應該忽視，這些數位內容生產活動說穿了其實是對於美國財富、權力與社會地位嚴重分配不均的**反應**，是對於種族與階級壓迫的回應。面對一再把他們妖魔化的廣大社會，遭到邊緣化的居民正利用新媒體科技來建立自己被剝奪的生活。他們跟「街角兄弟」一樣，都願意拿命去賭一個更好的未來，哪怕只有一絲絲希望。這意味著倘若我們想要遏止這種現象發生，就得要揚棄目前希望在某種程度上「治療」這些文化生產者的想法。相反地，我們需要共同努力，扭轉長久以來由於經濟失調與缺乏政治資源而導致這些社群遭受重創的狀況。若我們拒絕承擔起這個責任，那麼「街角兄弟」爲求尊嚴與生存的痛苦掙扎，只不過是一小部分的人類代價而已。

接下來該怎麼做？

身爲社會學家，我與「街角兄弟」相處的過程讓我更加確信：即使身處社群媒體時代，有效解決都市貧窮與街頭暴力問題所需的仍是徹底的系統性改變，包括：重新大量投資在讓低收入戶能夠負擔得起的房屋政策、可行的就業機會與其他社會支援。然而，身爲暴力防治工作者以及許多幫派年輕人的朋友與知己，這些年的經驗讓我看到，有些介入行動與政策將可以立刻改善他們的生活，減少流血事件發生。

首先，我們應解決數位生產活動對於改過自新與好好生活所造成的阻礙。[19]等饋頭歌手漸漸意識到網路上的微網紅名氣會讓他們付出過高且不平等的代價時，他們的公衆人設往往早已深植人心，讓他們逃也逃不掉。這些黏在他們身上的名聲，如影隨形地跟著他們進入職場與其他空間，雖然這些空間在社群媒體氾濫之前，曾提供了促使他們遠離暴力犯罪的安全性、穩定性與社交網絡。貧窮年輕人與那些在較爲優渥的地區長大的人不同，他們幾乎難以累積夠多的正面線上內容，以抹去負面事蹟與年少輕狂時犯下的過錯。他們不太可能累積關於學業與運動上的優異表現、工作升遷或其他具有報導價值的成就等內容。此外，第三方部落格與網站藉由散播他們犯下的過錯從中獲利，也讓他們更難以將年少輕狂時在網路上的踰矩行爲拋在身後。

地方組織可以藉由協助年輕人「洗掉」社群媒體上的個人帳號與線上足跡，解決這個問題。這麼做將能讓年輕人以清白的公共身分，步入成年生活。這類工作已在線下的世界中展開，例如：位於洛杉磯的組織「老鄉企業」（Homeboy Industries）提供去除刺青的服務給那些想要脫離幫派、抹去外表上看起來與幫派有關的人。在網路環境中提供這些服務，是合理的下一步。有些營利組織已開始提供相關服務，移除令人難堪的資訊，並且將搜尋結果重新導向，遠離可能具有傷害性的內容。社區組織必須開始採用同樣這些技術。我們或許也應該思考「被遺忘權」（right-to-be-forgotten）相關法令所帶來的優點，像是目前歐盟已經允許個人可以向網路平台與搜尋引擎申請移除具有傷害性的資訊。

第二項介入行動則是在年輕人轉往製作鑽頭音樂內容與從事類似活動以尋求關注之前，以他們為目標。藉由建立安全的空間與讓他們發揮才華的途徑，為年輕人提供他們迫切渴望獲得的尊重與自我價值感。嘻哈、饒舌與其他都市風格的音樂並非在本質上充滿暴力、犯罪或反社會情緒，事實上，相關研究結果皆一致指出，這種音樂風格蘊含強大力量，能夠導引年輕人遠離犯罪。[20]舉例來說，芝加哥基督教青年協會（YMCA）的「故事小組計畫」把創傷知情的社會工作與數位說故事、音樂製作及音訊工程結合在一起，用來引導國高中生，讓他們學會如何分析自己社區內的結構性問題，同時也讓他們能透過藝術活動來表達害怕、不安全感與人生目標，並且從中獲得自信。

第三，社區組織必須欣然接受數位社群媒體，把它當作與當地年輕人建立關係、以及在暴力事件爆發前介入並打斷的工具。過去十多年來，像是「停火」（Ceasefire）與「芝加哥非暴力學會」（Institute for Non-Violence Chicago）之類的組織已成功召募了前幫派份子擔任「暴力阻斷者」。透過他們與當地社群由來已久的關係，這些暴力阻斷者可以針對正在發生的衝突與可能的報復行動蒐集重要資訊，並且聯繫受害的一方、參與調停、防止報復行動發生。隨著幫派衝突移動到網路上，相關的介入計畫也必須跟緊腳步。來自紐約市的報導顯示，社區成員與暴力防治組織正成功地運用社群媒體，使衝突降溫。[21]為了讓這些初步取得的勝利成果擴展下去，我們必須繼續全力支持在預算非常窘迫的情況下仍在進行這些救命工作的個人與組織。

最後，把這些年輕人當作是**藝術家**、是具有創新精神且重要的文化生產者，如此一來可以為反貧窮計畫開啓新的可能性。雖然事實已證明美國大衆與領導人物不怎麼願意協助年輕貧窮的黑人，但這個國家在支持文化生產者上擁有豐富的傳統。一九三〇與一九四〇年代時，羅斯福政府當局針對失業藝術家、音樂家、演員與作家，提出了就業救濟計畫，作為「羅斯福新政」（New Deal）的一部分。在鼎盛時期，「聯邦第一計畫」（Federal Project Number One）每週付薪水給藝術家，請他們美化公共空間、蒐集口述歷史、製作戲劇演出以及在社區藝術課程中任教。這些聯邦計畫不只讓藝術家得以餬口，同時也孕育出美國文化史上最受敬重的人物，當中包括畫家波洛克（Jackson Pollock）、製片人暨導演威爾斯（Orson Welles）、作家艾里森（Ralph Ellison）、賴特（Richard Wright）與貝婁（Saul Bellow）等大師級人物。[22]

現在，是時候進行「二十一世紀版的聯邦藝術計畫」了——一個接納並支持像是「街角兄弟」這種人的計畫。撇開他們充滿爭議的網路內容不說，這群年輕人其實是草根數位媒體與病毒式行銷的專家。在諸多網路平台上策劃前後一致的品牌、監控YouTube分析數據、操縱谷歌搜尋演算法，這些都需要聰明才智。我們爲什麼不善加利用他們的技能，創造出公共利益？今日，聯邦政府、州政府與地方政府爲了打進全體公民的心中，都不得不在線上注意力經濟中競爭。更新版的藝術計畫可以雇用像是「街角兄弟」這樣的年輕人，讓他們設計與管理社群媒體相關活動，以處理公衛議題、提高投票率、爲市民生活注入新的活力。這類機會將爲年輕人帶來收入與支持，且至少可以部分消除他們把污名變成商品以供社會大衆消費的必要。

我深信，上述這些介入措施將可以立刻幫助到處於弱勢的都市年輕人，然而影響終究有限，因爲這些行動只聚焦在更大的社會力量所導致的症狀，而非處理結構性壓迫背後的動力，也無法消除深沈的歷史不正義——正是那些不正義讓年輕人得另行尋找尊嚴來源。我們這個社會讓經濟與社會不平等的程度創下史上新高，讓都市貧窮社區自生自滅。現在，數位科技正反映出我們所面臨的負面後果。藉由社群媒體的放大效果，被邊緣化的族群的聲音總算大到足以吸引全球關注。他們正在告訴全世界他們需要什麼，而現在是時候開始聆聽了。

作者筆記

我一開始深受民族誌研究所吸引，是因爲它具有在對立的社會世界之間建立橋樑、縮短兩邊道德距離的力量。[1]民族誌以近距離且人性化的方式描繪被污名化的社群，讓看似陌生的事物變得令人熟悉，不過，更重要的是，它能夠使看似熟悉的東西變得令人陌生，揭露了我們對事情的傳統想法事實上並不正確、不完整或毫無根據。[2]因此，我很難想像還有什麼樣的方法，能比我在本書中透過描繪與幫派有所牽連的年輕黑人並試圖建立起橋樑來得更爲即時的了。他們身爲美國頂級的「妖魔鬼怪」，被視爲是都市亂象的罪魁禍首，幾個世代以來一直是警方追捕的對象。他們近來在社群媒體上明目張膽地展現暴力，只是使得社會大衆更加懼怕。我寫這本書，是爲了要提供更謹慎、以社會學爲基礎的報導，讓研究者更了解是什麼樣的結構性因素驅動了這種新的表達模式，讓政策制定者更了解這群年輕人出於什麼樣的動機這麼做、對他們造成傷害的又是什麼，同時讓我們具備所需的工具去理解整件事與改善他們的生活。

近年來，像是本書這樣的民族誌——爲聲名狼藉的社群發聲，強調他們的經驗——受到了嚴密的檢視。當民族誌工作者把受到邊緣化的族群視爲重要的知識來源時，他們會面臨兩種截然不同卻一樣猛烈的批評。在此背景下，我想要更有系統與直言不諱地討論一下我在本書中所使用的研究方法。

第一類批評大多數來自於民族誌研究的社群之外。[3] 隨著社會大眾對於民族誌的認識與閱讀與日俱增，關於正確性與透明度的思考亦隨之增加。民族誌與其他形式的社會科學研究不同，後者通常涉及大型研究團隊、可以公開取得的資料以及使用標準化方法再現研究。民族誌研究通常由研究者獨自進行，他們被賦予蒐集資料、分析模式、撰寫研究結果的獨特權力。由於民族誌研究相對而言比較沒有機會接受同儕的監督審查，因此，批評者現在開始要求民族誌工作者應採取更多行動，以確保正確性，其中包括必須把親眼見證的事件與研究參與者的言論與意見，區分開來。同時，這也意味著研究者必須心存疑慮地看待參與者所說的話，並且另外運用直接觀察、文獻資料與其他形式的外部驗證，加以檢查。民族誌工作者若無法做到這點，便是冒著風險把自己的分析建立在流言、不太可靠的記憶與片面事實的基礎上。匿名處理更進一步加劇了這種風險。屏蔽參與者的身分與田野地點，使得事實查核與重現研究變得愈發困難。

我在泰勒公園做田野時，這些風險沈重地壓在我心頭上，讓我非常擔憂。打從我跟「街角兄弟」初識起，我就下定決心要提高研究的正確性。我不只認真看待參與者所言與所為之間巨大的差距，更是把這個差距當作分析的主要目標。[4] 以貫穿本書的核心論點為例：鑽頭歌手（甚至也包括某些最活躍的「槍手」）涉及暴力犯罪行為的比例與強度，並不像他們在社群媒體上所宣稱的那麼高。我在各個章節中，解釋了為什麼這群年輕人如此信誓旦旦地在網路上說一回事，但線下通常又做出另一回事，以及他們是如何辦到的。我以此為出發點，說明了這種渲染行為所造成的一系列後果（好壞皆有），以及這種誇張表現對於消費者而言的意義與用途。此外，我也在更細緻的層次上把正確性擺第一，小心翼翼地提醒讀者哪些是我親眼看到的互動、哪些是從別人口中聽來的事發經過。若是後者，我亦會詳細說明我如何盡力進行多重檢核（例如：布魯在骰子賭局上攻擊阿傑的事件），並且指出那些我沒辦法完全證實的事件（例如：「街角兄弟」對「煙P」開槍，以及社區中心少年受害的故事。）

若說我對於「正確性」的承諾構成了這整本書，那麼回應「透明程度更高」的訴求顯然更為複雜，理由是因為我所處理的主題與族群很特別。對於本研究中所涉及的許多人而言，保密處理攸關他們的生死，這麼說一點也不誇張。他們透露給我的資訊要是曝光的話，可能會害他們去坐牢、讓他們容易遭到對手攻擊、甚至害他們被同伴嚴厲懲罰。因此從一開始，我就向參與者（以及大學中的機構審議委員會）保證我會遮蔽他們的身分。我所採取的措施對於大多數的田野工作者而言應該很熟悉：我改變了「街角兄弟」成員、其他幫派、社區與當地居民的名字，並且更動了個人身分識別以及事件的瑣碎細節。我主要的目標是要讓參與者可以合理否認知情。[5]

但是，當我在讀這本書的初稿時，發現一般的屏蔽技巧並不足以履行我的承諾。由於線上內容很容易被搜索到，因此決定哪些資料可以用、哪些不能用對我來說是很困難的抉擇。比方說，我本來可以一字不漏地放上推特貼文、歌名與歌詞，藉此加強許多關於鑽頭歌手生活的論點——無論是他們與槍手間的關係，還是他們為了傳達真實性而逐漸發展出來的方法；又或者，關於線下的暴力行動是如何透過平台上（如推特）來來回回的交流而升溫或降溫，我本來可以提供更多的細節與分析。儘管對我來說是很艱難的抉擇，但我必須限制自己別使用這種按照原文、一字不漏的資料，因為這麼做將會使得參與者很容易在一般的谷歌搜尋下就被認出來。當我確實運用到參與者在社群媒體上的活動資訊時，我會在必要的情況下依循新媒體研究學者連恩（Jeff Lane）、蕭可洛夫斯基（Irina Shklovski）與佛特西（Janet Vertesi）所提供的模式——「用谷歌搜尋不到」（Un-Googling），[6]包括：用谷歌搜尋我打算引用的社群媒體文字，並且稍微改變文字細節，好讓將來的人無法搜尋得到。為了維護匿名資料的社會意義，我偶爾會請參與者幫我做匿名處理。在某些段落中，我知道讀到更詳盡的線上內容將有助於讀者理解，那麼我就會用描述的方式處理推特文、影像、或者提供公眾人物在社群媒體上的資料——像是柯爾曼與科扎特這些並未直接參與我的田野工作的人物。

對於以幫派年輕人與其他被妖魔化的族群為研究對象的民族誌工作者而言，網路搜尋引擎、留言板與線上論壇代表了某種新的挑戰。數位生產活動的大眾化，導致我們有時候必須做更多的遮蔽工作，即便有些民族誌工作者——通常不是研究犯罪社群或容易受到影響的社群——正在倡導不要做那麼多的遮蔽、甚至乾脆完全廢除這種作法。[7]然而，由於此事涉及保護我的研究參與者，因此我不願意妥協。與其因爲不對他們的身分進行遮蔽而危及他們的安全，我寧可採取強化外部驗證與未來可再現研究的方法。泰勒公園當然是假名，但我並未隱藏「我在芝加哥南區進行田野研究」這項事實。如同我在本書一開頭所提及，我抵達南區時，那裡的諸多社區就已經充斥著數位生產活動，有時候甚至每兩個街區就有一個以製作鑽頭音樂內容爲主的幫派。自那時起，你只要在芝加哥的公立學校、社區中心、公共籃球場與其他年輕人聚集的地方待上一段時間，就幾乎不可能不碰到鑽頭世界中最活躍的創作者與消費者。近來針對南倫敦與東聖荷西的社區中心與高中所進行的田野研究，證實了鑽頭音樂與相關的社群媒體活動同樣也主宰了當地的青少年文化，這意味著要是有人認眞想要複製我的研究成果，那麼他只需在都市貧窮地區待上幾個小時、與年輕人互動、聽聽他們擔憂的事、紀錄他們使用社群媒體的狀況，不用多久，就能取得非常多與當地鑽頭音樂相關的資料。如果我的研究做得還算不錯，那麼我所說明的社會學式過程應該在不同場景中相對具有一致性。任何差異皆有助於讓我們更加理解：當這些過程擴散到芝加哥街頭以外的地方時，如何被重新製造與重新進行。畢竟，這正是民族誌工作者用來改善既有理論與提出新理論的方法。[8]

我完全清楚有些讀者會對本書中的一些故事感到驚訝，甚至可能覺得難以置信，尤其是那些不常接觸鑽頭音樂或都市貧窮社群的人。爲了舒緩這些反應，我納入了許多沒有經過遮蔽的公開報導，以證實我自己的觀察結果。舉例來說，我使用《洛杉磯時報》的報導來補充關於有錢白人消費者的田野資料；

用《美聯社》的文章驗證錄影師與部落客所獲得的收益；引用《大西洋》（*The Atlantic*）的報導來證實執法單位對於社群媒體內容的錯誤解讀；透過來自加州、德州與英國的報導故事來證明鑽頭音樂已蔓延到芝加哥以外的地區。

爲了更進一步加強外部驗證，我在二〇一九年時曾兩度回到芝加哥，與「街角兄弟」及他們在泰勒公園的鄰居進行本書諸多細節的事實查核。我們坐在一起，把我的筆記型電腦擺在面前，一頁一頁地仔細檢查我有提到他們的部分。每個段落結束時，我會停下來問他們我所寫下的對話、細節與當時的氛圍是否正確。這個通常會花上一兩個小時的過程，比我預期的還要愉快，讓我們有機會回憶在一起度過的時光，並且爲彼此生命中的那個篇章劃下句點。他們所提供的修正通常不是什麼大問題。比方說，小鬼告訴我說他離開比佛利山時，口袋裡是兩千一百塊錢，而不是我原先所寫的兩千塊錢；關於強尼那天晚上因持有槍械而遭到逮捕的事發經過，薩維爾則是訂正了我原先所寫的版本。我原本寫的是：警察抵達時，他們倆正好在一起。不過，薩維爾記得的是：警察抵達之前，他已經進屋去換衣服了，出來就看到強尼正在努力應付警察。警察攔檢時他不在場，某種程度上加深了他的罪惡感，這是他在強尼的法院聽證會上告訴我的。最重大的修正則是來自小鬼，他告訴我一件儘管我已盡全力但還是可能會錯過的事。他告訴我說，我倆待在比佛利山的時候，查德積極地逼他簽下管理合約。我在第六章中寫到查德實際上想要透過跟小鬼與「街角兄弟」一起做音樂來建立自己的網路人設，這一點千眞萬確。不過，小鬼告訴我說我離開房間的時候，查德要他簽字放棄音樂的著作權。據小鬼所言，查德懷疑我也抱持著同樣的計畫，因此會叫小鬼不要跟他簽約。

我採取了所有的措施，但我知道這些仍然不夠，不是因爲我原本可以做更多，而是因爲近來對於民族誌的批評或許與「正確性」及「透明度」一點關係也沒有。有一件事很奇怪：關於事實驗證最嚴厲的批評，幾乎全在抨擊那些揭發不正義與讓弱勢者得以發聲的學者。比方說，爲什麼批評者看起來總是需要**額外的**證據來證明警察、邊境巡察人員與其他政府官員濫權？[9]正如我們所見，這類事實查核通常會尋求施害者的說法——彷彿擔任公職就能讓一個人所說的話自動變得更客觀與可信賴。然而，某個陳述之所以能變成「官方說法」，事實上與既定的權力與特權結構密不可分。整個社會藉由否定某些消息來源，來肯定另一些消息來源的權威性，而我每次向記者與一般社會大眾分享我的研究成果時，幾乎都會想起這件事。在我所有的研究發現當中，受到最多質疑的是我觀察到這群年輕人**並不像**他們在影片、照片與普遍的刻板印象中所呈現的那樣暴力。我不斷被要求另外提供證據（包括警方的官方統計數字），以證明都市年輕黑人**不是**動不動就開槍、只因爲推特上輕微的侮辱就殺人的惡煞。這些互動讓我相信，我們需要**更多**能爲被邊緣化族群發聲的民族誌，就算只是爲了質疑警察局長、政治人物與其他傳統專業人士通常錯誤百出的說法。與此同時，對於參與者的說法，我們也不能照單全收。最謹慎的民族誌工作者會把自己定位成某種心存懷疑的中介者，指出矛盾之處，並且質疑每個說法（無論官方與否）當中的政治利害關係。

近來對於民族誌的第二種批評則源自自家內部，批評者通常是民族誌研究社群當中的人。田野工作者間漸漸開始出現醜化同行的趨勢，認為別人所進行的是所謂的「牛仔式民族誌」（cowboy ethnography）。[10]這個充滿貶抑的標籤指的是那些以奇風異俗、自我膨脹與愛說教的方式來呈現作品的研究者。「牛仔式民族誌工作者」利用中產階級的好奇心來激發讀者閱讀的慾望，好多賣幾本書，因而飽受批評。他們這麼做，使得刻板印象更加具體化，造成的結果可能是弊大於利。據社會學家里歐斯（Victor Rios）所言，這種作品經常採取「叢林奇譚風格」，裡頭的文字大概像這樣：「我在荒郊野外迷了路，那些野蠻人帶我進去他們的世界，把我當成他們的國王，最後我終於熬了過來，可以活著講故事。」[11]

儘管我與「街角兄弟」間的關係很親近，但我完全不想變成「叢林奇譚」的一部分，而且用那樣來形容我在泰勒公園所度過的時光也不正確。我從來就不是局內人，當然也不是國王。我跟「街角兄弟」相處的那兩年當中，我們之間的社會距離從來不曾從我們眼前消失。每當我以為它已消失時，我很快又會打消這個想法。一開始，我想像「街角兄弟」與我將會找到深厚的共通性，尤其因為我自己的出身背景。我父親是黑人，而我在加州聖貝納迪諾（San Bernardino）長大，那裡最出名的莫過於赤貧與幫派暴力。監禁、槍擊與遭到妖魔化這些事，對於我與家人朋友的影響就跟發生在泰勒公園居民身上的一樣。

然而，讓我感到挫折的是，這些事對於「街角兄弟」來說一點也不重要。事實上，直到我進入田野大約六個月之後，他們才發現了我的種族身分與成長背景。接下來的那個禮拜，他們押著我在社區裡到處跑，戲謔地跟朋友分享這件事——「你知道佛瑞斯特是黑人嗎！？」對他們來說，我是大學教授，我的工作、穿著與說話方式讓我看起來不折不扣就是個有錢的白人成年人。在芝加哥這種界線涇渭分明的城市中，外來者看起來大概也不過如此。每當我們碰到警察、保全人員與餐廳員工時，都會讓我們想起彼此之間的差異，這些人常常以爲我是「街角兄弟」的緩刑監督官或社工。我在場時，巡警開車經過會點頭致意，而不是攔下並搜查我的夥伴們。他們跟我在一起時，幾乎每個人都會更尊重他們，顯示出道德判斷與種族階級確實密不可分。

透過我在泰勒公園所形塑的人際關係，我的感知身分直接影響了我所能蒐集到的資料，也影響到我能（與不能）分析的主題，且接著形塑了我能提出哪些種類的論點。[12]在某些情況下，這讓我更常接觸到某些類型的資料，比方說，我很容易就能親眼看到與聽到微網紅身分所帶來的情感報酬。除了作爲「街角兄弟」的知己與交通工具之外，我也引發了他們相當多的不安全感，對於他們苦心積慮想要建立起來的男性權威造成意料之外的新威脅。他們幾乎每天都針對我的車、工作、收入與住處，語帶譏諷地開玩笑——在他們眼中，這些東西讓我跟街頭、逞凶鬥狠與「眞正」的黑人文化扯不上邊。[13]我剛到的前幾週花了相當多的時間跟阿傑在一起，而其他人常會拿「講話像白人」或「裝學者」這些事來嘲笑他，彷彿我會影響到他似的；他們也很愛提醒我說，雖然我是傳統意義上的人生勝利組，但從來不曾有人在公共場合中認出**我**來，而**他們**可是經常被想要一起自拍與擁抱的粉絲攔下來。他們想要佔上風，因此同心協力地讓我接觸能夠證明他們具有社會價值的互動。

與此同時，我的感知身分限制了我對於其他領域的探索，這一點在我試著多花一點時間跟與「街角兄弟」有曖昧關係的女性相處時，再明顯不過了。這群年輕男性一次又一次地轉移話題，拒絕我所提出希望能訪談這些女性、跟在她們身邊的請求。看起來，不安全感不只導致「街角兄弟」一再提醒我他們的價值，同時也讓他們疑神疑鬼，懷疑我可能會破壞他們在曖昧對象眼中的吸引力。我花了好幾週哀求阿傑給我布莉安的電話，並且允許我可以跟她聯絡，我堅持我真的只是想要進行訪談，但是從阿傑的回應看來，顯然他很怕我可能會毀了他的計畫，無論是在不經意間破壞他的網路人設，或是可能讓布莉安對他的興趣轉移到我自己身上。我猜想，他對於不同研究者的回應可能大不相同，年紀更輕的研究生或女性民族誌工作者應該不會引發他這種疑神疑鬼的情緒。

用這種方式反思我所處的位置，讓我在書寫「街角兄弟」與他們的社群時更加謹慎小心。我效法某些最細心的民族誌工作者，反覆重讀整本書，並且把自己從故事的中心移除。[14]雖然我差點就把自己徹底抹去，但出於「透明度」的考量，讀者還是需要能夠評估我在為論點蒐集證據時，究竟扮演什麼樣的角色與處於什麼樣的位置。

這是個好的開始，但仍不足夠。在社群媒體時代，粗心大意的民族誌工作者並非唯一握有權力把事情講得稀奇古怪與充滿刻板印象的人。拜數位生產活動越來越普及所賜，有些遭到邊緣化的居民已經把這種權力拿回自己手中。就鑽頭歌手而言，若他們能讓自己、同儕與他們身處的社區看起來越是充滿犯罪活動與不正常，就越能吸引到觀看次數與追蹤人數、越有錢賺、向上流動的希望就越大。歷史的發展促使我重新思考與重新書寫這本書絕大部分的內容。我漸漸了解到，負責任的報導必須**更著重**在「這群年輕人試著靠身上的污名賺錢時所擁有的能動性與聰明才智」。同時，這也迫使我不斷地提醒讀者，這些線上表現通常就只是**表演**而已。我再三強調，不是所有在網路上關於犯罪的言論都與線下的犯罪行為相關。事實上，很多社群媒體上的暴力表現，是用來**避免**街頭暴力的技巧。

我不否認這些年輕人的確涉及暴力，有時真的很可怕。他們真的有做。我沒有要美化他們所犯下的錯誤，或替他們對別人造成的傷害找藉口。[15]不過，為了要解釋他們（或任何人）為什麼以這種方式行事，我們必須思考他們周遭更廣泛的結構與情感脈絡。為此，我所採取的是媒體、社會大眾、甚至是鑽頭歌手本身經常拒絕使用的方式——也就是「公開承認這群年輕人很複雜、充滿矛盾」。儘管他們身上黏著「**幫派份子**」這個巨大且揮之不去的標籤，但他們身處的世界中存在著多重角色，形塑了他們的決定與經驗。有時候，他們可能是歹徒，但也是受害者；是暴力街頭法則的執行者，卻同樣也是兒子、父親、朋友與情人。他們是鑽頭歌手，但也是試圖在極其惡劣的社會條件下生存的青少年。這些其他的身分或許不怎麼迷人或令人感到刺激，但倘若我們眞心致力於減少暴力發生與改善社區狀況的話，這些身分就算稱不上更重要，至少是同等重要的。

這是「反身民族誌」之所以不同於「窺探式貧民窟體驗」的地方，後者充斥著簡化的刻板印象，而前者強調多面向性。[16]「窺探式貧民窟體驗」從社經地位處於弱勢的人身上榨取片刻的刺激，但「反身民族誌」針對弱勢情況提出問題，並且準確指出其結構性成因與相關後果。當然，以更全面且精確的方式呈現被邊緣化社群的狀況，本身具有一定的複雜性。由於「街角兄弟」那麼投入地想要說服全世界他們的暴力犯罪行爲，因此當我提出反面證據時，我沒有辦法不覺得自己好像正在背叛他們。雖然我沒有直接讓他們曝光或指名道姓（這是匿名化處理之所以至關重要的另一個理由），無論如何我還是揭露了鑽頭世界——他們積極創造出來的世界——建立在欺騙與不眞實的基礎上。

這讓我們面臨了新的兩難困境：當我們爲了顚覆刻板印象所付出的努力與參與者試著把這些刻板印象變成商品所付出的努力背道而馳時，我們該怎麼辦？在今日的注意力經濟中，隨著越來越多人競爭成爲微網紅，這將是研究者很快就無法忽視的問題。我自己仍在奮力尋找令人滿意的答案。我曾不只一次考慮乾脆放棄這個研究專案，但我很慶幸我沒有這樣做。我離開泰勒公園後的那些年當中，「街角兄弟」們長大成爲青年。他們現在正好是二十多歲的年紀，絕大多數已經沒在製作音樂影片，有些人也已經放棄了追求網路上的臭名。他們轉而擔心其他的事，像是養家、保住飯碗、打刑事官司。但是，他們在這條路上所踏出的每一步，都因爲年少時上傳到網路上的影片、照片與其他內容而受到阻礙與傷害。聽到他們爲了在人生道路上繼續走下去而奮鬥的故事，讓我深信，建立多面向的描述比以往任何時候都更重要，不只是爲了他們，也爲了世界各地成千上萬正步上他們後塵的青少年。要是沒有這類報導，我們將永遠無法除去讓他們的社群名聲受損與阻礙他們未來發展的污名與結構性暴力。

謝辭

要是沒有「街角兄弟」與他們的家人整整兩年的時間願意大方與我分享他們的生活，這本書將無法完成。任何言語都無法表達我有多感激我們曾一起渡過的那些時光。接下來很多年，我會繼續試著償還這份恩情。我也很感激在芝加哥的其他合作對象從一開始就幫忙協調，讓這個研究得以成形：傑米・卡爾文（Jamie Kalven）、雀斯琳・杭特（Chaclyn Hunt）、艾娃・貝內茲拉（Ava Benezra）、「隱形學院」（the Invisible Institute）、泰尼・格羅斯（Teny Gross）、艾迪・博肯內葛拉（Eddie Bocanegra）、威廉・培地斯（William Pettis）、葛蘭特・布爾（Grant Buhr）、艾莉西亞・萊利（Alicia Riley），以及參與「青少年/警察專案」（Youth/Police Project）與「說故事小隊」計畫（Story Squad program）中的所有青少年。

有一群為數不多但非常重要的同事與朋友協助我徹底思考整個研究，幫我閱讀這本書早期的數個版本，並且提供重要的回饋意見。這個專案剛開始時，傑夫・連恩（Jeff Lane）敦促我認清社群媒體與數位生產在都市年輕人生活中的重要性。傑夫介紹了新媒體的相關文獻給我，並且提供了數位都市民族誌的模型。蘿拉・歐瑞可（Laura Orrico）在自家餐桌上，首先指出幫派暴力的角色正在改變，以及幫派暴力藉由社群媒體變成商品的過程。大衛・葛拉齊安（David Grazian）、安迪・帕帕克里斯多（Andy Papachristos）及羅伯特・法戈斯（Robert Vargas）在二〇一七年秋天時慷慨地飛來芝加哥，跟我關在房間裡一整天，完成了第一個完整版本的手稿。有了他們的建議與評論，我在接下來一年半的時間裡從頭到尾重寫了整本書。「外部讀者」（Outside Reader）的奧德拉・沃爾夫（Audra Wolf）耗費大量精力閱讀本書的會議紀錄，協助我重新聚焦在論述上。哈瑞爾・夏皮拉（Harel Shapira）在無數的晚餐、車上與雞尾酒時光中，為我正努力拼搏的許多議題提供了銳利的真知灼見，再一次展現出他是最謹慎細心（以及慷慨）的社會學家。莎拉・布萊恩（Sarah Brayne）與伊莎・柯勒・豪斯曼（Issa Kohler-Hausmann）——我最神奇的GJ喰種（GJ ghoul）隊友——在這個計畫最剛開始的時候就提供了獨一無二的靈感、回饋意見與養分。我的團隊中有如此聰穎之人，我真的非常幸運。寫作課程、跨州與我最親愛的朋友安東尼・歐坎波（Anthony Ocampo）及愛蓮娜・施（Elena Shih）相聚，讓這個計畫得以進行下去，也讓我可以保持神智清醒。我最好的朋友拉菲克・哈珊（Rafeeq Hasan）一直提醒我這個計畫的風險很高，並且在我轉往徒勞無功的方向時，幫我檢查。跑完步後固定來一杯堅寶果昔，以及與湯瑪斯・希門內茲（Tomás Jiménez）的校園散步，讓我覺得心裡很踏實，同時也讓我大開眼界，了解到原來可以用這些新的方式來當學者、老師與父親。在橫跨大西洋的Skype會議當中以及在布里克斯頓與芝加哥走上一整天，西倫・塔帕爾為這個專案計畫帶來了新的生命，強調了對於遭到邊緣化的年輕人來說音樂所代表的力量、能見度與尊嚴。

在這個計畫進行的大部分時間裡，芝加哥大學社會系就是我的家。這個地方充滿了強烈的知性氛圍，促使我花更多的時間與精力思考我正在做的事。我特別感謝凱特・卡尼（Kate Cagney）、金伯莉・洪（Kimberly Hoang）、蔡斯・喬因特（Chase Joynt）與克莉絲汀・席爾特（Kristen Schilt）用真摯的友誼緩和了這所大學對於遠大理想的追求。史丹佛大學一直都是個好地方，適合深思社群媒體與其他科技如何改變了社群生活背後的發展動力。社會系對我來說尤其是溫暖與令我振奮的家。我特別感謝麥可・羅森菲爾德（Michael Rosenfeld）、弗雷德・特納（Fred Turner）、安吉爾・克里斯汀（Angèle Christin）、潔奇・黃（Jackie Hwang）、大衛・格魯斯基（David Grusky）、大衛・佩杜拉（David Pedulla）、麥特・史尼普（Matt Snipp）、羅伯・威勒（Robb Willer）、珍妮佛・布羅迪（Jennifer Brody）與丹尼爾・莫瑞（Daniel Murray）在早期及後來持續不斷地提供支援。在這條路上，許多人的友誼與慷慨讓我獲益匪淺：以利亞・安德森（Elijah Anderson）、雅各布・艾佛利（Jacob Avery）、瑪麗・貝里（Marie Berry）、克里斯・克利基奧（Chris Collichio）、查理・柯林斯（Charlie Collins）、米契・杜尼爾（Mitch Duneier）、艾麗・費雪曼（Ellie Fishman）、安娜・吉布森（Anna Gibson）、艾莉絲・高夫曼（Alice Goffman）、傑夫・古因（Jeff Guhin）、艾瑞克・克里南伯格（Eric Klinenberg）、比利・克萊默（Billy Kraemer）、亞歷克斯・墨菲（Alex Murphy）、班吉・邁爾斯（Benj Myers）、約翰・

歐布萊恩（John O’ Brien）、喬許・佩吉（Josh Page）、瑪麗・帕提尤（Mary Pattillo）、亨利・裴瑞茲（Henry Peretz）、羅倫佐・佩里羅（Lorenzo Perillo）、史提夫・勞登布許（Steve Raudenbush）、艾多・塔沃里（Iddo Tavory）、約翰・提勒曼（John Tillman）、斯特凡・提默曼斯（Stefan Timmermans）、亞里克斯・瓦拉許（Alex Wallash）與弗雷德・惠瑞（Fred Wherry），有這些人爲伴，我的生命變得更加美好。

梅根・列文森（Meagan Levinson）是我在普林斯頓大學出版社的編輯，對我來說絕對是上天的恩賜。我們透過每次的會議與通話，深深投入在逐行編輯與倫理考量上，把我（與這本書）推向新的方向，並且重新點燃了我對於這個計畫的熱情。我永遠感激。

在田野工作與寫作的不同階段，我得到了相當慷慨的資金贊助。要是沒有伍德羅・威爾遜基金會（Woodrow Wilson Foundation）、芝加哥大學都市健康倡議（the University of Chicago Urban Health Initiative）、芝加哥大學婦女會（the University of Chicago Women’s Board）的支持，本研究可能永遠也無法完成。第五章的部分內容曾在佛瑞斯特・斯圖爾特於二〇一九年《社會問題》（*Social Problems*）期刊上所發表的〈推特密碼：社群媒體時代的都市幫派暴力〉（Code of the Tweet: Urban Gang Violence in the Social Media Age）一文中出現，線上優先出版，https://academic-oup.com.stanford.idm.oclc.org/socpro/advance-article/doi/10.1093/socpro/spz010/5481058。

最後但肯定同樣重要的是，我對於我神奇的家人們滿懷感激：我媽媽芭比（Bobbi）、我的兄弟麥特（Matt）與奈特（Nate）與我女兒法倫（Farren）。他們在日子非常艱難的那些年，提供給我安全的避風港與一絲希望，不斷地提醒了我生命中眞正重要的事是什麼。最後，我最感謝我那超棒的太太史黛芙（Steph）。基於很多原因，這不只是我的書，也是她的。當我完成漫長的田野工作回到家時，我們在深夜裡的談話重新塑造了這個計畫，並且挑戰了我以爲我所知道關於青少年、心理創傷以及我在芝加哥各地所認識的年輕人的一切。史黛芙擁有源源不絕的耐心與同情心。我是世上最幸運的男人，謝謝妳。

俚語列表

beef　「牛肉」，意指相互較勁、過節
caught a case　「背了案」，意指被抓
clout　熱度
clout head　「蹭熱度仔」，指的是為了建立自己的微網紅名氣與線上知名度而纏上當紅鑽頭歌手與其幫派的粉絲
do some drills　對敵人開槍
droppin' opps　撂倒仇家
faneto　搞定、詭計達成
Fi-fi　「盛宴」，意指派對
finessing　「巧取」，意指利用人氣騙財騙色的行為
flexing　愛現
foo　弱爆
fucked up　「法大了」，意指沒錢
getting T'd or turnt　「嗨起來」，指的是變得很興奮、積極、充滿自信。在某些脈絡中指的亦是變得狂野、參加派對、嗑藥嗑到嗨或喝酒喝到茫。
glow　「帥爆」，意指好看
got on　變得受歡迎
hypes　「嗨咖」，意指染上毒癮的人
in the field　「在場上」，意指從事暴力的街頭搞錢勾當
joint　「傢伙」，意指槍
mop　「拖把」，意指槍
niña　「九釐米」，意指槍
OG　老媽
on the block　「在街區站崗」，意指站在街角
opps　仇家
paper　「銀兩」，意指錢
piped up　「管子大」，意指全副武裝
pole　「鐵仔」，意指槍
rack views　意指在YouTube上吸引注意力
shorties　「小鬼們」，意指小孩
slidin' on/through　「溜」，意指飛車槍擊
snakin'　「當蛇」，意指互相背叛
stacking paper　「疊銀兩」，意指賺錢
staining　幹「髒活」，意指搶劫與竊盜
stains　「髒東西」，意指容易下手的目標
sweet　意指軟弱
thots　「婊子」，意指行為放蕩的女性
totin' the pole　「亮出鐵仔」，意指拔槍
trapping　「陷阱」，意指販毒
twelve　「電仔」，意指警察
up that pole　「亮出鐵仔」，意指拔槍

Wherry, Fredrick F. 2011. The Philadelphia Barrio: The Arts, Branding, and Neighborhood Transformation. Chicago: University of Chicago Press.

Willis, Paul E. 1981. Learning to Labor: How Working Class Kids Get Working Class Jobs. New York: Columbia University Press.

Willis, Paul E. 2014. *Profane Culture.* Princeton, NJ: Princeton University Press.

Wilson, William Julius. 1987. The Truly Disadvantaged: The Inner City, the Underclass, and Public Policy. Chicago: University of Chicago Press.

Wilson, William Julius. 1996. When Work Disappears: The New World of the Urban Poor. New York: Vintage.

Wolch, Jennifer R., and Michael j. Dear. 1993. *Malign Neglect: Homelessness in an American City.* San Francisco: Jossey-Bass.

Wolf, Christine T. 2016. "DIY Videos on YouTube: Identity and Possibility in the Age of Algorithms." *First Monday* 21 (6). https://firstmonday.org/ojs/index.php/fm/article/view/6787/5517.

Zerva, Konstantina. 2015. "Visiting Authenticity on Los Angeles Gang Tours: Tourists Backstage." *Tourism Management* 46:514-527.

Zimring, Franklin E. 2008. *The Great American Crime Decline.* New York: Oxford University Press.

Zussman, Robert. 2004. "People in Places." *Qualitative Sociology* 27 (4):351-363.

Vargas, Robert. 2016. *Wounded City: Violent Turf Wars in a Chicago Barrio.* New York: Oxford University Press.

Vargas, Robert. 2019."Gangstering Grants: Bringing Power to Collective Efficacy Theory." *City and Community* 18 (1):369-391.

Venkatesh, Sudhir Alladi. 1997. "The Social Organization of Street Gang Activity in an Urban Ghetto." *American Journal of Sociology* 103 (1):82-111.

Venkatesh, Sudhir Alladi. 2000. *American Project: The Rise and Fall of a Modern Ghetto.* Cambridge, MA: Harvard University Press.

Venkatesh, Sudhir Alladi. 2005."Community Justice and the Gang: A Life Course Perspective." Working Paper.

Venkatesh, Sudhir Alladi. 2006. *Off the Books: The Underground Economy of the Urban Poor.* Cambridge, MA: Harvard University Press.

Venkatesh, Sudhir Alladi, and Steven D. Levitt. 2000. "'Are We a Family or a Business?': History and Disjuncture in the Urban American Street Gang." *Theory and Society* 29 (4): 427-462.

Vice. 2017."La Vie Est Trill: A Guide to the French Rap Scene." *Vice Online, Janu*ary 23. https://www.vice.com/en_us/article/mggvwpna-vie-est-trill-a-guide-to-the-french-hip-hop-scene.

Wacquant, Loïc. 2002. "Scrutinizing the Street: Poverty, Morality, and the Pidalls of Urban Ethnography." *American Journal of Sociology* 107 (6):1468-1532.

Wacquant, Loïc. 2008. Urban Outcasts: A Comparative Sociology of Advanced Marginality. Cambridge: Polity Press.

Wacquant, Loïc, and William Julius Wilson. 1989. "The Cost of Racial and Class Exclusion in the Inner City." *Annals of the American Academy of Political and Social Science* 501 (1):8-25.

Weill, Kelly. 2018. "How YouTube Built a Radicalization Machine for the Far Right." *Daily Beast,* December 19. https://www.thedailybeast.com/how-youtube-pulled-these-men-down-a-vortex-of-far-right-hate?ref=scroll.

Welhnan, Barry. 1979."The Community Question: The Intimate Networks of East Yorkers." *American Journal of Sociology* 84 (5):1201-1231.

Welhnan, Barry, and Barry Leighton. 1979."Networks, Neighborhoods, and Communities: Approaches to the Study of the Community Question." *Urban Affairs Quarterly* 14 (3):363-390.

Western, Bruce. 2006. *Punishment and Inequality in America.* New York: Russell Sage Foundation.

Wherry, Fredrick F. 2008. *Global Markets and Local Crafts: Thailand and Costa Rica Compared.* Baltimore: Johns Hopkins University Press.

Suttles, Gerald D. 1972. *The Social Construction of Communities.* Chicago: University of Chicago Press.

Sweeney, Annie, and Jeremy Gomer. 2018."Chicago Police Solve One in 20 Shootings: Here Are Some of the Reasons Why That's So Low." *Chicago Tribune,* August 8. (Retrieved October 8, 2019.) http://chicagotribune.com/news/breaking/ct-met-chicago-violence-clearance-rate-20180807-story.html/.

Taplin, Jonathan. 2017. Move Fast and Break Things: How Facebook, Google, and Amazon Cornered Culture and Undermined Democracy. New York: Little, Brown and Company.

Tarm, Michael. 2018."Gangs Embrace Social Media with Often Deadly Results." *Associated Press,* June 11.

Tarm, Michael. 2019. "Telling Stories of Gang Life, While Risking Their Own." *WBEZ Chicago*, March 4.

Terranova, Tiziana. 2000. "Free Labor: Producing Culture for the Digital Economy." *Social Text* 18 (2):33-58.

Thapar, Ciaran. 2017. "From Chicago to Brixton: The Surprising Rise of UK Drill." *Fact Online,* April 27. https://www.factmag.com/2017/04/27/uk-drill-chicago-brixton/.

Thompson, Paul. 2019. "L.A.'s New Rap Stars Are Targets of the Justice System; They're Also Stylistic Innovators." *Fader Online,* March 19. https://www.thefader.corn/2019/03/19/drakeo-the-ruler-barnbino-03-greedo-lets-go-essay.

Thrasher, Frederic. 1927. *The Gang: A Study of 1,313 Gangs in Chicago.* Chicago: University of Chicago Press.

Timmermans, Stefan. 2019. "Hypocriticism." *Contemporary Sociology* 48 (3): 264-266.

Tonry, Michael. 2001. "Symbol, Substance, and Severity in Western Penal Policies." *Punishment and Society* 3 (4):517-536.

Towns, Armond R. 2017. "The 'Lumpenproletariat's Redemption': Black Radical Potentiality and LA Gang Tours." *Souls* 19 (1):39-58.

Trouille, David, and Iddo Tavory. 2016."Shadowing: Warrants for Intersituational Variation in Ethnography." *Sociological Methods and Research* 48 (3):534-560. doi:10.1177/0049124115626171.

Tufekci, Zeynep. 2013. "'Not This One': Social Movements, the Attention Economy, and Microcelebrity Networked Activism." *American Behavioral Scientist* 57 (7):848-870.

Tufekci, Zeynep. 2017. Twitter and Tear Gas: The Power and Fragility of Networked Protest. New Haven, CT: Yale University Press.

Urbanik, Marta-Marika, and Kevin D. Haggerty. 2018. '"#It's Dangerous': The Online World of Drug Dealers, Rappers and the Street Code." *British Journal of Criminology* 58 (6):1343-1360.

Sex Trafficking." *Sociological Perspectives 59* (1):66-90.
Silbey, Jessica. 2008."Cross-Examining Film." *University of Maryland Law Journal of Race*, Religion, Gender and Class 8:17.
Small, Mario Luis. 2004. Villa Victoria: The Transformation of Social Capital in a Boston Barrio. Chicago: University of Chicago Press.
Small, Mario L. 2015. "De-Exoticizing Ghetto Poverty: On the Ethics of Representation in Urban Ethnography." *City and Community* 14 (4):352-358.
Smith, Dakota. 2017. "Teen Accused of Murder Is Taken out of School." *Los Angeles Times*, November 14.
Snow, David A., and Leon Anderson. 1987."Identity Work among the Homeless: The Verbal Construction and Avowal of Personal Identities." *American Journal of Sociology* 92 (6):1336-1371.
Sorensen, Juliet, Gary Alan Fine, Colin Jerolmack, Peter Moskos, and Robert L Nelson. 2017. "Ethnography, Ethics and Law." *Northwestern Journal of Law and Social Policy* 13:165.
Stack, Carol B. 1974. All Our Kin: Strategies for Survival in a Black Community. New York: Basic Books.
Statista. 2019. "Reported Violent Crime Rate in the United States from 1990 to 2018." *Statista Inc.*, September 27. (Accessed October 10, 2019.) https://www-statista-com.stanford.idm.oclc.org/statistics/191219/reported-violent-crime-rate-in-the-usa-since-1990/.
Steinbrink, Malte. 2012. "'We Did the Slum!'-Urban Poverty Tourism in Historical Perspective." *Tourism Geographies* 14 (2):213-234.
Stuart, Forrest. 2011. "Constructing Police Abuse after Rodney King: How Skid Row Residents and the Los Angeles Police Department Contest Video Evidence." *Law and Social Inquiry* 36 (2):327-353.
Stuart, Forrest. 2016. Down, Out, and Under Arrest: Policing and Everyday Life in Skid Row. Chicago: University of Chicago Press.
Stuart, Forrest, Amada Armenta, and Melissa Osborne. 2015. "Legal Control of Marginal Groups." *Annual Review of Law and Social Science* 11 (1): 235-254.
Stuart, Forrest, and Ava Benezra. 2018."Criminalized Masculinities: How Policing Shapes the Construction of Gender and Sexuality in Poor Black Communi ties." *Social Problems* 65 (2):174-190. https://doi.org/10.1093/socpro/spx017.
Suri, Siddharth, and Mary L. Gray. 2016."Spike in Online Gig Work: Flash in the Pan or Future of Employment?" Data and Society Research Institute. https://points.datasociety.net/spike-in-online-gig-work-c2e316016620.
Sutherland, Edwin H. 1937. "Editorial: The Professional Thief." *Journal of Criminal Law and Criminology* 28 (2):161-163.

Points through Life. Cambridge, MA: Harvard University Press.

Sanchez-Jankowski, Martin. 1991. *Islands in the Street: Gangs and American Urban Society.* Berkeley: University of California Press.

Sanders, William. 2017. Gangbangs and Drive-Bys: Grounded Culture and Juvenile Gang Violence. New York: Routledge.

Santa Cruz, Nicole. 2018a. "Palos Verdes Estates Man Not Guilty in Suspected Shooting." *Los Angeles Times,* July 24, Bl.

Santa Cruz, Nicole. 2018b. "Acquittal for Wealthy Teenager Is Scrutinized." *Los Angeles Times,* September 23, Bl.

Schechter, Harold. 2005. Savage Pastimes: A Cultural History of Violent Entertainment. New York: St. Martin's Press.

Schimke, David. 2016. "Twin City Cops' Favorite Tool for Investigating Crimes These Days: Facebook." *Minneapolis Post,* August 15. https://www.minnpost.com/politics-po!icy/2016/08/twin-cities-cops-favorite-tool-investigating-crimes-these-days-facebook/.

Shklovski, Irina, and Janet Vertesi. 2013. "'Ungoogling' Publications: The Ethics and Problems of Anonymization." In *ACM Conference on Human Factors in Computing Systems.* New York: ACM.

Selwyn, Neil. 2004."Reconsidering Political and Popular Understandings of the Digital Divide." *New Media and Society* 6 (3):341-362.

Senft, Theresa M. 2008. Camgirls: Celebrity and Community in the Age of Social Networks. New York: Peter Lang.

Shaban, Hamza. 2018. "Google Parent Alphabet Reports Soaring Ad Revenue Despite YouTube Backlash." *Washington Post Online,* February 1. https://www.washingtonpost.corn/news/the-switch/wp/2018/02/01/google-parent-alphabet-reports-soarin-ad-revenue-despite-youtube-backlash/?utm_term=.524021068936.

Shapira, Hare!. 2013. *Waiting for Jose: The Minutemen's Pursuit of America.* Princeton, NJ: Princeton University Press.

Sharkey, Patrick. 2006. "Navigating Dangerous Streets: The Sources and Consequences of Street Efficacy." *American Sociological Review* 71 (5):826-846.

Sharkey, Patrick. 2013. Stuck in Place: Urban Neighborhoods and the End of Progress toward Racial Equality. Chicago: University of Chicago Press.

Sharkey, Patrick. 2018. *Uneasy Peace: The Great Crime Dedine, the Renewal of City Life, and the Next War on Violence*. New York: W.W. Norton & Company. Shedd, Carla. 2015. Unequal City: Race, Schools, and Perceptions of Injustice. New York: Russell Sage Foundation.

Shih, Elena. 2016."Not in My 'Backyard Abolitionism': Vigilante Rescue against American

Rios, Victor. 2011. Punished: Policing the Lives of Black and Latino Boys. New York: New York University
Press.

Rios, Victor M. 2017. Human Targets: Schools, Police, and the Criminalization of Latino Youth. Chicago: University of Chicago Press.

Rivers-Moore, Megan. 2016. *Gringo Gulch: Sex, Tourism, and Social Mobility in Costa Rica*. Chicago: University of Chicago Press.

Rivlin-Nadler, Max. 2018. "How Philadelphia's Social Media-Driven Gang Policing Is Stealing Years from Young People." *The Appeal,* January 19. https://theappeal.org/how-philadelphias-social-media-driven-gang-policing-is-stealing-years-from-young-people-fa6a8dacead9/.

Roderick, Melissa,Jenny Nagaoka, Elaine Allensworth, G. Stoker, Macarena Correa, and V. Coca. 2006. "From High School to the Future, a First Look at Chicago Public School Graduates: College Enrollment, College Preparation, and Graduation from Four-Year Colleges." *Consortium on Chicago School Research* https://consortium.uchicago.edu/publications/high-school-future-first-look-chicago-public-school-graduates-college-enrollment.

Roose, Kevin. 2019."The Making of a YouTube Radical." *New York Times Online,* June 8. https://www.nytimes.com/interactive/2019/06/08/technology/youtube-radical.html.

Rose, Tricia. 1994. *Black Noise: Rap Music and Black Culture in Contemporary America*. Hanover, NH: University Press of New England.

Rose, Tricia. 2008.The Hip Hop Wars: What We Talk About When We Talk About Hip Hop and Why It Matters. New York: Basic Books.

Rosenblat, Alex. 2018. *Uberland: How Algorithms Are Rewriting the Rules of Work.* Oakland: University of California Press.

Roth, Daniel. 2018."Internet Craze the 'No Lackin Challenge' Where People Pull Guns on Each Other to Film Their Response Goes Horribly Wrong When a Memphis Boy, 17, Is Shot." *Daily Mail.com,* January 28. https://www.dailymail.co.uk/news/article-5321381/No-lackin-challenge-stunt-goes-horribly-wrong.html.

Rymond-Richmond, Wenona. 2006. "Transforming Communities: Formal and Informal Mechanisms of Social Control." In *The Many Colors of Crime: Inequalities of Race, Ethnicity, and Crime in America,* edited by Ruth D. Peterson, Lauren J. Krivo, and John Hagan. New York: New York University Press.

Sampson, Robert J., and John H. Laub. 1992. "Crime and Deviance in the Life Course." *Annual Review of Sociology* 18:63-84.

Sampson, Robert J., and John H. Laub. 1995. *Crime in the Making: Pathways and Turning*

Patton, Desmond U., JeffreyLane, Patrick Leonard, Jamie Macbeth, and Jocelyn R. Smith Lee. 2017. "Gang Violence on the Digital Street: Case Study of a South Side Chicago Gang Member's Twitter Communication."*New Media and Society* 19 (7):1000-1018.

Perrin, Andrew, and Monica Anderson. 2019. "Share of U.S. Adults Using Social Media, including Facebook, Is Mostly Unchanged since 2018." Pew Research Center. https://www.pewresearch.org/fact-tank/2019/04/10/share-of-us-adults-using-social-media-including-facebook-is-mostly-unchanged-since-2018/.

Peters, Tom. 1997. "The Brand Called You." *Fast Company*, August 31, 83-90.

Peterson, Richard A. 1976. "The Production of Culture: A Prolegomenon." *American Behavioral Scientist* 19 (6):669-684.

Peterson, Richard A.1997. *Creating Country Music: Fabricating Authenticity.* Chicago: University of Chicago Press.

Peterson, Richard A., and Roger M. Kern. 1996."Changing Highbrow Taste: From Snob to Omnivore." *American Sociological Review* 61 (5):900-907.

Peterson, Richard A., and Albert Simkus. 1992. "How Musical Tastes Mark Occupational Status Groups." In *Cultivating Differences: Symbolic Boundaries and the Making of Inequality,* edited by Michele Lamont and Marcel Fourier. Chicago: University of Chicago Press.

Pruitt, Deborah, and Suzanne Lafont. 1995. "For Love and Money: Romance Tourism in Jamaica." *Annals of Tourism Research* 22 (2):422-440.

Pulido, Laura, Laura R. Barraclough, and Wendy Cheng. 2012. *A People's Guide to Los Angeles.* Berkeley: University of California Press.

Pyrooz, David C., Scott H. Decker, and Richard K. Moule Jr. 2015. "Criminal and Routine Activities in Online Settings: Gangs, Offenders, and the Internet." *Justice Quarterly* 32 (3):471-499.

Ralph, Laurence. 2014. *Renegade Dreams: Living through Iniury in Gangland Chicago.* Chicago: University of Chicago Press.

Ray, Ranita. 2017. The Making of a Teenage Service Class: Poverty and Mobility in an American City. Oakland: University of California Press.

Rideout, Vicky. 2015. "Common Sense Census: Media Use by Tweens and Teens." *Common Sense Media.* https://www.commonsensemedia.org/sites/default/files/uploads/research/census_researchreport.pdf.

Rideout, Victoria, Alexis Laricella, and Ellen Wartella. 2011."Children, Media and Race: Media Use among White, Black, Hispanic and Asian American Children." Northwestern University Center on Media and Human Development.
http://cmhd.northwestern.edu/wp-content/uploads/2011/06/SOCconfReportSingleFinal-1.pdf.

O'Connor, Alice. 2009. Poverty Knowledge: Social Science, Social Policy, and th Poor in Twentieth-Century US History. Princeton, NJ: Princeton Universit Press.

O'Connor, Francis V. 1969."The New Deal Art Projects in New York." *American Art Journal* 1 (2):58-79.

Padilla, Felix M. 1992. *The Gang as an American Enterprise.* New Brunswick, NJ: Rutgers University Press.

Papachristos, Andrew V., Christopher Wildeman, and Elizabeth Roberto. 2015. "Tragic, but Not Random: The Social Contagion of Nonfatal Gunshot Injuries." *Social Science and Medicine* 125 (1):139-150.

Papachristos, Andrew V., Noli Brazil, and Tony Cheng. 2018. "Understanding the Crime Gap: Violence and Inequality in an American City." *City and Community* 17 (4):1051-1074.

Pariser, Eli. 2011. The Filter Bubble: How the New Personalized Web Is Changing What We Read and How We Think. New York: Penguin.

Parreiias, Rhacel. 2011. *Illicit Flirtations: Labor, Migration, and Sex Trafficking in Tokyo*. Palo Alto, CA: Stanford University Press.

Pascoe, C. J.2007. *Dude, You're a Fag: Masculinity and Sexuality in High School*. Berkeley: University of California Press.

Pasquinelli, Matteo. 2009. "Google's PageRank Algorithm: A Diagram of Cognitive Capitalism and the Rentier of the Common Intellect." In *Deep Search: The Politics of Search Beyond Google,* edited by Konrad Becker and Felix Stalder. London: Transaction Publishers.

Pattillo, Mary. 1999. Black Picket Fences: Privilege and Peril among the Black Middle Class. Chicago: University of Chicago Press.

Pattillo, Mary. 2007. Black on the Block: The Politics of Race and Class in the City. Chicago: University of Chicago Press.

Patton, Desmond Upton, Robert D. Eschmann, and Dirk A. Butler. 2013. "Internet Banging: New Trends in Social Media, Gang Violence, Masculinity and Hip Hop." *Computers in Human Behavior* 29 (5): A54-A59.

Patton, Desmond Upton, Robert D. Eschmann, Caitlin Elsaesser, and Eddie Bocanegra. 2016."Sticks, Stones and Facebook Accounts: What Violence Outreach Workers Know about Social Media and Urban-Based Gang Violence in Chicago." *Computers in Human Behavior* 65:591-600.

Patton, Desmond Upton, Douglas-Wade Brunton, Andrea Dixon, Reuben Jonathan Miller, Patrick Leonard, and Rose Hackman. 2017. "Stop and Frisk Online: Theorizing Everyday Racism in Digital Policing in the Use of Social Media for Identification of Criminal Conduct and Associations." *Social Media and Society* 3 (3):1-10.

Media Age. New Haven, CT: Yale University Press.
Marwick, Alice E. 2015. "Instafame: Luxury Selfies in the Attention Economy. *Public Culture* 27 (1 (75)):137-160.
Marwick, Alice E., and danah boyd. 2011."To *See* and Be Seen: Celebrity Pra tice on Twitter." *Convergence: The International Journal of Research into Ne Media Technologies* 17 (2):139-158.
Matsueda, Ross L., and Kathleen Anderson. 1998."The Dynamics of Delinque Peers and Delinquent Behavior." *Criminology* 36 (2):269-308.
May, Reuben A. Buford, and Mary Pattillo-McCoy. 2000."Do You See What I Se Examining a Collaborative Ethnography." *Qualitative Inquiry* 6 (1):65-87.
McRoberts, Omar M. 2004. Streets of Glory: Church and Community in a Black Urban Neighborhood. Chicago: University of Chicago Press.
Mears, Ashley. 2011. *Pricing Beauty: The Making of a Fashion Model.* Berkeley University of California Press.
Merry, Sally Engle. 1981. *Urban Danger: Life in a Neighborhood of Strangers*. Philadelphia: Temple University Press.
Merton, Robert K. 1938."Social Structure and Anomie." *American Sociologic Review* 3 (5):672-682.
Meyrowitz, Joshua. 1985. No Sense of Place: The Impact of Electronic Media on Social Behavior. New York: Oxford University Press.
Mills, C. Wright. 1959. *The Sociological Imagination.* New York: Oxford Un versity Press.
Mnookin, Jennifer L. 1998. "The Image of Truth: Photographic Evidence and the Power of Analogy." *Yale Journal of Law and Humanities* 10:1.
Moskos, Peter. 2008. *Copin the Hood: My Year Policing Baltimore's Eastern District* Princeton, NJ: Princeton University Press.
Murphy, Raymond. 1988. Social Closure: The Theory of Monopolization and Exclusion. Oxford: Clarendon Press.
Mutnick, Deborah. 2014. "Toward a Twenty-First-Century Federal Writers' Project." *College English* 77 (2):124-145.
Neff, Gina. 2012. *Venture Labor: Work and the Burden of Risk in Innovative Industries.* Cambridge, MA: Massachusetts Institute of Technology Press.
Newman, Katherine. 1999. *No Shame in My Game: The Working Poor in the Inner City.* New York: Russell Sage Foundation.
Noble, Safiya Umoja. 2018. *Algorithms of Oppression: How Search Engines Reinforce Racism*. New York: New York University Press.
O'Brien, John. 2017. Keeping It Halal: The Everyday Lives of Muslim America Teenage Boys. Princeton, NJ: Princeton University Press.

Harlem." *American Behavioral Scientist* 60 (1):43-58.

Lane, Jeffrey. 2019. *The Digital Street.* New York: Oxford University Press.

Lee, Jooyoung. 2016. *Blowin' Up: Rap Dreams in South Central.* Chicago: University of Chicago Press.

Levine, Lawrence W.1990. *Highbrow/Lowbrow: The Emergence of Cultural Hierarchy in America*. Cambridge, MA: Harvard University Press.

Levitt, Steven D., and Sudhir Alladi Venkatesh. 2000. "An Economic Analysis of a Drug-Selling Gang's Finances." *Quarterly Journal of Economics* 115 (3):755-789.

Lewis, Becca. 2018. "Alternative Influence: Broadcasting the Reactionary Right on YouTube." Data and Society Institute. https://datasociety.net/wp-content/uploads/2018/09/DS_Alternative_Influence.pdf.

Lexis Nexis. 2014."Law Enforcement's Usage of Social Media for Investigations." *Lexis Nexis Risk Solutions.* https://risk.lexisnexis.com/insights-resources/white-paper/law-enforcement-usage-of-social-media-for-investigations.

Lubet, Steven. 2018. *Interrogating Ethnography: Why Evidence Matters.* New York: Oxford University Press.

MacCannell, Dean. 1999. *The Tourist: A New Theory of the Leisure Class.* Berkeley: University of California Press.

Macleod, Jay. 1987. Ain't No Makin' It: Aspirations and Attainment in a Low Income Neighborhood. Boulder, CO: Westview Press.

Magelssen, Scott. 2012."You No Longer Need to Imagine." In *The Cultural Moment in Tourism,* edited by Laurajane Smith, Emma Waterton and Steve Wat son. New York: Routledge.

Mahtani, Shibani. 2017."Social Media Emerges as New Frontier in Fight against Violent Crime." *Wall Street Journal Online,* November 24. (Retrieved Novem ber25,2017.) https://www.wsj.com/articles/social-media-emerges-as-newfrontier-in-fight-against-violent-crime-1511528400.

Main, Frank. 2014."The Most Dangerous Block in Chicago, Once Home to Michelle Obama." *Chicago Sun Times Online,* November 2. (Retrieved January 5, 2015.) https://chicago.suntimes.com/news/the-most-dangerous-block-in-chicago-o-block-once-home-to-michelle-obama/.

Main, Frank. 2018. "Murder 'Clearance' Rate in Chicago Hit a New Low 2017." *Chicago Tribune Online,* February 9. https://chicago.suntimes.com/ne/murder-clearance-rate-in-chicago-hit-new-low-in-2017/.

Maruna, Shadd. 2001. *Making Good: How Ex-Convicts Reform and Rebui Their Lives.* Washington, DC: American Psychological Association.

Marwick, Alice E. 2013. Status Update: Celebrity, Publicity, and Branding in the Social

Jerolmack, Colin. 2009. "Primary Groups and Cosmopolitan lies: The Rooftop Pigeon Flyers of New York City." *Ethnography* 10 (4):435-457.

Jerolmack, Colin, and Shamus Khan. 2014."Talk Is Cheap: Ethnography and the Attitudinal Fallacy." *Sociological Methods and Research* 43 (2):178-209.

Jerolmack, Colin, and Alexandra K. Murphy. 2017. "The Ethical Dilemmas and Social Scientific Trade-Offs of Masking in Ethnography." *Sociological Methods and Research* 48 (4):801-827.

Johnson, Joseph D., and Natalie M. Schell-Busey. 2016. "Old Message in a New Bottle: Taking Gang Rivalries Online through Rap Battle Music Videos on YouTube." *Journal of Qualitative Criminal Justice and Criminology* 4(1): 42-81.

Jones, Nikki. 2009. Between Good and Ghetto: African American Girls and InnerCity Violence. New Brunswick, NJ: Rutgers University Press.

Jones, Nikki. 2018. *The Chosen Ones: Black Men and the Politics of Redemption*. Oakland: University of California Press.

Kapustin, Max, Jens Ludwig, Marc Punkay, Kimberley Smith, Lauren Speigel, and David Welgus. 2017."Gun Violence in Chicago, 2016." University of Chicago Crime Lab.

Kasarda,John D.1989."Urban Industrial Transition and the Underclass." *Annals of the American Academy of Political and Social Science* 501 (1):26-47.

Katz, Jack. 1997. "Ethnography's Warrants." *Sociological Methods and Research* 25 (4):391-423.

Kissinger, Bill, and Marcella Raymond. 2016. "Social Media to Blame for Violent Start to 2016: Chicago Police." *WGN News* Online, January 13. https://wgntv.com/2016/01/13/chicago-police-make-shooting-arrests/.

Kitwana, Bakari. 2006. *Why White Kids Love Hip Hop.* New York: Basic Books.

Kohler-Hausmann, Issa. 2018. Misdemeanor/and: Criminal Courts and Social Control in an Age of Broken Windows Policing. Princeton, NJ: Princeton University Press.

Kongol, Mark. 2013. "Police Shot at Chief Keef after Rapper Pointed Gun at Them." *DNAInfo,* January 14. (Retrieved November 2, 2018.) https://www.dnainfo.com/chicago/20130114/chicago/cops-shot-at-chief-keef-2011-after-teen-rapper-pointed-gun-police-say.

Kornblum, William, and Morris Janowitz. 1974. *Blue Collar Community.* Chicago: University of Chicago Press Chicago.

Kubrin, Charis E., and Erik Nielson. 2014."Rap on Trial." *Race and Justice* 4 (3): 185-211.

Kuehn, Kathleen, and Thomas F. Corrigan. 2013."Hope Labor: The Role of Employment Prospects in Online Social Production." *The Political Economy of Communication* 1 (1):9-25.

Lane, Jeffrey. 2016. "The Digital Street: An Ethnographic Study of Networked Street Life in

Haynie, Dana L., and D. Wayne Osgood. 2005."Reconsidering Peers and Delinquency: How Do Peers Matter?" *Social Forces* 84 (2):1109-1130.

Heap, Chad. 2009. *Slumming: Sexual and Racial Encounters in American Nightlife*, 1885-1940. Chicago: University of Chicago Press.

Hennion, Antoine. 2001."Music Lovers: Taste as Performance." *Theory, Culture and Society* 18 (5):1-22.

Hesmondhalgh, David. 2002. *The Cultural Industries.* London: Sage.

Higginbotham, Evelyn Brooks. 1993. *Righteous Discontent: The Women's Movement in the Black Baptist Church*, 1880-1920. Cambridge, MA: Harvard University Press.

Hirschi, Travis, and Michael Gottfredson. 1983. "Age and the Explanation of Crime." *American Journal of Sociology* 89 (3):552-584.

Hoang, Kimberly Kay. 2015. Dealing in Desire: Asian Ascendancy, Western De cline, and the Hidden Currencies of Global Sex Work. Berkeley: University of California Press.

Hochschild, Arlie. 1983. *The Managed Heart: Commercialization of Human Feeling.* Berkeley: University of California Press.

hooks, bell.1992."Eating the Other: Desire and Resistance." In *Black Looks: Race and Representation.* Boston: South End Press.

Horowitz, Ruth. 1983. Honor and the American Dream: Culture and Identity in a Chicano Community. New Brunswick, NJ: Rutgers University Press.

Horton, Donald, and R. Richard Wohl. 1956. "Mass Communication and ParaSocial Interaction: Observations on Intimacy at a Distance." *Psychiatry* 19 (3):215-229.

Hunter, Marcus Anthony, Mary Pattillo, Zandria F. Robinson, and Keeanga Yamahtta Taylor. 2016. "Black Placemaking: Celebration, Play, and Poetry." *Theory, Culture and Society* 33 (7-8):31-56.

Hunter, Marcus Anthony, and Zandria F. Robinson. 2018. *Chocolate Cities: The Black Map of American Life.* Oakland: University of California Press.

Hyman, Luis. 2018. Temp: The Real Story of What Happened to Your Salary, Benefits, and Job Security. New York: Penguin Books.

Jacobs, Bruce A., and Richard Wright. 1999. "Stick-Up, Street Culture, and Of fender Motivation." *Criminology* 37 (1):149-174.

Jacobs, Bruce A., and Richard Wright. 2006. *Street Justice: Retaliation in the Criminal Underworld.* Cambridge: Cambridge University Press.

Jargowsky, Paul A. 2015. "Architecture of Segregation: Civil Unrest, the Concen tration of Poverty, and Public Policy." *Century Foundation.* https://tcf.org/content/report/architecture-of-segregation/?agreed=1.

Jeffries, Michael P. 2011. *Thug Life: Race, Gender, and the Meaning of Hip-Hop*. Chicago: University of Chicago Press.

German, Charles W., Jerome L. Merin, and Robert M. Rolfe. 1982. "Videotape Evidence at Trial." *American Journal of Trial Advocacy* 6:209.

Goffman, Alice. 2014. *On the Run: Fugitive Life in an American City.* Chicago: University of Chicago Press.

Goffman, Erving. 1956. *The Presentation of Self in Everyday Life.* Garden City, NY: Anchor Doubleday.

Goffman, Erving. 1967. *Interaction Ritual: Essays on Face-to-Face Interaction*. Garden City, NY: Anchor Doubleday.

Gottdiener, Mark, ed. 2000. New Forms of Consumption: Consumers, Culture, and Commodification. Lanham, MD: Roman & Littlefield.

Gove, Walter R. 1985. "The Effect of Age and Gender on Deviant Behavior: A Biopsychosocial Perspective." *Gender and the Life Course,* edited by Alice S. Rossi. New York: Aldine Transaction.

Gowan, Teresa. 2010. *Hobos, Hustlers, and Backsliders: Homeless in San Francisco.* Minneapolis: University of Minnesota Press.

Grazian, David. 2003. Blue Chicago: The Search for Authenticity in Urban Blues Clubs. Chicago: University of Chicago Press.

Green, Ben, Thibaut Horel, and Andrew V. Papachristos. 2017."Modeling Contagion through Social Networks to Explain and Predict Gunshot Violence in Chicago, 2006 to 2014." *JAMA Internal Medicine* 177 (3):326-333.

Griswold, Wendy. 2016. American Guides: The Federal Writers' Project and the Casting of American Culture. Chicago: University of Chicago Press.

Gross, Samuel R., Maurice Possley, and Kalara Stephens. 2017."Race and Wrongful Convictions in the United States." National Registry of Exonerations, Newkirk Center for Science and Society, University of California-Irvine.

Hallett, Tim. 2019."Bits and Pieces of Ethnographic Data on Trial." *Contemporary Sociology* 48 (3):255-261. doi:10.1177/0094306119841888.

Hallinan, Blake, and Ted Striphas. 2016. "Recommended for You: The Nedlix Prize and the Production of Algorithmic Culture." *New Media and Society* 18 (1):117-137.

Hancox, Dan. 2019."Skengdo and Arn: The Drillers Sentenced for Playing Their Song." *The Guardian,* January 31, 6.

Harcourt, Bernard E. 2015. *Exposed: Desire and Disobedience in the Digital Age*. Cambridge, MA: Harvard University Press.

Harding, David J. 2010. Living the Drama: Community, Conflict, and Culture among Inner-City Boys. Chicago: University of Chicago Press.

Harkness, Geoff. 2014. *Chicago Hustle and Flow: Gangs, Gangsta Rap, and Social Class.* Minneapolis: University of Minnesota Press.

News Feeds." In *Proceedings of the 33rd Annual ACM Conference on Human Factors in Computing Systems.* New York: ACM.

Ewing, Eve L. 2018. Ghosts in the Schoolyard: Racism and School Closings on Chicago's South Side. Chicago: University of Chicago Press.

Fagan, Jeffrey, Franklin E. Zirnring, and June Kim. 1997."Declining Homicide in New York City: A Tale of Two Trends." *Journal of Criminal Law and Criminology* 88 (4):1277-1323.

Farrington, David P. 1986. "Age and Crime." *Crime and Justice* 7:189-250.

Federal Bureau of Investigation. 2019. "Table 1: Crime in the United States by Volume and Rate per 100,000 Inhabitants, 1998-2018." *Crime in the United States.* (Retrieved October 8, 2019.) https://ucr.fbi.gov/crime-in-the-u.s/2018/crime-in-the-u.s.-2018/tables/table-1.

Felstiner, William L. F. 1974. "Influences of Social Organization on Dispute Processing." *Law and Society Review* 9:63-94.

Fine, Gary Alan. 1979. "Small Groups and Culture Creation: The Idioculture of Little League Baseball Teams." *American Sociological Review* 44 (5):733-745.

Fine, Gary Alan. 2006. Everyday Genius: Self-Taught Art and the Culture of Authenticity. Chicago: University of Chicago Press.

Flores, Edward. 2013. God's Gangs: Barrio Ministry, Masculinity, and Gang Recovery. New York: New York University Press.

Foucault, Michel. 1977. *Discipline and Punish: The Birth of the Prison* New York: Vintage Books.

Frenzel, Fabian, Ko Koens, Malte Steinbrink, and Christian M. Rogerson. 2015. "Slum Tourism: State of the Art."*Tourism Review International* 18 (4):237-252.

Gaines, Donna. 1990. *Teenage Wasteland: Suburbia's Dead End Kids.* Chicago: University of Chicago Press.

Galloway, Scott. 2017. The Four: The Hidden DNA of Amazon, Apple, Facebook, and Google. New York: Portfolio/Penguin.

Garot, Robert. 2010. Who You Claim: Performing Gang Identity in School and on the Streets. New York: New York University Press.

Geertz, Clifford. 1974. "Deep Play: Notes on the Balinese Cockfight." *Daedalus* 134 (4):56-86.

Gelman, Andrew, Jeffrey Fagan, and Alex Kiss. 2007. "An Analysis of the New York City Police Department's 'Stop-and-Frisk' Policy in the Context of Claims of Racial Bias." *Journal of the American Statistical Association* 102 (479): 813-823.

Gerber, Alison. 2017. *The Work of Art: Value in Creative Careers.* Stanford, CA: Stanford University Press.

Gangs as Role Transitions." *Journal of Research on Adolescence* 24 (2):268-283.

DeNora, Tia. 2000. *Music in Everyday Life.* Cambridge: Cambridge University Press.

DeNora, Tia. 2004. "Musical Practice and Social Structure: A Toolkit." In *Empirical Musicology: Aims, Methods, Prospects,* edited by Eric Clarke and Nich olas Cook. Oxford: Oxford University Press.

Desmond, Matthew. 2012. "Eviction and the Reproduction of Urban Poverty." American Journal of Sociology 118 (1):88-133.

Desmond, Matthew, Carl Gershenson, and Barbara Kiviat. 2015. "Forced Relocation and Residential Instability among Urban Renters." *Social Service Review* 89 (2):227-262.

Diep, Eric, Daniel Troisi, and Sam Weiss. 2012."South Side Story: A Chief Keef Timeline." *Complex Online,* December 18. (Retrieved January 4, 2015.) http://www.complex.com/music/2012/12/chief-keef-timeline/chief-keefs-new-york-debut-at-sobs.

Drake, David. 2012. "Hip-Hop's Next BigThing Is on House Arrest at His Grandma's: Meet Chief Keef." *Gawker,* March 12. https://web.archive.org/web/20150313192423/http://gawker.com:80/5892589/hip-hops-next-big-thing-is-on-house-arrest-at-his-grandmas-meet-chief-keef.

Duffy, Brooke Erin. 2017. (Not) Getting Paid to Do What You Love: Gender, Social Media, and Aspirational Work. New Haven, CT: Yale University Press.

Duneier, Mitchell. 1992. *Slim's Table: Race, Respectability, and Masculinity*. Chicago: University of Chicago Press.

Duneier, Mitchell. 1999. *Sidewalk.* New York: Farrar, Strauss, and Giroux.

Dyson, Michael Eric. 1996. Between God and Gangsta Rap: Bearing Witness toBlack Culture. New York: Oxford University Press.

Edin, Kathryn, and Laura Lein. 1997. *Making Ends Meet: How Single Mothers Survive Welfare and Low-Wage Work*. New York: Russell Sage Foundation.

Ehrenreich, Barbara. 2001. *Nickel and Dimed: On (Not) Getting By in America*. New York: Metropolitan Books.

Elias, Norbert. 1978. *The Civilizing Process: The History of Manners*. New York: Urizen Books.

Eltagouri, Marwa. 2018. "The Story Behind the Vrral Photo of a Kent State Graduate Posing with Her Cap-and a Rifle." *Washington Post Online,* May 17. https://www.washingtonpost.com/news/grade-point/wp/2018/05/16/the-story-behind-the-viral-photo-of-a-kent-state-graduate-posing-with-her-cap-and-a-rifle/?utm_term=.1901b3ef524f.

Eslami, Motahhare, Aimee Rickman, Kristen Vaccaro, Arnirhossein Aleyasen, Andy Vuong, Karrie Karahalios, Kevin Hamilton, and Christian Sandvig. 2015."I Al ways Assumed That I Wasn't Really That Close to [Her]: Reasoning about Invisible Algorithms in

Working Papers 18-42, Center for Economic Studies, U.S. Census Bureau.

Chicago Tribune. 2017. "Timeline: Chief Keef's Milestones and Missteps." *Chicago Tribune* Online, April 13. (Retrieved April 14, 2017.) http://www.chicagotribune.com/entertainment/chi-chief-keef-timeline-20130621-htmlstory.html.

Christin, Angèle. 2018. "Counting Clicks: Quantification and Variation in Web Journalism in the United States and France." *American Journal of Sociology* 123 (5):1382-1415.

Clark, Terry Nichols, ed. 2004. *The City as an Entertainment Machine.* Amsterdam: Elsevier/JAL

Clear, Todd R. 2007. Imprisoning Communities: How Mass Incarceration Makes Disadvantaged Neighborhoods Worse. New York: Oxford University Press.

Cloward, Richard A., and Lloyd E. Ohlin. 2013. *Delinquency and Opportunity: A Study of Delinquent Gangs.* New York: Routledge.

Cobb, Jessica Shannon, and Kimberly Kay Hoang. 2015. "Protagonist-Driven Urban Ethnography." *City and Community* 14 (4):348-351.

Cohen, Cathy, Joseph Kahne, Benjamin Bowyer, Ellen Middaugh, and Jon Rogowski. 2012. "Participatory Politics: New Media and Youth Political Action." *Youth and Participatory Politics Network.* https://www.civicsurvey.org/sites/default/files/publications/YPP_Survey_Report_FULL_ 0.pdf.

Cole, John Y. 1983."Amassing American 'Stuff': The Library of Congress and the Federal Arts Projects of the 1930s." *Quarterly Journal of the Library of Con gress* 40 (4):356-389.

Collins, Randall. 2008. *Violence: A Micro-Sociological Theory.* Princeton, NJ: Princeton University Press.

Contreras, Randol. 2013. *The Stickup Kids: Race, Drugs, Violence, and the American Dream.* Berkeley: University of California Press.

Coscarelli, Joe. 2017. "On the Run and Chasing Fame." *New York Times,* August 23, Cl.

Crane, Emily. 2018. "Social Media Is Fanning Violence and Transforming Chicago's Gang Culture with Members Regularly Engaging in Taunts Online That Spiral into Deathly Street Violence, New Report Finds." *Daily Mail Online,* June 13. https://www.dailymail.co.uk/news/article-5840453/Social-media-fanning-violence-Chicagos-gang-culture.html.

Davidson, James, Benjamin Liebald, Junning Liu, Palash Nandy, Taylor Van Vleet, Ullas Gargi, Sujoy Gupta, Yu He, Mike Lambert, and Blake Livingston. 2010. "The YouTube Video Recommendation System." In *Proceedings of the Fourth ACM Conference on Recommender Systems.* New York: ACM.

Davis, Mike. 1990. City of Quartz: Excavating the Future of Los Angeles. London: Verso.

Decker, Scott H., David C. Pyrooz, and Richard K. Moule Jr. 2014. "Disengagement from

MA: Harvard University Press.

Bourdieu, Pierre. 1986."The Forms of Capital." In *Handbook of Theory and Research for the Sociology of Education,* edited by John G. Richardson. New York: Greenwood.

Bourdieu, Pierre. 1993. The Field of Cultural Production: Essays on Art and Literature. New York: Columbia University Press.

Bourdieu, Pierre. 1996. *The Rules of Art: Genesis and Structure of the Literary Field.* Palo Alto, CA: Stanford University Press.

Bourdieu, Pierre, and Loïc Wacquant. 2004. "Symbolic Violence." In *Violence in War and Peace,* edited by Nancy Scheper-Hughes and Philippe Bourgois. Mal den, MA: Blackwell.

Bourgois, Philippe. 1996. *In Search of Respect: Selling Crack in El Barrio.* Cam bridge: Cambridge University Press.

boyd, danah. 2014. *It's Complicated: The Social Lives of Networked Teens.* New Haven, CT: Yale University Press.

Brayne, Sarah. 2014. "Surveillance and System Avoidance: Criminal Justice Contact and Institutional Attachment." *American Sociological Review* 79 (3):367-391.

Brennan, Denise. 2004. What's Love Got to Do with It?: Transnational Desires and Sex Tourism in the Dominican Republic. Durham, NC: Duke University Press.

Broussard, Meredith. 2015."When Cops Check Facebook: America's Police Are Using Social Media to Fight Crime, a Practice That Raises Troubling Questions." *The Atlantic,* April 19.

http://www.theatlantic.com/politics/archive/2015/04/when-cops-check-facebook/390882/#disqus_thread.

Brown, Tom. 2013. *Breaking the Fourth Wall.* Edinburgh: Edinburgh University Press.

Bucher, Taina. 2012. "Want to Be on the Top? Algorithmic Power and the Threat of Invisibility on Facebook." *New Media and Society* 14 (7):1164-1180.

Buntin, John. 2013. "Social Media Transforms the Way Chicago Fights Gang Violence." *Governing Magazine,* September 30. http://www.govtech.com/public-safety/Social-Media-Transforms-the-Way-Chicago-Fights-Gang-Violence.html.

Burawoy, Michael. 2019. "Empiricism and Its Fallacies." *Contexts* 18 (1):47-53.

Caramanica, Jon. 2012. "Chicago Hip-Hop's Raw Burst of Change." *New York Times Online,* October 4. (Retrieved January 5, 2015.) http://www.nyrimes.com/2012/10/07/arts/musidchicago-hip-hops-raw-burst-of-change.html.

Carter, Prudence L. 2005. *Keepin' It Real: School Success beyond Black and White.* New York: Oxford University Press.

Chetty, Raj, John N. Friedman, Nathaniel Hendren, Maggie R. Jones, and Sonya R. Porter. 2018."The Opportunity Atlas: Mapping the Childhood Roots of Social Mobility."

Andrejevic, Mark. 2004. "The Work of Watching One Another: Lateral Surveillance, Risk, and Governance." *Surveillance and Society* 2 (4):479-497.

Arthur, Mikaila Mariel Lemonik. 2019. "Ethnographers Are Not Lawyers, Ethnographies Are Not Trials: Standards of Evidence, Hearsay and the Making of Good Analogies." *Scatterplot: The Unruly Darlings of Public Sociology*, June 18. https://scatter.wordpress.com/2019/04/23/ethnographers-are-not-lawyers-ethnographies-are-not-trials-standards-of-evidence-hearsay-and-the-making-of-good-analogies/.

Austen, Ben. 2013."Public Enemies: Social Media Is Fueling Gang Wars in Chicago." *Wired*, September 17. https://www.wired.com/2013/09/gangs-of-social-media/.

Auter, Philip J., and Donald M. Davis. 1991."When Characters Speak Directly to Viewers: Breaking the Fourth Wall in Television." *Journalism Quarterly* 68 (1-2):165-171.

Auyero, Javier, and Maria Fernanda Berti. 2015. *In Harm's Way: The Dynamics of Urban Violence.* Princeton, NJ: Princeton University Press.

Baym, Nancy K. 2018. Playing to the Crowd: Musicians, Audiences, and the Intimate Work of Connection. New York: New York University Press.

Beaumont-Thomas, Ben. 2018."Is UK Drill Music Really behind London's Wave of Violent Crime?" *The Guardian,* April 9, 8.

Becker, Howard S. 1976."Art Worlds and Social Types." *American Behavioral Scientist* 19 (6):703-718.

Becker, Howard S. 1982. *Art Worlds.* Berkeley: University of California Press.

Beisel, Nicola. 1990."Class, Culture, and Campaigns against Vice in Three American Cities, 1872-1892." *American Sociological Review 55* (1):44-62.

Bensman, David, and Roberta Lynch. 1987. *Rusted Dreams: Hard Times in a Steel Community.* New York: McGraw-Hill.

Benson, Rodney. 1999."Field Theory in Comparative Context: A New Paradigm for Media Studies." *Theory and Society* 28 (3):463-498.

Benzecry, Claudio E. 2011. *The Opera Fanatic: Ethnography of an Obsession.* Chicago: University of Chicago Press.

Bermudez, Esmeralda. 2015. "Salty, with No Sugarcoating: Foul-Mouthed Auntie Fee Is an Unlikely YouTube Cooking Sensation." *Los Angeles Times,* February 25, BI.

Bermudez, Esmeralda. 2017. "Internet Kitchen Sensation." *Los Angeles Times,* March 21, B5.

Bernstein, Elizabeth. 2007. *Temporarily Yours: Intimacy, Authenticity, and the Commerce of Sex*. Chicago: University of Chicago Press.

Bernstein, Elizabeth, and Elena Shih. 2014."The Erotics of Authenticity: Sex Trafficking and 'Reality Tourism' in Thailand." *Social Politics* 21 (3):430-460.

Bourdieu, Pierre. 1984. *Distinction: A Social Critique of the Judgement of Taste*. Cambridge,

參考文獻

參考文獻

Abidin, Crystal. 2015. "Micromicrocelebrity: Branding Babies on the Internet." *M/C Journal* 18 (5). (Retrieved November 2, 2018.)

http://www.journal.media-culture.org.au/index.php/mcjournal/article/view/1022.

Alter, Adam. 2017. Irresistible: The Rise of Addictive Technology and the Busi ness of Keeping Us Hooked. New York: Penguin.

Amman, John, Tris Carpenter, and Gina Neff. 2016. *Surviving the New Economy*. New York: Routledge.

Anderson, Elijah. 1978. *A Place on the Corner: A Study of Black Street Corner Men*. Chicago: University of Chicago Press.

Anderson, Elijah. 1990. *Streetwise: Race, Class, and Change in an Urban Community*. Chicago: University of Chicago Press.

Anderson, Elijah. 1999. Code of the Street: Decency, Violence, and the Moral Life of the Inner City. New York: W. W. Norton & Company.

Anderson, Elijah. 2012. "The Iconic Ghetto." *Annals of the American Academy of Political and Social Science* 642 (1):8-24. doi:10.1177/0002716212446299.

8 參見Burawoy (2019).

9 Lubet (2018).

10 針對「牛仔式民族誌」更廣泛的討論，以及研究者所處的位置與民族誌代表性的兩難困境，參見Wacquant (2002); Gowan (2010); Rios (2011, 2017); Hoang (2015); Cobb and Hoang (2015); Small (2015).

11 此處我改述Rios (2011: 14; 2017)，他用來避免使用「叢林奇譚風格」的方法啓發了我的寫作。

12 我向來覺得這種說法——關於研究者所處的位置影響了他所能蒐集到的資料——非常難以證實。我跟大多數的民族誌工作者一樣，都是獨自一人在做田野。沒有其他研究者跟我一起去泰勒公園，使得我很難做出「要是由其他背景或所處位置不同的人來蒐集資料，情況會變得不一樣」這種強烈的因果主張。這是合作式民族誌的優點之一，它讓研究者們可以相互比較並分析他們的認知結果與印象（參見May and Pattilo-McCoy 2000）。無論如何，我面對諸多形式的證據，強烈證明我自己的個人特質與生命經歷影響了資料蒐集的很多面向。

13 這不是我第一次遭到這種嘲諷。我之前在洛杉磯Skid Row區做田野時，同樣因為身為研究生而被質疑我不夠黑人（參見Stuart 2016）。

14 Pattillo (1999); Contreras (2013); Shapira (2013); Hoang (2015); Small (2004, 2015); Ralph (2014); Lane (2019).

15 關於這種美化、「新浪漫化」的陳述所造成的危險，參見Wacquant (2002); Gowan (2010).

16 Rios (2017).

15 關於「象徵性暴力」，參見Bourdieu and Wacquant (2004).

16 O'Connor (2009: 8).

17 針對「當代社會試著用治安政策與社會福利政策『治療』窮人所謂的病態決策行為」，更系統性的討論請參見Stuart (2016)。

18 我在之前的研究中（參見Stuart 2016）探討了以誇張手法展現都市貧窮問題如何被商業利益所利用，變成極具威力的工具，用來誘使流動資本、有錢人與顧客把市中心的空間中產階級化。比方說，洛杉磯新的餐廳與酒吧充分利用其位於惡名昭彰的貧民窟Skid Row附近的地理位置，以及「滑稽可笑的酒醉流浪漢」形象，有效地把市中心推銷成「黑的、緊張的、類似邊疆一樣的地方」(Stuart 2016: 62)。

19 Flores (2013); Decker et al. (2014).

20 Lee (2016).

21 Lane (2019).

22 O'Connor (1969); Cole (1983); Mutnick (2014); Griswold (2016); Gerber (2017).

作者筆記

1 社會學家Jack Katz (1997) 認為這是民族誌研究之所以受到支持最常見也最有力的「根據」。

2 Mills (1959).

3 這類批評最新（肯定也是最引起注意）的綜合版本由西北大學法律教授、自稱為「民族誌愛好者」的Steven Lubet (2018) 所提出。他在其2018年的著作《審問民族誌》(*Interrogating Ethnography*) 中爬梳了上百份民族誌研究，指出他認為是謬誤、戲劇化效果與事實錯誤的部分，認為「這些作者無能力或不願意把直接觀察的結果與參與者的說詞及在地傳說區分開來」。有越來越多的反駁意見反對Lubet這種「惡意毀謗」的批評風格、偽善的證據標準、要求民族誌工作者必須表現得更像他這種抗辯式的庭審律師一樣探詢「客觀的真相」。根據某些傑出的民族誌工作者所言，Lubet的批評源自於他對於民族誌本身的基本誤解、以及不理解民族誌如何在認識論上致力於改善既有理論並且提出新的理論。參見Arthur (2019); Burawoy (2019); Hallett (2019); Sorensen et al. (2017); Timmermans (2019).

4 關於分析言行之間差異的重要性，參見Jerolmack and Khan (2014)·

5 其他採取此方法的研究，參見Anderson (1978, 1990, 1999); Padilla (1992); Bourgois (1996); Pattillo (1999); Moskos (2008); Wacquant (2008); Rios (2011, 2017); Contreras (2013); Ralph (2014); Hoang (2015); Lane (2019).

6 Shklovski and Vertesi (2013); Lane (2019).

7 Jerolmack and Murphy (2017) 是最強力反對在民族誌研究中使用遮蔽措施的例子。

的位置上。不過，儘管安湯在團體內部暫時改變的地位可能會傷到他，無論如何他仍是滿足了作為團體成員的最低期望。

16 Pattillo (1999: 145).

17 我沒辦法百分之百證實安東尼歐的故事——攻擊事件發生時，他獨自一人在搭火車。不過，我所蒐集到的其他證據，讓我相信他所言屬實。社區中心有很多青少年在正式訪談中告訴我說，他們自己或他們認識的人都曾因為在大眾交通工具上跟著「錯誤」的鑽頭音樂歌曲一起唱，導致有人上前來找麻煩。

18 Suttles (1972: 22). 亦請參見Rymond-Richmond (2006).

19 Suttles (1972: 22).

20 跟其他青少年一樣，史考帝也常提到打造認知地圖時很好用的線上討論區TheHoodUp.com。這個網站列出了芝加哥知名的黑幫及其地盤所在位置。

21 2013年時，芝加哥市府當局關閉了50所主要位在南區與西區的學校，結果導致更多學生被迫穿越數個幫派的地盤。關於該政策決定與相關結果的詳細資訊，參見Ewing (2018); Shedd (2015).

22 Sharkey (2006).

23 這是幫派研究中最古老且最一致的研究發現。

24 DeNora (2000: 61).

結論

1 用知名鑽頭音樂部落格的創辦人奧崔（Richard Autry）的話來說：「若你看到某人在過的生活跟他自己所講的一樣，那麼他的音樂聽起來會更真實」(Coscarelli 2017)。

2 Thapar (2017).

3 Thapar (2017).

4 參見Steinbrink (2012); Frenzel et al. (2015).

5 Pulido et al. (2012).

6 Towns (2017); Magelsson (2012).

7 Zerva (2015).

8 引述自Zerva (2015: 521).

9 Towns (2017).

10 Bermudez (2015, 2017).

11 Wellman (1979); Wellman and Leighton (1979).

12 William Julius Wilson (1987, 1996) 與他的學生強烈主張用這種方式解決都市貧窮問題。

13 Anderson (2012).

14 Anderson (2012: 12).

第七章　家鄉英雄或在地威脅？

1　Pattillo (1999: 133).

2　DeNora (2000: 49).

3　在某些脈絡中，「嗨」起來指的亦是變得狂野、參加派對、嗑藥嗑到嗨或喝酒喝到茫。

4　這個儀式——利用音樂來建立自信心，進入合適的心理狀態以完成困難任務——在社會中隨處可見。試想看看職業運動員的經典形象：當他們在賽前暖身時會戴著耳機，跟著「加油打氣的音樂」搖頭晃腦。

5　相關例子請參見https://www.youtube.com/watch?v=8VfOOMUXIW8（於2016年4月12日取得）。

6　由於這首歌裡頭有我的名字，所以在聽到阿倫唱這首歌之前我就對它很熟悉了。

7　Tia DeNora (2000) 在《日常生活中的音樂》(*Music in Everyday Life*) 一書中說明了她的受訪者同樣也會聽激進、反秩序的音樂類型來「解決」壞心情。

8　參見 Thrasher (1927); Sutherland (1937); Cloward and Ohlin (2013); Matsueda and Anderson (1998); Anderson (1999); Haynie and Osgoode (2005).

9　Harding (2010, chaper 3).

10　鑽頭音樂與相關線上內容符合了社會學家Gary Alan Fine (1979) 針對「特定的文化項目是否成為團體文化的一部分」所提出的條件。鑽頭音樂為相互交流的群體當中的成員所熟知、在團體互動的過程中可予以使用、在支持團體目標與個人需求上發揮作用、適合拿來支撐團體內部的地位階層、由團體互動過程中發生的事件所觸發 (Fine 1979: 733)。

11　關於在男性佔主導地位的環境中所發生的「競爭性的社會交際」，其他例子請參見Anderson (1978); Jerolmack (2009); Stuart (2016).

12　看到這些互動，我想起了Clifford Geertz (1974: 74) 在其針對峇里島鬥雞活動的經典研究中，觀察到峇里島男性用鬥雞「來代理主人的個性」。

13　值得注意的是，這些用代言人來相互競爭的行為，密切反應了大多數青少年同儕群體中可見的「競爭性的社會交際」，無論種族、階級或所處的社區。世界各地的年輕人會拿自己最喜歡的運動員、名人、實境秀明星、球隊與電動角色來跟同儕相互競爭。因此，我們在南區青少年身上所看的的社會交際形式其實很常見。不過，這些互動的特殊性質在於：討論「誰被殺、誰被逮捕、誰告密」係專屬於這個社會環境。

14　參見Bourdieu (1986); Carter (2005).

15　在這個互動過程中，我們可以觀察到團體內部的地位暫時發生變化。安湯不曉得「泰伊六〇〇是叛徒」的最新傳言，導致他暫時遭到邊緣化；而戴文能夠快速地找出證據、肯揚手上握有內部消息，使得他們兩個移動到具有權威性與受到讚賞

Hoang (2015); Shih (2016); Rivers-Moore (2016).

18 Pruitt and LaFont (1995); Brennan (2004); Bernstein (2007); Hoang (2015); Rivers-Moore (2016).

19 Hoang (2015).

20 Pruitt and LaFont (1995).

21 Hoang (2015).

22 Brennan (2004).

23 就研究的透明度而言，我必須指出我從未能夠與「街角兄弟」這些外地的情人私下講上話，至少是無法長時間說上話。我原本打算與她們進行正式訪談，但「街角兄弟」不准我自己去聯絡這些女性，即便我再三保證我純粹是出於學術動機。這些年輕人非常害怕，甚至有點疑神疑鬼，他們認為我可能會說出一些破壞他們計畫的話。我在比佛利山時差點就做出這樣的事，那時我不小心向查德透露了小鬼無家可歸的事。此外，我察覺到有些「街角兄弟」也很擔心我可能想要跟他們的情人發展男女關係。他們的猜忌情緒並非衝著我個人而來，而是一種普遍傾向。當我在他們幽會之後去市中心載他們時，他們常常要我發誓保密，不准我跟其他「街角兄弟」成員分享這些新發展出來的關係。還好，他們跟這些女性出去的時候，偶爾會讓我一起跟著。我一開始很失望，因為我本來希望能夠針對這種出人意表的性工作形式如何因為社群媒體與數位生產而成為可能，進行更全面的分析。不過，我的失望之情倒是沒有持續太久。我相信，訪談本身有其問題與限制。在這個例子中，直接觀察可能是最好的選擇。由於「街角兄弟」非常不願意從表面上把這些交流定義為性工作，因此他們的情人可能也同樣會避免這樣的歸類。我在泰勒公園的經驗一再證明，人們所說的話（無論是在社群媒體上或是在正式訪談中）與他們實際上做出的事，常常差距甚遠。關於田野研究中這種「態度／行為一致性」問題的詳細討論，請參見Jerolmack and Khan (2014)。

24 hooks (1992: 26).

25 Higginbotham (1993).

26 Pattillo (2007: 105). 無論過去還是現在，不只有黑人中產階級會這樣做。Chad Heap (2009) 指出，綜觀美國歷史，定期上教堂的人、慈善工作者與其他社會改革者都會利用他們與貧窮社群充滿人道主義的接觸，作為展示他們自身高尚品德的計畫當中的一部分。事實上，如同希普所主張的，這些信仰虔誠的行善者很可能就是「貧民窟獵奇旅遊」的始作俑者。

27 Higgenbotham (1993)l; 亦請參見McRoberts (2004).

28 Wilson (1987).

29 Wilson (1987: 56).

30 關於「傳統老頭」的凋零，亦請參見 Anderson (1990).

們可以把查德歸類成這種文化雜食動物，但問題依然存在：到底為什麼像他這樣的人會如此迷戀鑽頭音樂？是什麼因素驅動了他們對於這種文化物品的「品味」？大多數的解釋指向大規模的社會變遷、精緻藝術世界的發展與世代改變（關於這些可能的解釋，參見Peterson and Kern 1996）。近來，學者從個體層次尋找答案。如同Benzecry (2011:88) 與其他採取這種方法的研究者所示，「品味必須被概念化，變成活動，不是『已經在那裡』的東西，而是藉由隱含著喜歡某種東西的諸多手段與實踐所構成與重新定義的實際行動⋯⋯這裡的重點在於，物品與互動本身如何適用或給予某些用途。」

3 這是「音樂實踐」(music-in-action) 方法的觀點與呼籲，我在本章與下一章皆使用該方法。關於此研究方法的理論前提與過去的研究成果，參見DeNora (2000, 2004); Hennion (2001); Benzecry (2011); Willis (2014); O'Brien (2017).

4 社會學家David Snow and Leon Anderson (1987) 把這個過程稱作是「身分認同工作」——其定義為「創造、鞏固與維持夢寐以求的身分認同的過程」。「身分認同工作」通常在人們經歷重大的生命轉折或試圖合理化新選擇與新行為時，最為明顯。社會學家Kimberly Hoang (2015) 在她針對胡志明市酒店所做的民族誌研究中，提出「慾望（因此還有吸引力）與更宏觀的政治經濟學密不可分」這樣的理論。她指出，酒店顧客利用其各自不同的社會經濟資源與可以取得的消費實踐，重新想像他們自己（以及其他人）在更廣泛的經濟、社會與道德關係中所佔據的位置。西方國家的僑民藉由消費酒店小姐的陪伴與服務，重新確認了他們自身的男子氣概、權力與情慾，即便在當代全球經濟中，西方勢力衰退而亞洲勢力崛起。

5 Heap (2009: 191).

6 Grazian (2003).

7 hooks (1992).

8 hooks (1992: 25).

9 hooks (1992: 21).

10 Pattillo (1999: 133).

11 Smith (2017); Santa Cruz (2018a, 2018b)

12 Chiico x Cinco x Casper x Joker x Choo. 2017. NH Anthem（官方影片），2019年6月16日取得 (https://www.youtube.com/watch?v=kwt0heJ5Bx4)

13 hooks (1992: 24).

14 這些照片拍攝的時候我也在場，所以我知道這些照片其實很誇大。用小鬼自己的話來說，他只是「炫耀給粉絲看」。那些毒品通常是別人的、鈔票通常只是廉價假鈔、槍通常沒有子彈或根本就不能用。

15 Heap (2009).

16 hooks (1992: 23).

17 相關田野研究請參見 Brennan (2004); Parreñas (2011); Bernstein and Shih (2014);

20 Jones (2018: 32).

21 Gove (1985: 123).

22 Sampson and Laub (1992, 1995); Maruna (2001); Flores (2013); Hirschi and Gottfredson (1983); Farrington (1986).

23 Jones (2018).

24 Stuart (2016); Stuart and Benezra (2018); Kohler-Hausmann (2018); Brayne (2014); Goffman (2014).

25 Gelman et al. (2007).

26 Tonry (2001).

27 Clear (2007).

28 關於連帶後果的討論，參見Stuart et al. (2015).

29 Broussard (2015); Buntin (2013).

30 Lexis Nexis (2014). 2014年時，紐約市警察局針對社群媒體內容進行長達四年的監控後，逮捕了103個所謂的幫派份子，並且誇口說這是「史上最大的幫派掃蕩行動」(Patton, Brunton, et al. 2017).

31 Schimke (2016).

32 Lane (2019).

33 Lexis Nexis (2014).

34 參見Rios (2011); Stuart and Benezra (2018).

35 Broussard (2015).

36 Rivlin-Nadler (2018); Tarm (2018).

37 Gross et al. (2017).

38 Eltagouri (2018).

第六章　數位獵奇，體驗貧窮

1 可惜，YouTube僅提供以州為基礎的分析數據，沒有更細緻的資料。因此，我無法確切指出有多少比例的觀看次數來自於芝加哥。

2 關於某些社群為什麼會消費某種文化產品的問題，爭論很激烈。文化理論學者普遍同意，消費者的社經位置與他們對於文化產品的品味之間，存在著緊密的對應關係、或稱「同形對應」(homology) (Bourdieu 1984)。長久以來，我們以為社會地位高的群體主要受到「高雅的」文化產品所吸引（像是歌劇、抽象藝術與文學），藉此顯示自己與眾不同，同時避開所有被認為是「膚淺低俗的」東西，像是民謠（參見Beisel 1990; Murphy 1988; Levine 1990）。顯然，當我們思考像是查德這樣的人對於鑽頭音樂的迷戀時，這個論述就無法成立。近來的消費者調查報告顯示，社會地位高的群體越來越「雜食」，他們開始接受甚至大肆稱讚某些「膚淺低俗」的文化產品 (Peterson and Simkus 1992; Peterson and Kern 1996)。我

13 Terranova (2000).

第五章　做自己卻做出了問題

1 當我2019年回到芝加哥與小鬼分享這本書的內容時，他要我附上這條註解，表達他（強烈）的聲明：他從來沒有跟警探講過話。他承認，他媽媽確實有見過他們，但只是為了幫他傳話，說他不想討論這起槍擊事件。

2 boyd (2014).

3 Marwick (2013: 160).

4 Duffy (2017: 206).

5 Duffy (2017: 206).

6 Marwick (2013: 127-130).

7 我絕對不是要貶低既有文獻中所記錄的那些微網紅面對網路嘲諷、霸凌與憎恨言論時所感受到的情緒與精神痛苦。我更想要探討的是一個人在結構上所處的位置，如何影響他將會遭遇什麼樣類型與程度的後果。如同每個人用來建立微網紅名聲的資源與象徵性資本各有不同，其影響在整個社會當中亦非平均分佈。

8 Anderson (1999: 72).

9 Jacobs and Wright (2006: 42).

10 Anderson (1999).

11 Jacobs and Wright (2006: 47).

12 Merry (1981).

13 一整個世代的都市民族誌研究皆不斷地指出，就算是暴力名聲最響亮的那些人，當他們的目標聽眾是家人、朋友與值得信賴的夥伴時，他們關起門來所扮演的經常是被動、充滿關懷與非暴力的角色。參見Bourgois (1996); Rios (2011); Conteras (2013); Auyero and Berti (2015).

14 Garot (2010); Felstiner (1974).

15 近來，這種行為以「不會手無寸鐵的挑戰活動」(No Lacking Challenge) 的形式爆紅。在挑戰當中，人們錄下自己手持武器接近毫無防備的朋友身邊，嚇他們一跳，目的是要揭露朋友毫無防備或「手無寸鐵」的狀態。雖然這個「不會手無寸鐵的挑戰活動」在全美與世界各地都有追隨者，但這個詞彙與行為應該是源自於芝加哥。在一連串擦槍走火的事件後，該挑戰活動近來受到更嚴密的監督與更多的新聞報導（參見 Roth 2018）.

16 參見Jacobs and Wright (2006); Collins (2008).

17 參見Sanders (2017).

18 根據Andrejevic (2004: 488) 的定義，橫向監控指的是「由個人使用監視工具來追蹤其他人，而不是由公共或私人機構中的探員來做這件事。」

19 Harcourt (2015).

(1997); Sharkey (2018)。

25 這種說法在非營利的暴力防治工作、介入行動與研究領域中尤其常見。由於公共與私人部門的經費來源稀少，再加上政府補助金的申請非常競爭（Vargas 2019），導致這些組織具有動機誇大化暴力情況。諷刺的是，反暴力組織與鑽頭歌手同樣仰賴把芝加哥黑幫暴力問題講得很誇張，藉此吸引注意力、讚譽與穩定收入。

第四章　靠熱度（Clout）賺錢

1 尤其是Marwick (2013) 的研究; Duffy (2017).

2 Marwick (2013: 160).

3 Duffy (2017: x).

4 「希望勞動」的這個定義來自於Kuehn and Corrigan (2013)。社會學家與媒體研究者要我們注意未實現的數位夢想，藉此重要地提醒了我們，建立在希望勞動之上的數位經濟，背後隱含了更廣泛且令人不安的意義。Duffy (2017: 183) 如此寫道，「渴望成功的勞動者常常不得不建立具有市場吸引力的公眾形象——提升人氣指標、培養技巧以及不自覺地推銷自我品牌——這些都相當於為消費資本主義服務的非物質勞動。」此外，找工作的人越來越願意加入希望勞動的行列，使得公司可以繼續降低工資、減少聘用全職員工、剝削臨時工，因而加速了資本累積的狀況。如同Kuehn and Corrigan (2013: 20) 所認為，希望勞動者「持續不斷地願意做白工，導致他們一心想要進入的勞動市場因此遭到破壞，從而造成了當代工作的不穩定性。」

5 我指的特別是達菲針對Amber、Danielle、Christina的討論，分別參見Duffy (2017: 58, 94, 163)。

6 Ehrenreich (2001: 27).

7 Marwick（2013: 115，粗體強調部分為我所加）。

8 Anderson (1978: 35).

9 我在這些旅行中每次都會幫自己訂一間便宜的旅館房間。打從我們第一次一起到外地旅行開始，這些年輕人就不曾待在我的房間。據他們所言，我真的是很無趣，而這對我來說完全不成問題。我不准他們在我房間裡抽大麻或抽菸，也不准他們帶女人進來。上述這些原因，再加上我每天晚上想要確實地睡上幾小時而不是跟他們一起打通宵，使得他們寧可選擇待在其他地方，通常是他們自己的旅館房間或是當地粉絲的住處。

10 Horowitz (1983); Anderson (1999); Garot (2010); Jones (2009); Harding (2010); Rios (2011); Stuart and Benezra (2018).

11 我在第五章中將詳述這些危險。

12 Shaban (2018).

8　媒體研究者Alice Marwick (2013) 藉由追蹤少女Cayla Friesz——Marwick形容她是「來自印第安納州、非常普通平凡的高二學生」——成名的過程，來說明主要的驅動力量 (Marwick 2015: 148)。Friesz上傳的不過就是日常生活的「自拍」照，卻在非常短的時間內累積了超過三萬名IG追蹤者以及很多粉絲專頁。她上傳的內容——包括她起床、選擇要穿什麼衣服、上學、週末跟朋友出去玩——讓社會大眾看到「美國典型」青少年私底下的生活長什麼樣。數位社群媒體相對而言的「永久性」與「可搜尋性」更加強化了Friesz或是其他微網紅這種「展示內在生活」的舉動。dana boyd (2014: 33) 指出，「不只是剛好在關注貼文的觀眾可以看到社群媒體上的內容，這些內容很快會被存檔、留下足跡，讓後來的觀看者也能夠看到。」

9　用布赫迪厄 (1996) 的話來說，鑽頭歌手在「社會階級場域」的特定位置導致他們做出特定的「位置佔據」與策略，好讓自己與競爭對手有所區別。

10　新媒體學者dana boyd (2014) 廣泛書寫了以社群媒體為導向的青少年與他們生活中的成年人之間跨世代的誤解與衝突，後者往往低估或誤解了數位空間在年輕人生活中所代表的重要性與意義。雖然boyd的研究主要聚焦在中產階級青少年與他們的家庭，但這些驅動力量同樣也造成不同世代的幫派成員之間的疏離感與不信任感。

11　媒體關注這起事件的焦點多半在於芝加哥音樂幫派戰爭所造成的連帶傷害：殺了「卡波」的兇手在試圖逃離犯罪現場時，意外撞死了一名十三個月大的嬰兒。

12　https://www.youtube.com/watch?v=LNzFQ4PNZXQ

13　https://www.youtube.com/watch?v=vLSqCnwpSXU

14　Tarm (2019).

15　Goffman (1956, 1967).

16　我待在泰勒公園的那段時間，當地槍手在社群媒體上相對很低調。他們通常不會吹噓自己最近犯下的暴力事件，而是讓鑽頭歌手去炫耀這些事。

17　Collins (2008: 231).

18　社會學家Fredric Thrasher (1927) 是第一個觀察到「無論規模大小或組織結構，大多數幫派的核心是關係緊密的雙人組合或三人組合」的人——他稱作「兩人與三人幫派」。對於今日逐漸走向集體從事文化生產的幫派，這種模式依然適用。

19　參見Desmond (2012); Desmond et al. (2015).

20　關於使用警方的掃瞄程式，細節討論參見Vargas (2016)。

21　關於鑽頭歌手所收到的各式各樣好處與報酬，第四章中有更詳細的描述。

22　鑽頭歌手與粉絲間複雜的關係，以及這些粉絲提供給鑽頭歌手的收入與資源，正是第四章的討論主題。

23　芝加哥的謀殺犯罪率從1990年代早期的高峰每十萬人中有三十三人，降低至2018年時的每十萬人中有二十人。

24　關於導致「犯罪事件大幅下降」的潛在機制，更全面性的檢視請參見Fagan et al.

30 Rose (2008: 136).

31 Auter and Davis (1991); Brown (2013).

32 此處的攝影機穩定器型號為DJI Ronin-M，當時的零售價格大約是一千塊美金。

33 因為需要創造出這種慢動作效果，促使了芝加哥的頂級錄影師去購買更昂貴的錄影機。最高階的錄影機在錄影時，每秒可錄下60與120個靜態畫面，相形之下，初階錄影機則是標準的每秒24個。當影片放慢至一半甚至四分之一的速度時，高階錄影機可以避免畫面閃爍或斷斷續續的問題。這使得像是吉歐這樣缺錢的青少年就吸引客戶而言，逐漸處於劣勢，就連他的朋友與鄰居也放棄了他所提供的免費服務，他們比較想要更昂貴但畫質更好的影片。

34 當我得知小鬼並沒有向社區裡其他鑽頭歌手解釋清楚他的計畫時，我一點也不驚訝。小鬼向來的做法都是「事後道歉」，而不是「事先取得允許」。這也是他與「街角兄弟」其他人一直以來發生爭執的原因，他們之間好幾次不只是意見不合，甚至還引發拳腳相向。

35 Hunter et al. (2016).

36 Pattillo (1999) 與Rose (2008) 也提出類似看法，回應「幫派饒舌歌手『就是代表了』貧民窟狀況」這種廣泛流行的想法。如同Marcus Hunter與其同仁 (2016) 所指出，社會科學的學術研究傾向於關注缺陷與混亂狀態，雖然目標通常是為了改善會造成危害的條件與減少不平等的情況，但學術作品同樣也可能忽略了「作為黑人」與「在城市中與黑人一起生活」的完整經驗。

第三章　做自己 (Keepin’ It Real)

1 關於他們所面臨的困境，以及被視為「沒有真的『待在街頭』」所帶來的危險，參見 Rose (1994); Harkness (2014); Ralph (2014); Lee (2016).

2 Goffman (1956, 1967).

3 Meyrowitz (1985: 119).

4 Horton and Wohl (1956).

5 舉例來說，在矽谷工作的科技業人士在建立微網紅名聲時，上傳的照片與其他內容需要展現出不同凡響的創業精神、專業技術與商業敏銳度 (Marwick 2015)。同樣地，打算成為微網紅的中產階級青少年會貼畢業照、炫耀他們如何度過週五夜晚以及上傳能夠展現出他們具有音樂天份的影片 (參見boyd 2014)。他們藉由這樣做，公開展示了他們在學業上的優異表現、從容不迫的態度、社交技能滿分以及各式各樣的才華——這些是老師、同儕與大學招生官通常很看重的特質。關於微網紅的其他例子，參見Senft (2008); Marwick and boyd (2011); Tufekci (2013); Marwick (2013).

6 Marwick (2013).

7 boyd (2014).

right）微網紅會使用這種策略。知名度較低、事業剛起步的YouTuber會在自己的頻道上「放上」知名人物的名字，藉此拓展觀眾網絡。

19 參見Dyson (1996); Pattillo (1999); Kitwana (2006); Rose (2008); Jeffries (2011).

20 Pattillo (1999).

21 我在第六章與第七章中，花了更多篇幅詳盡討論消費者背後的動機與消費行為。

22 參見Jenkins (2006).

23 2018年時，Pro Tools的零售價格大約是六百塊美金。

24 我無法充分確定安東到底賺多少錢。我花很多時間待在他的工作室，看到他與一連串的客戶進行現金交易，但我相信他跟我說的收入數字應該很準確。我跟「街角兄弟」聊過，他們也覺得這個數字應該沒錯。

25 Lee (2016).

26 Harkness (2014: 119).

27 Lee (2016: 81-82).

28 這一點與所謂的「泡泡糖饒舌歌手」相反。「泡泡糖饒舌歌手」有時候會講一些槍戰與街頭生活之類的東西，儘管他們並沒有親身經歷過那樣的事。我跟「街角兄弟」待在一起的時候，他們指責德瑞克是這些冒牌貨當中最明顯的一個。他們對德瑞克的生平瞭若指掌：他的本名是葛拉漢（Aubrey Graham），年紀輕輕就已成名，他在熱門的加拿大青少年影集《狄格西》（*Degrassi*）中擔綱演出，長達八季；他也是知名搖滾樂鼓手之子，因此得以利用其專業人脈與品牌辨識度，開始跟嘻哈音樂及流行音樂界的知名人物一起錄歌。他在三十一歲前就已經成為了全球收入排名第三高的音樂人，光是2016年就賺進了9400萬美金。

儘管他這輩子都離街頭很遙遠，但他時常利用暴力內容對於社會大眾的吸引力來謀取利益。他的歌曲〈連著贏〉就是典型的例子。他把這首歌寫成「對戰饒舌」（battle rap），挑戰他在音樂界的競爭對手，他唱出以下歌詞：

對，發推特的手指現在扣下板機開火
對，一個唱歌的傢伙把你打落
我不是那種會跟其他人筆戰的傢伙

德瑞克在這幾行歌詞中，明確不含糊地宣稱他比較喜歡透過暴力復仇來解決夙怨（「扣下板機的手指」）。他公開發出警告，雖然他以創作性感情歌而聞名（「唱歌的傢伙」），但必要時他還是有能力殺人（「把你打落」）。德瑞克聲稱他偏好用這種方式回應挑戰，而不是在推特與其他社群媒體平台上結樑子（「我不是那種會跟其他人筆戰的傢伙」）。事實證明，如此這般宣稱暴力對德瑞克來說是很成功的策略，讓他這首歌登上了2015年美國告示牌年終百大單曲排行榜。

29 此證據的視覺性質是關鍵。幾乎在所有的社會情境中，觀眾都一面倒地認為視覺表現比非視覺形式的證據更有公信力、更接近事實、沒有經過中介。參見Silbey (2008); German et al. (1982); Mnookin (1998); Stuart (2011).

正受到嚴格監督（參見Lewis 2018; Weill 2018; Roose 2019）。

12 Bucher (2012); Wolf (2016).

13 社會學家與社運人士圖費奇（Zeynep Tufekci, 2017）在《推特與催淚瓦斯》(*Twitter and Tear Gas*) 一書中認為，臉書的篩選演算法削弱了「黑人的命也是命」(Black Lives Matter, BLM) 運動一開始所造成的影響。據她所言，2014年8月時，就在警方殺了十八歲的少年布朗 (Michael Brown) 之後，上百位「黑人的命也是命」的社運人士在密蘇里州佛格森市的街道上對抗軍事武裝的警力。然而，「臉書上由演算法所控制的動態消息，」圖費奇寫道，「卻像什麼事都沒發生一樣」(2017:155)。據她所述，臉書的演算法賦予佛格森市所發生的新聞較低的優先順序，但卻提供了「冰桶挑戰」的相關內容給使用者——「冰桶挑戰」是一項充滿意義的活動，名人與一般使用者上傳把一整桶冰倒在自己頭上的影片，並且捐款給漸凍症慈善組織。為了克服臉書自動化的篩選系統，「黑人的命也是命」社會運動的內容生產者改寫了他們的訊息及上傳內容，讓它變得「更適合演算法」。

14 就在不久之前的2015年，Motahhare Eslami與其同僚發現，62.5%的使用者並不知道他們在社群媒體上所看見的內容是由演算法所控制且彙整之後的結果 (Eslami et al. 2015)。

15 社會科學家逐漸敏銳地注意到，有越來越多的文化生產者正為了吸引更多的網路流量（或「點擊」）而改變他們的生產活動。這一點在新聞產業中尤其明顯。社會學家Angèle Christin (2018）發現，流量是編輯室中一直被談論的主題，記者與編輯會用點擊數來評估標題、報導內容與新聞價值。如同該研究中某個編輯室員工所承認的，「我們知道該怎麼吸引流量……貓咪與性，很明顯就是這樣」(Christin 2018: 1403)。Hallinan and Striphas (2016) 同樣也指出，網飛 (Netflix) 靠演算法及其所提供的觀看數據，來審查評估潛在的收購與設計原創內容，包括選角到發行速度等所有事情。

16 表格其餘的部分顯示：大約有四分之一的觀看者在YouTube內部搜尋引擎上主動搜尋過小鬼或這支音樂影片的標題。相對較少數的觀看者是透過外部網頁的連結，或是經由其他YouTube使用者所製作的影片播放列表而被導引來看這支影片。

17 在我與「街角兄弟」的相處時光接近尾聲之際，在歌曲或音樂影片標題中放上「CBE」已被視為是展現出團結與支持的舉動，理所當然，理由正是因為納入這個字眼可以讓演算法導引到「街角兄弟」其他成員的影片。整個團體的人都認為，不把「CBE」放在標題當中是自私、充滿敵意的行為，可以給予非正式懲罰。事實上，有兩個成員因為沒有在音樂影片的標題放上「CBE」，而宣佈退出「街角兄弟」。

18 這個技巧在橫跨各個文化類別的YouTuber與其他社群媒體影響者間越來越常見。最引人注意的或許是Becca Lewis (2018) 近來的研究，她發現「另類右翼」(alt-

50 Chicago Tribune (2017).
51 Rose (1994, 2008).
52 Main (2014).
53 Willis (1981); Gaines (1990); Pascoe (2007).
54 Lee (2016).
55 關於「即興」饒舌的詳細說明，參見Lee (2016)。
56 https://www.youtube.com/watch?v=vT6Ofz-IZN0
57 就這個角度來看，注意力經濟吸引年輕人參與的理由，與當初1990年代毒品經濟吸引年輕人的理由是一樣的。Venkatesh and Levitt (2000) 在一篇標題下得很洽當的文章〈我們是家族還是生意？〉(Are We a Family or a Business?) 中，揭示了販毒幫派之所以具有魅力，很大一部分來自於他們能夠同時提供工作機會以及緊密交織的社會支持體系——也就是家族。與拖地板或清理餐桌相比，在社區街角賣快克古柯鹼不只讓青少年收入更高、更有個人尊嚴，同時也讓他們可以跟最好的朋友一起工作。街角小隊的成員間建立了緊密的兄弟之情，他們一起解決問題、分配利潤、一起出去混、一起想像未來。
58 明顯的例外請見Lane (2016, 2019)。
59 Roderick et al. (2006).

第二章　演算法、數據分析法與AK-47

1 Becker (1976, 1982)，亦請參閱 Peterson (1976, 1997)。
2 關於優秀地應用「藝術世界」方法的研究，參見Fine (2006)、Mears (2011)。
3 Google的PageRank程式可以說是「使用演算法選擇性地呈現內容」最重要的先驅。這個演算法透過評估任何一個特定網頁與其他網頁間的外部連結，決定該網頁的重要性與「評等」（參見 Pasquinelli 2009、Bucher 2012）。
4 參見Alter (2017)。
5 關於YouTube影片篩選演算法，技術上的細節參見Davidson et al. (2010)。
6 「標籤」是影片上傳者針對該影片所提供的一般性資訊。鑽頭音樂影片通常會帶有「鑽頭」、「芝加哥」、「芝拉克」、「酋長基夫」這類標籤。
7 用電腦科學家的語言來說，這種行為被稱為是「訓練」YouTube演算法，讓它更能辨識出使用者與時俱進的口味，好讓自動化程式可以繼續推薦使用者會喜歡的內容。
8 Roose (2019).
9 尤其請參見Tufekci (2017); Noble (2018).
10 參見Pariser (2011); Hallinan and Striphas (2016).
11 真要說的話，經由演算法選擇性呈現出來的內容串流已出現越來越極端的狀況。YouTube因為引導使用者接觸越來越激進、陰謀論、白人優越主義的內容，目前

時候，他都很難講出確切的數量。他一直伸出手，在掌心畫出兩英吋的圓圈。我認為，他無法用正式詞彙說明數量，也能用來證明他對於交易快克古柯鹼確實沒什麼經驗。

31 Padilla (1992).

32 Padilla (1992: 149).

33 關於近來從販毒到持槍搶劫的轉變，更詳細的討論參見Contreras (2013)。

34 事實上，每當我參加當地的社區治安會議時，與會者通常會把竊盜事件歸咎於惡名昭彰、但同時也很神秘的「空心磚幫」。

35 參見Bourgois (1996); Anderson (1999); Newman (1999); Rios (2011).

36 Bourgois (1996: 155).

37 參見 Hochschild (1983).

38 Bourgois (1996: 142)。關於「青少年服務階級」(teenage service class) 與人互動的詳細討論，參見 Ray (2017)。

39 Stack (1974); Edin and Lein (1997).

40 很難精準查明這支音樂影片確切的觀看次數。原始影片在累積了2800萬個觀看次數後，從YouTube上被移除了。從那時起，「酋長基夫」的粉絲與其他支持者在很多YouTube頻道與頁面上重貼了各種版本。像是肯伊・威斯特等更主流的饒舌歌手所創作的混音版本與後來的音樂影片，也拉低了「酋長基夫」原始版本及重貼影片的觀看次數。

41 Drake (2012).

42 Kongol (2013); Chicago Tribune (2017).

43 這類網站的例子，請參考 Hey Jackass! (http://heyjackass.com/)。

44 Diep et al. (2012).

45 Caramanica (2012).

46 Rose (1994); Baym (2018).

47 關於「發跡」過程的詳細討論，參見Harkness (2014); Lee (2016)。

48 值得注意的是，基夫所處之地長久以來都不以音樂聞名。若說「發跡」的機會即使在洛杉磯與紐約這樣的娛樂首都都很小——在這些娛樂大城仍可以幻想著恰巧碰到唱片公司高層——那麼，對於住在芝加哥的人來說，這樣的機會更是微乎其微。關於在實體位置上與娛樂產業的接近程度如何為一心想成名的饒舌歌手創造出「重大場合」(momentous occasions)，參見Lee (2016)。這些場合讓他們（誤）以為自己就「快要成功了」，使得他們就算失業、貧困、無法取得專業上的成功，仍舊堅持要走音樂這條路。

49 在當今的數位經濟中，這種策略是新的標竿。除了芝加哥以外，這個策略在矽谷之類的地方已成為了最令人熟悉且最著名的商業模式。精通科技的創業家不斷地開發智慧型手機的應用程式，建立一個又一個新創公司，擺明了希望能被更大、更有錢的公司（像是臉書與蘋果）以數百萬美元買下。

加過」販毒的幫派。

2 Venkatesh (1997: 84).

3 Davis (1990).

4 Jacobs and Wright (1999); Contreras (2013).

5 Venkatesh (2000); Ralph (2014); Vargas (2016).

6 參見Kornblum and Janowitz (1974); Bensman and Lynch (1987).

7 Wacquant (2008: 58).

8 有關造成去工業化的國際與國內因素，更詳細的說明參見Wolch and Dear (1993)。

9 Wolch and Dear (1993: 4).

10 Wacquant and Wilson (1989).

11 Wacquant (2008: 58).

12 Wilson (1996).

13 Wacquant (2008: 57)。格蘭德大道（Grand Boulevard）社區、奧克蘭（Oakland）社區與華盛頓公園（Washington Park）社區的總人口暴跌，從1950年的200,000人、1980年的102,000人，最後到了1990年時是64,000人。

14 Wolch and Dear (1993); Bourgois (1996).

15 Wolch and Dear (1993).

16 Kasarda (1989).

17 Anderson (1990).

18 Anderson (1990: 242).

19 Anderson (1990: 4).

20 Levitt and Venkatesh (2000: 771).

21 Bourgois (1996: 85).

22 Levitt and Venkatesh (2000); Venkatesh (2005: 10).

23 雖然我無法驗證瑞克在1990年代時的確切收入，不過好幾個長期住在泰勒公園的居民證實了他當時確實是泰勒公園中最高階的「黑爵幫」主管之一。

24 Anderson (1990); Venkatesh (2000); Venkatesh (2005); Harding (2010).

25 參見Venkatesh (2006); Ralph (2014).

26 儘管小鬼們越來越想加入幫派、分一杯羹，但老一輩的人已開始猜忌他們。Sudhir Venkatesh (2006) 指出，有些社區從1995年到2000年間，積極活動的幫派普通成員人數增加了20%。

27 Jargowsky (2015).

28 這些美國人口普查數字並未把在坐牢或受到監禁的社區居民算進來，因而低估了失業狀況，參見 Western (2006)。

29 Sharkey (2013); Chetty et al. (2018).

30 無論是小鬼第一次跟我講這個故事的時候，還是幾年之後我跟他進行事實查核的

42 西北大學社會學家Andrew Papachristos與其同仁的最新研究進一步地支持了這個論點 (Papachristos et al. 2015; Green et al. 2017; Papachristos et al. 2018)。他們在數個具有開創性的研究中發現，即便犯罪率大幅下降，貧窮黑人社群當中的暴力情況依然持續存在，難以改變，他們成為受害者的風險比其他來自較富裕社群的人高上很多倍。倘若我們從網路而非實體社區的角度來看，這些差距甚至會更明顯。從2006年到2012年間，約有70%的芝加哥非致命槍擊事件集中於同儕網絡中發生，而這群人僅佔整座城市總人口的6%。尤有甚者，暴力事件看起來像傳染病一樣在這些網絡中擴散。因此，遭受暴力事件的風險，隨著同儕網絡的鑲嵌性而增加。我跟「街角兄弟」相處時了解到，鑽頭歌手與他們的密友組成了某些帶有風險的網絡。如同我們在第二章與第三章所見，一個年輕人的微網紅名氣越大，他在最暴力的網絡之中就陷得越深。事實上，與曾經或將來可能會被開槍、被捕或涉及重大暴力事件的人建立關係，是鑽頭歌手用來吸引新粉絲與證明自己真的很暴力的其中一個強大辦法。

43 我肯定不是第一個提出此觀點的人。我跟隨Fredrick Wherry (2011)、Terry Clark (2004)、Mary Pattillo (1999)、David Grazian (2003)、Marcus Hunter and Zandria Robinson (2018) 的腳步，他們開始思考文化生產與消費是如何構成都市生活與住在特定社區所造成的後果。

44 在此澄清一下，長久以來把重點放在物質與經濟領域，在社會學與政治學上皆有重要意義。舉例來說，從經濟角度研究幫派的學者藉由仔細探究幫派暴力的經濟用途，並且提出「幫派就致力於掌控地方市場而言，在本質上與其他經濟組織無異」的論點，對保守派權威人士與他們對於都市窮人的道德攻擊，發出了必要的反擊（參見 Sanchez-Jankowski 1991: 126-127）。如同人類學家布古瓦 (Philippe Bourgois, 1996: 42) 所揭示，雖然幫派暴力「對於局外人來說看似非理性、『野蠻』、終將導致自我毀滅，但我們可以根據地下經濟的邏輯重新加以解讀，視幫派暴力為合理的公共關係，以及一個人『人力資本發展』的長期投資。」幫派與幫派暴力不能被駁斥為純屬非理性行為，也非所謂「貧窮文化」的病理症狀或展現。相反地，根據莫頓 (Robert Merton, 1938) 所提出的經典概念，了解幫派與幫派份子最好的辦法，就是把他們當作「創新者」來看。他們拒絕藉由傳統途徑達成社會的理想目標與目的，反而是善於運用有創意的手段（雖然常常很暴力）來取得美國式的經濟成功（亦請參見 Contreras 2013）。

45 鑽頭歌手是「象徵性暴力」特別強而有力的例子——亦即，被剝奪的群體在不知不覺中加入了自身遭受剝奪的過程，儘管（或由於）他們下定決心要逃離那些狀態 (Bourdieu and Wacquant 2004)。亦請參閱 Willis (1981); MacLeod (1987)。

第一章　從毒品經濟到注意力經濟

1 Venkatesh (2005: 4) 指出一九九〇年代大約有60%的貧窮年輕黑人「至少短暫參

力，使得消費者極度渴望能看到貨真價實的東西。

23 Wilson (1987, 1996).

24 Duneier (1992, 1999); Pattillo (1999); Venkatesh (2006); Wacquant (2008) 等人後來的研究，皆以威爾森的研究成果為基礎。

25 Cohen et al. (2012)，以及與Cathy Cohen於2015年11月4日的私人談話。

26 參見 Selwyn (2004).

27 Rideout et al. (2011); Rideout (2015); Pew Research Center (2018).

28 作為極端案例，鑽頭歌手的故事很適合拿來揭露「數位弱勢」的情況，使它成為理論。如同社會學家Robert Zussman (2004: 362) 所言，「成功的案例研究檢視了極端且不尋常的狀態，透徹地分析某些案例，這些之所以重要不是因為它們具有代表性，而是因為它們特別清楚地指出了某個過程或問題。」

29 參見Kubrin and Nielson (2014); Broussard (2015); Patton, Brunton, et al. (2017).

30 Kissinger and Raymond (2016).

31 Crane (2018).

32 參見 Mahtani (2017); Tarm (2018); Patton et al. (2013); Kapustin et al. (2017)。舉例來說，Patton, Lane, et al. (2017: 1012) 主張，「幫派份子……使用推特來威脅敵對陣營（包括警方），透過煽動暴力來擺出姿態與『爭取尊重』……都市街頭的幫派暴力機制同樣在網路上展開。」此派學者提出「平行理論」(parallelism)，認為線上活動反映了線下活動，或兩者同時發生。Pyrooz et al. (2015: 475) 如此寫道：「線上身分與行為是離線身分與行為的反射，因此可相互替代。」

33 Urbanik and Haggerty (2018: 1355)，粗體強調部分為我所加。

34 關於社群媒體與幫派行為之間關聯性的學術研究清一色地還在摸索猜測的階段，所依靠的是對於斷章取義與去脈絡化的社群媒體內容進行自陳式調查與／或內容分析。大多數的分析都是在內容上傳後的數年才發生，且通常會找不是實際上創造出內容的人、甚至是與幫派沒有關係的年輕人來解讀這些內容背後的意義與動機，例如：Johnson and Schell-Busey 2016; Patton et al. 2016; Patton, Lane, et al 2017。Lane (2019) 的研究是明顯的例外，但除此之外，研究者尚未直接且及時地觀察實際上製作出涉及幫派內容的人與／或實際上有參與正在進行中的幫派衝突的人。

35 Main (2018); Sweeney and Gorner (2018).

36 參見Sharkey (2018).

37 Zimring (2008).

38 聯邦調查局 (2019); Statista (2019)

39 關於此歷史過程更詳盡的解釋，參見Sharkey (2018).

40 Sharkey (2018: 59).

41 如同我在第三章中更進一步的詳細說明，「街角兄弟」在覺得自己最需要可靠槍枝的時刻，出乎意料地難以找到與取得這些武器。

16 Bourdieu (1996).

17 布赫迪厄 (1996) 著名的理論認為，藝術家跟所有文化生產者一樣，都處在「文化生產的場域」之中。就像是俄羅斯娃娃一樣，文化生產場域位在更大範圍的權力場域之內，而權力場域則是位在更大的、無所不包的社會階級場域之內。由於這些場域相互重疊，因此任何一個人在文化生產場域當中所佔據的位置與他在其他場域中的位置相對應。這些位置基本上形塑了每個藝術家的性情與策略，也就是布赫迪厄所指稱的「位置佔據」(position-takings, 231-234)。簡言之，藝術家的社會經濟背景——比方說，家庭經濟狀況、上哪所學校或在哪個社區長大——形塑了他對其他藝術家的想法以及他們彼此互動、競爭的方式 (235-239)。雖然布赫迪厄一開始是為了分析十九世紀的文學狀況而闡述這個理論，但後來的學者在更大的政治經濟格局下，成功運用這個架構來檢視從紙媒到電視節目的各種當代文化產業（參見Benson 1999; Hesmondhalgh 2002）。

18 在整本書中，我使用 Grazian (2003: 10-11) 對於真實性 (authenticity) 的定義：「表演的可信度或真誠度，以及是否能輕鬆地表演出來」。Grazian 與其他社會學家強烈提醒我們，「真實性」絕非事物固有的客觀性質，而是共享的信念，是關於哪些影像、地點與產物我們認為是「真的」。事實證明，「真實性」一直都是種表演。「就跟其他種類的刻板印象一樣，」Grazian (2003: 12) 如此寫道，「具有真實性的影像是對於事實的理想化表現，因此只不過是集體創造出來的虛構之物。」

19 Grazian (2003: 6-7).

20 MacCannell (1999); Gottdiener (2000); Grazian (2003); Bernstein (2007); Wherry (2008).

21 這點與布赫迪厄 (1993:70) 的研究結果相呼應，他認為出身弱勢的小說家在致力於傳達真實性之際，逐漸開始表現出他們在自己的小說中所描繪的污名化特質，讓這些特質變得具體。如同布赫迪厄所指出，他們開始「接受自己是什麼樣的人，且……積極地用被污名化的特質標示自己，包括他們的鄉下口音、方言、『無產階級』的生活風格等。」

22 「消費者想要看到駭人聽聞的暴力犯罪故事」這件事就跟流行文化一樣歷史悠久。Harold Schechter (2005: 43) 在《野蠻的消遣：暴力娛樂文化史》(*Savage Pastimes: A Cultural History of Violent Entertainment*) 一書中指出，「社會大眾渴望看到腥羶色的犯罪故事絕對不是什麼新鮮事。」從1800年代的恐怖小說、1930年代的「謀殺歌謠」(murder ballads) 到二十世紀中期的西部電視劇，暴力一直都是最有錢賺的故事情節。真要說的話，今日的流行文化更加依賴消毒過後裝出來的暴力。如同傅柯 (Michel Foucault, 1977) 與其他社會理論家清晰地呈現，我們的社會越來越遠離曾經把行刑與折磨當作正當娛樂形式的狀態。這種所謂的「文明進程」(Elias 1978) 有助於解釋為什麼鑽頭歌手展現出看起來像是「真的」槍戰與殺戮時，會吸引到那麼多的關注。大眾媒體上那麼多裝出來的暴

(2012); Rosenblat (2018); Hyman (2018).

4 Perrin and Anderson (2019).

5 Suri and Gray (2016).

6 2009年時，埃克森美孚的市值為5400億美元。2017年時，蘋果的市值為7940億美元 (Galloway 2017; Taplin 2017)。

7 關於人們投射在科技公司上的各種希望，相關討論參見 Neff (2012); Marwick (2013); Rosenblat (2018).

8 從歷史上來看，這個發展與更廣泛的意識形態及整體經濟往新自由主義靠攏的狀況同時發生，經濟風險從集體責任轉變成個人責任。如同安曼 (John Amman) 與其同事在2016年時寫道，「美國勞動者現在面臨的是要求個人對於自己的工作、訓練與福利承擔更多責任、是結構改變後的勞動力市場、是把實質薪資往下壓的全球勞動力市場、是遭到破壞的社會契約，空洞的所有權話術取代了安全保障的承諾」(Amman et al. 2016:1)。這種推動自我品牌的決心並非全新的東西。1997年時，彼得斯 (Tom Peters) 在商業雜誌《快速公司》(*Fast Company*) 中寫下了一篇現在很有名的文章，標題是〈名為「你」的品牌〉(The Brand Called You)。他在文章中堅稱，我們現在都必須把自己當作品牌來經營，因為「我們全都是『我』這家公司的執行長。」社群媒體時代的來臨，加速且強化了自我品牌經營，以新的方式實現了彼得斯的想法，從而讓很多使用者得以整理經營自己的「形象」，分享給目標受眾看。

9 https://www.youtube.com/yt/about/press/

10 參見Tufekci (2013); Marwick (2013, 2015).

11 Baym (2018: 54-69).

12 贊芙 (Teresa Senft) 在她2008年的書《直播女孩：社群網站時代的名人與社群》(*Camgirls: Celebrity and Community in the Age of Social Networks*) 中創造了「微網紅」這個詞。自從她提出這個原創概念後，學者們進一步發展下去，提出「微網紅並非某個人『是什麼』，而是他『做什麼』，是一系列的實踐行動與心態」的理論。如同 Marwick (2013: 114) 所言，「微網紅對於某個特定群體的人來說，是成名的狀態，但它同時也是某種行為——讓自己表現得像個名人，無論有誰在注意」。在學術圈之外，微網紅也指涉「有影響力的人」(influencer)。如同Abidin (2015) 所定義的，「『有影響力的人』指的是日常生活中的一般網路使用者，他們用文字與影像紀錄私人生活與生活風格，在部落格與社群媒體上累積了相對大量的追蹤者；他們會在『數位』與『實體』空間跟追蹤者互動，同時透過在部落格或社群媒體貼文中置入性行銷與實際現身活動的方式，利用追蹤人數來賺錢。」

13 Senft (2008: 25).

14 Marwick and boyd (2011: 141).

15 Duffy (2017:113).

6　在整本書當中，所有直接涉及我的田野工作的個人、團體、幫派與社區，我一律使用假名。關於匿名性的其他資訊，請參見「作者筆記」。

7　關於「隨行觀察」(shadowing) 作為方法論作法的步驟與優點，請參見 Trouille與Tavory (2016).

8　關於田野方法與相關顧慮的其他細節，請參見「作者筆記」。

導論

1　對於門外漢來說，鑽頭音樂的定義，可以從它獨一無二地結合了聲音與社會特質來看，而兩者皆反映了文化生產工具逐漸大眾化的狀況。鑽頭的草根特質形塑了它的美學、內容、以及在社群生活中無所不在的角色。就聲音而言，鑽頭聽起來非常像是近年源自於美國南方的「陷阱音樂」。陷阱饒舌與鑽頭音樂的「節奏」使用電子合成器與刺耳的旋律，創造出黑暗不祥的氛圍，不像一九八〇與一九九〇年代的嘻哈音樂那樣大量從「歡樂放克」(feel-good funk) 與節奏藍調中取樣並製作循環片段。免費與盜版軟體越來越容易取得，使得鑽頭音樂聽起來明顯具有「粗糙」、自製的氛圍。在鑽頭音樂發展的早期階段，不同音軌的音量經常很不協調，不是過大就是過小，且後製技術不良，導致聲音效果很差；人聲的部分也時常走音或拍子不準；警笛與槍聲之類的音效被推到超出合理的範圍。如此低的進入門檻，使得鑽頭歌手得以每週、有時甚至是每天透過社群媒體平台與內容分享服務，不斷推出新歌與新的音樂影片，結果變成了即時敘述當下發生的事與英勇事蹟。尤其對於與幫派扯上關係的年輕人來說，這是一種工具，在短短幾小時內就可以拿來吹噓最新的開車槍擊事件、挑釁敵對幫派中的特定人物或哀悼死去的兄弟。他們會對朋友與敵人指名道姓，具體指出在哪個街角、建築物與其他地點，同時亮出武器、錢與毒品存貨。

2　在整本書當中，我使用「鑽頭歌手」(driller) 這個詞時廣泛包括了「在創作與上傳的音樂影片及相關內容中展現並強調暴力、幫派生活、毒品、貧窮與都市貧民窟的其他刻板印象」的那些人。在芝加哥，這群人通常被稱為「鑽頭饒舌歌手」(drill rappers)；在倫敦與巴黎，則是「鑽頭歌手」(drillers)。在美國其他地區與世界各大城市，人們通常會用「YouTube 饒舌歌手」(YouTube rappers) 或「聲雲饒舌歌手」(Sound Cloud rappers) 這類模糊的稱謂來討論他們，與兩個最主要的音樂分享平台有關。我使用「鑽頭歌手」這個詞是打算將上述所有種類皆含括在內，同時與其他類型的嘻哈音樂人——特別是「背包饒舌歌手」(backpack rappers)、「對戰饒舌歌手」(battle MCs)、關注主題更「具有社會意識」或表演模式非數位化的其他饒舌歌手——區分開來（參見 Harkness 2014; Lee 2016）。大約從二〇一八年開始，芝加哥音樂人開始使用不同詞彙來形容自己的音樂類型，包括「真相饒舌」(reality rap) 與「痛苦音樂」(pain music)。

3　關於數位經濟或「新」經濟更詳細的定義與歷史，參見 Amman et al. (2016); Neff

註釋

前言

1 Austen (2013).

2 「與幫派扯上關係」指的是「被認為是、自承是、或（通常被執法單位或學校）正式或非正式地列為真正的幫派份子」(Rios 2017:20)。如同社會學家里奧斯(Victor Rios) 認為，使用「與幫派扯上關係」而非「幫派份子」這樣的說法，促使我們承認這些年輕人有深刻的複雜性與多元面向。這一點在當今社群媒體時代尤為重要，因為年輕人勢必得在可能與幫派有關、也可能無關的各種線上與線下脈絡中找尋方向。

3 這個地區指的是芝加哥警局的「第七區」，包括了恩格塢與西恩格塢。關於幫派分支與其相關活動的估計數字，係結合了數個資料來源，包括：芝加哥警局認定位於「第七區」（恩格塢與西恩格塢）的幫派，以及2012年與2018年芝加哥犯罪委員會（Chicago Crime Commission）所發行的《幫派指南》(*Gang Book*)。我透過交叉比對2012年與2018年芝加哥犯罪委員會的《幫派指南》、當地幫派暴力防治組織所提供的資訊、訪談與幫派有所牽連的年輕人，以及幾位研究助理在YouTube上長時間的搜尋結果，彙整了關於鑽頭音樂製作的數據。

4 Thapar (2017); Vice (2017); Beaumont-Thomas (2018); Thompson (2019).

5 Patton, Lane, et al. (2017); Lane (2019); Hancox (2019); Thompson (2019).

國家圖書館出版品預行編目(CIP)資料

子彈歌謠：黑幫、鑽頭饒舌與網路臭名的威力 / 佛瑞斯特・史都華（Forrest Stuart）著；鄭明宜譯. -- 初版. -- 臺北市：島雨有限公司，2024.04
面； 公分
譯自：Ballad of the bullet : gangs, drill music, and the power of online infamy
ISBN 978-626-98351-0-2（平裝）

1. CST：幫會 2. CST：暴力 3. CST：網路社群 4. CST：美國芝加哥

546.9952 113001322

子彈歌謠：黑幫、鑽頭饒舌與網路臭名的威力

Ballad of the Bullet: Gangs, Drill Music, and the Power of Online Infamy

作　　者　佛瑞斯特・史都華（Forrest Stuart）
譯　　者　鄭明宜
審訂・導讀　林浩立
編輯協力　陳嘉桓
封面設計　萬向欣
內文排版　菩薩蠻數位文化有限公司
印　　刷　和楹彩色印刷

出　　版　島雨有限公司
地址：台北市106大安區信義路四段279號11樓
E-mail：pluviapublishing@gmail.com

總 經 銷　紅螞蟻圖書有限公司
地 址：台北市114內湖區舊宗路二段121巷19號
電 話：02-27953656
傳 真：02-27954100
E-mail：red0511@ms51.hinet.net

I S B N　978-626-98351-0-2（平裝）

2024年4月初版
新臺幣 450元

本作品受智慧財產權保護　翻印必究
破損或缺頁請寄回更換

Copyright © 2020 by Princeton University Press
ALL RIGHTS RESERVED. No part of this book may be reproduced or transmitted in any form or by any means, electronic or mechanical, including photocopying, recording or by any information storage and retrieval system, without permission in writing from Princeton University Press.
Traditional Chinese edition copyright © 2022 by Pluvia Publishing
ALL RIGHTS RESERVED.